Jos van der Brug und Kees Locher

Unternehmen Lebenslauf

Jos van der Brug / Kees Locher

Unternehmen Lebenslauf

Biographie, Beruf und persönliche Entwicklung.
Ein Workshop für alle, die ihr Arbeitsleben bewusst gestalten wollen.

Urachhaus

Aus dem Niederländischen von Marlene Müller-Haas.
Titel der Originalausgabe: *Ondernemen in de levensloop. Een route naar inspiratie en vernieuwing in het werkleven.*

ISBN 3-8251-7122-1

2. Auflage 2003
Erschienen im Verlag Urachhaus
© 1997 Verlag Freies Geistesleben & Urachhaus GmbH, Stuttgart
© 1995 Uitgeverij Vrij Geestesleven, Zeist
Illustrationen: Harm van der Meulen
Umschlag: Walter Schneider unter Verwendung eines Bildes von Paul Klee, 1928, 80(QU 10): »Einsames«, © VG Bild-Kunst, Bonn 1997
Druck: Offizin Chr. Scheufele, Stuttgart

Einleitung

Was liegt vor Ihnen?

Was vor Ihnen liegt, ist ein *Workshop* in Buchform. Er versetzt Sie in die Lage, Ihr Arbeitsleben zu untersuchen und künftig bewusst Entscheidungen zu treffen. Ein Workshop ist eine Form, gemeinsam mit anderen beim Arbeiten zu lernen und beim Lernen zu arbeiten. Dieses Buch bringt Sie zum Handeln, dazu, *in Ihrem Lebenslauf selbst unternehmend zu werden.*

Es besteht aus zwei Teilen.

Teil 1, das *Arbeitsbuch*, ist das Rückgrat. In diesem Buch finden Sie eine zusammenhängende Serie von siebenunddreißig Aufgaben. Der Prozess, den Sie bei der Bearbeitung dieser Aufgabe durchlaufen, gliedert sich in sieben Etappen:

1 Was beschäftigt mich?
2 Wo stehe ich?
3 Was hat mich geformt?
4 Wer bin ich?
5 Was will ich?
6 Was werde ich jetzt tun?
7 Ich lerne handelnd.

Die Aufgaben bearbeiten Sie am besten gemeinsam mit den anderen Teilnehmern dieses Workshops. Wie das vor sich gehen soll, wird im weiteren erläutert.

Teil 2 enthält *Hintergründe*: Betrachtungen und Beobachtungen rund um die Themen, die in den Aufgaben zur Sprache kommen. Dabei handelt es sich um unsere subjektive Sichtweise, die gleichermaßen auf Leben- und Arbeitserfahrungen basieren wie auf Studien. Wir wollen mit dem Workshop keine wissenschaftlich fundierte Theorie erläutern, sondern Sie dazu anregen, eine eigene Sicht zu entwickeln. Am Ende des zweiten Teils finden Sie eine Literaturliste.

Es ist empfehlenswert, zusätzlich zu diesem Buch ein separates Heft als persönliches »Logbuch« anzuschaffen. In diesem Heft werden Ihre eigenen Untersuchungsergebnisse, Ihre eigenen Erfahrungen und Entdeckungen aufgezeichnet. Es ist daher sehr wertvoll, es verdient einen Ehrenplatz. Sie werden es wahrscheinlich lange aufbewahren, um es immer wieder hervorzuholen und vielleicht später noch zu ergänzen.

Für wen ist dieses Buch gedacht?

Es wurde für Menschen geschrieben, die auf der Suche nach einem neuen Verhältnis zu ihrer Arbeit und ihrer beruflichen Situation sind und diesen Prozess der Suche selbst in die Hand nehmen möchten.

Der Anlass liegt für viele Menschen in der turbulenten Veränderung ihrer Umgebung. Organisationen sind immer seltener sichere Häfen, in denen Arbeit und Einkommen auf Jahre hinaus garantiert sind. Technologische Entwicklungen machen Tausende von Arbeitsplätzen überflüssig, und sie kommen auch dann nicht zurück, wenn sich die wirtschaftliche Lage wieder entspannt hat. Arbeitsfelder der unterschiedlichsten Art verschwinden auf Nimmerwiedersehn, andere sind starken Veränderungen unterworfen oder werden als Fremdaufträge außer Haus gegeben. Vermutlich wird es in Zukunft nur noch sehr wenige feste Arbeitsplätze in Unternehmen geben, und oft wird man dabei auf qualifiziertes Personal zurückgreifen, das nur während einer bestimmten Zeit eine bestimmte Arbeit ausführt. In den Vereinigten Staaten hat man für diese Erscheinung bereits einen Begriff geprägt: »jobless work«.

Die Welt der Arbeit verändert sich in allen möglichen Bereichen, und all diese Veränderungen appellieren an die Menschen unserer heutigen Zeit, selbst Unternehmungsgeist zu entwickeln. Dazu muss man sich in einer tieferen, prinzipielleren Schicht besser kennenlernen und begreifen, dass man selbst in Bewegung kommen muss, will man in seinem Beruf weiterhin noch einen sinnvollen Beitrag leisten.

Das provoziert Fragen folgender Art:
- »Wie kann ich eine fruchtbare Beziehung zu allen Veränderungen entwickeln, die in meiner Organisation an der Tagesordnung sind?«
- »In welche Richtung möchte ich mich künftig in meiner Arbeit entwickeln?«
- »Meine Stelle wird abgebaut! Was kann und was möchte ich noch tun?«
- »Wie kann ich für das Unternehmen wichtig sein?«
- »Wie kann ich wieder Freude an meiner Arbeit finden?«
- »Meine Karriere war bisher ein Selbstläufer. Wie komme ich zu einer bewussteren Planung?«
- »Wie kommt es, dass ich schon mehrfach bei Beförderungen übergangen wurde? Was bedeutet das für meine weitere Karriere?«

Von diesen oder ähnlichen Fragen geht der Workshop aus.

Welche Ergebnisse dürfen Sie erwarten?

Natürlich hängen die Ergebnisse des Workshops stark von Ihrer eigenen Fragestellung ab und von der Situation, in der Sie sich befinden, aber auch davon, wieviel Zeit Sie in welcher Intensität aufbringen können. Ein Workshop in Buchform verlangt vom »Do it yourself«-Teilnehmer ein großes Maß an Selbstdisziplin.

Nach unseren Erfahrungen mit diesem Workshop fällt das Endergebnis fast immer anders aus, als eingangs erwartet oder erhofft wurde; die Mühe hat sich jedoch in jedem Fall gelohnt. Meist werden keine konkreten Lösungen gefunden. Das Ergebnis liegt vielmehr im veränderten Blick auf die eigene (Arbeits-)Situation und bringt einen neuen Kurs für die Zukunft. Solche Ergebnisse können etwa sein:

- »Mir ist klar geworden, wofür ich mich die kommenden Jahre einsetzen möchte.«
- »Ich habe gelernt, mich selbst realistischer einzuschätzen und gehe mit mehr Selbstvertrauen in die Zukunft.«
- »Ich habe eine andere Einstellung zu dem »Hin und Her« in der Organisation gefunden, eine größere innere Ruhe, und kann dadurch einen besseren Beitrag leisten.«
- »Ich habe gelernt, mich selbst ernst zu nehmen und den Kopf nicht in den Sand zu stecken, wenn ich Entscheidungen treffen muss.«
- »Ich weiß jetzt, wie der nächste Schritt in meiner Laufbahn aussehen soll.«
- »Mir ist klar geworden, weshalb ich mich immer so in die Arbeit vergraben habe, und ich kann jetzt Arbeit und Privatleben besser im Gleichgewicht halten.«

Außer solchen Resultaten richtet sich der Workshop noch auf die Entwicklung sogenannter »life skills«: Fähigkeiten, Techniken, die man als Mensch des ausgehenden zwanzigsten Jahrhunderts braucht, um sein Leben selbst steuern zu können. Zu diesen »life skills« gehören unter anderen:

- die Fähigkeit mit Fragen leben zu können;
- die Fähigkeiten anderer fruchtbar für sich nutzen zu können;
- methodisch zurück und in die Zukunft zu blicken;
- konkrete Situationen zu beobachten;
- Auswirkungen des eigenen Handelns zu erkennen;
- Situationen bildhaft zu beschreiben und zu charakterisieren;
- das Wesentliche aufzuspüren;
- eigene Inspirationsquellen lebendig zu machen;
- sich Ziele zu setzen;
- realistisch zu planen;
- eigene Entwicklungsprozesse zu steuern;

Wer hat dieses Buch geschrieben?

Wir beide, Jos van der Brug und Kees Locher, arbeiten als Senior-Mitarbeiter am NPI – Institut für Organisationsentwicklung in Zeist (Niederlande). Dieses Institut wurde 1954 von Bernard Lievegoed gegründet. Es berät und unterstützt Entwicklungsprozesse in Organisationen. Die Mitarbeiter lassen sich dabei von der anthroposophischen Wissenschaft des Geistes inspirieren, deren Wurzeln in der christlichen Strömung der europäischen Kultur verankert sind. Thematische Schwerpunkte in der Arbeit des NPI sind Prozessmanagement, Teamarbeit und individuelle Abschnitte.

Lievegoed kann als einer der Pioniere auf dem Gebiet der Biographiearbeit gesehen werden. Dieser »biographische« Einfallswinkel nahm von Anfang an eine zentrale Rolle in der Arbeit des NPI ein.

Damit haben auch wir beide inzwischen zwanzig Jahre Erfahrung. Gemeinsam mit unseren Kollegen haben wir Erkenntnisse und Methoden entwickelt, die zu diesem Buch geführt haben. Wir möchten ganz besonders unsere früheren Kollegen Erwin van Asbeck, Hans von Sassen und Jerry Schöttelndreier nennen, die mit ihrer »Biographie-Praxis« in den Niederlanden Bahnbrechendes geleistet haben. Unserem Kollegen Rob Otte verdanken wir viele von Menschenkenntnis zeugende Hinweise und Einsichten.

Den größten Dank schulden wir all den Menschen, die uns vertraut und Einblick in ihr Leben gewährt haben. Ganz besonders danken wir den Teilnehmern des Workshops »Ich und meine Arbeit«, der seit 1991 Teil des NPI-Kursangebots ist. Aus diesem Kurs stammen viele der Beispiele und Zitate in diesem Buch, und die Teilnehmer gaben ihre Zustimmung, in dieses Buch Fotos ihrer Arbeiten als Illustration aufzunehmen. Ihr Zuspruch hat uns auch den Mut gegeben, die Arbeit an diesem Buch durchzuhalten. Mit diesem Handbuch wollen wir die biographische Erforschung des Berufslebens größeren Gruppen von Menschen zugänglich machen, und zwar so, dass damit selbständig gearbeitet werden kann.

Zum Schluss möchten wir Frans van Bussel nennen, der mit bewundernswerter Ausdauer den redaktionellen Kampf mit uns ausgefochten hat.

Nun noch etwas über uns.

Jos van der Brug, geboren 1936 in Arnhem

Seit 1976 bin ich am NPI tätig. Davor habe ich lange Zeit in zwei Industrieunternehmen im Bereich Management und Organisationsentwicklung gearbeitet, sowie eine kurze Zeit im Gesundheitswesen. Mich faszinierten und faszinieren noch immer Prozesse der Veränderung, Entwicklung und Erneuerung, bei individuellen Menschen, in Arbeitsteams und Organisationen wie auch in der Gesellschaft.

Bei meiner Arbeit am NPI liegt der Schwerpunkt auf dem Coachen von Führungskräften, die Veränderungsprozesse in ihrer Organisation steuern, und in der Betreuung von Menschen, die diesen Veränderungen ausgesetzt sind.

Gemeinsam mit meiner Freundin wohne ich in Driebergen. Ihr Sohn und meine drei Kinder gehen als junge Erwachsene ihren eigenen Weg, und in manchen Momenten werden wir dabei intensiv einbezogen.

Kees Locher, geboren 1939 in Bandung, Indonesien

Seit 1968 arbeite ich als Organisationsberater und Trainer in Managemententwicklungsprojekten, zunächst beim Beratungsbüro Bosboom & Hegener, seit 1973 beim NPI. Ich interessiere mich dafür, wie sich Menschen entwickeln, wie sie Veränderungen in der Gesellschaft und in ihren Organisationen steuern können, und wie sie diese Veränderungen selbst in Gang setzen. In letzter Zeit hat sich der Schwerpunkt meiner Arbeit mehr zum Coachen von Managern hin verschoben, die Veränderungsprozesse steuern müssen, und zum Coachen von Menschen in Arbeitssituationen, die selbst Unternehmungsgeist entwickeln müssen oder möchten. Dieses Fach habe ich mir – nach meinem Studium des Werkzeugbaus in Delft und nach Arbeiten zu Erschütterungs- und Frequenzproblemen an Unterseebooten bei der Marine – durch »Learning by doing« erarbeitet.

Mit meiner Lebensgefährtin, die als Historikerin an der Universität arbeitet, versuche ich, unseren drei Kindern Selbständigkeit und Zusammenleben zu vermitteln. Neben Arbeit und Familie widme ich mich der Steinbildhauerei.

Wichtige Voraussetzungen

Mit anderen gemeinsam

Wir möchten Ihnen sehr empfehlen, diesen Workshop gemeinsam mit anderen durchzuarbeiten. Ein anderer, der Ihnen voller Interesse zuhört, kann Ihnen als Außenstehender manches Mal eine überraschende Sichtweise auf Ihr Leben geben. Indem Sie anderen etwas erzählen, gehen Sie zu diesen Ereignissen auf Distanz und können sie mit größerem Abstand betrachten. Erfahrungen und Ereignisse in Ihrem Leben verlieren ihre Selbstverständlichkeit und werden in ein neues Licht gestellt.

Die Aufgaben und methodischen Hinweise haben wir für drei bis sechs Menschen geschrieben, die gemeinsam an ihrer Biographie arbeiten. Mit mehr als sechs Personen wird es zu komplex; Sie hätten dann zuviel Zeit und Konzentration für die Zusammenarbeit nötig. Sie können den Workshop jedoch auch zu zweit durchgehen.

Wenn Sie keinen Partner finden können, suchen Sie eine vertraute Person aus Ihrer Umgebung, der Sie »von unterwegs« regelmäßig berichten können, worauf Sie gestoßen sind, die Sie um Rat fragen, oder mit der Sie Ihre Sorgen, Fragen, etc. teilen können. (Wenn es um biographische Gespräche in der Organisation geht, kann das NPI auf Ihren Wunsch die Betreuung übernehmen bzw. Personen dafür ausbilden.)

Erforderliche Zeit

Dieser Workshop braucht Zeit. Den größten Teil der Zeit werden Sie selbständig arbeiten; die Resultate dieser »Hausaufgaben« und den Fortschritt Ihrer Untersuchung besprechen Sie mit den anderen. Sie sollten 150 bis 200 Stunden einplanen, verteilt über einen Zeitraum von ungefähr einem halben Jahr. Den Workshop in einem halben Jahr abzuschließen, verlangt viel Selbstdisziplin. Die relativ lange Periode ist notwendig, weil im einen Fall alles schnell klar werden kann, in einem anderen Fall es aber erforderlich sein kann, öfter darauf zurückzukommen, darüber zu brüten, darüber eine Nacht zu schlafen, es zu vergessen, wieder aufzunehmen, etc. Die Zeit hat eine bestimmte Wirkung, und diese Wirkung können Sie nutzen. Versuchen Sie jedoch, den Prozess innerhalb von acht Monaten abzuschließen. Sonst wird das Ganze zu langatmig und verliert an Kraft.

In einer Gruppe von drei Personen können Sie zwei Aufgaben pro halbem Arbeitstag (jeweils zwei Stunden) besprechen. Sie brauchen achtzehn Treffen, wenn Sie alle Aufgaben gemeinsam besprechen und diese vorher zu Hause vorbereitet haben. Das sind drei halbe Arbeitstage monatlich, verteilt über einen Zeitraum von einem halben Jahr. Einen ganzen und einen halben Tag abwechselnd, mit einer Zwischenperiode von ungefähr zwei Wochen, wäre ein guter Rhythmus.

Sie brauchen zusätzliche Zeit, um die unterstützenden Übungen gemeinsam auszuführen, Ihre Erfahrungen mit den Übungstips auszutauschen, die neben den Aufgaben in Teil 1 zu finden sind, oder über thematische Erläuterungen (Teil 1) und inhaltliche Hintergrundinformation (Teil 2) zu sprechen. Wieviel Zeit jeder einzelne dazu braucht, lässt sich schwer im voraus sagen.

Material

Wir erwähnten bereits, dass es gut ist, ein separates Heft als persönliches »Logbuch« zu führen. Sie brauchen es für die Aufgaben, bei denen mit künstlerischen Mitteln gearbeitet wird, sowie für Ihre Notizen. Das Logbuch ist dafür gedacht, die wichtigsten Ergebnisse Ihrer Untersuchung (Einsichten, Erfahrungen und Planung Ihrer Vorhaben) festzuhalten und aufzubewahren.

Das Logbuch haben Sie natürlich nicht jeden Tag dabei. Daher raten wir Ihnen, sich ein kleines Notizbuch anzuschaffen, in das Sie kurz die Gedanken, Einfälle, Vorhaben etc. notieren, die Ihnen den Tag über durch den Kopf gehen, um sie später eventuell in Ihrem Logbuch auszuarbeiten. Das Alltagsleben hat einen oft derart im Griff, dass man fruchtbare Einfälle schnell wieder vergessen kann. Daher das Notizbuch.

Bei einigen Aufgaben wird mit Farbe gearbeitet. Dafür reicht eine einfache Schachtel mit farbigen Pastellkreiden aus.

Für die unterstützenden Übungen benötigen Sie:
- Zeichenkohle (weich)
- Schneiderkreide in den Farben Blau, Rot, Gelb
- einen Block Knetgummi
- Buntstifte
- sieben Blätter Zeichenpapier, A3
- ein Brot Ton (feiner Schamott)
- eine Spanplatte zum Kneten (40 x 50 cm).

Der Workshop

In diesem Arbeitsbuch finden Sie die sieben genannten Abschnitte des Workshops. Die Abschnitte enthalten Aufgaben, Erläuterungen, unterstützende Übungen sowie Tips zu den Übungen. Am Anfang jedes Abschnitts wird erläutert, was er Ihnen bringen soll. Am Ende des Buches finden Sie einen *Index* aller Lerneinheiten.

Zu den Aufgaben

Es sind insgesamt siebenunddreißig Aufgaben. Jede Aufgabe besteht aus drei Teilen:

- dem Teil, den Sie zu Hause erledigen (»Für Sie selbst«)
- dem gemeinsamen Besprechen der Ergebnisse Ihrer Hausaufgaben (»Im Gespräch«)
- dem abschließenden Formulieren und Notieren der wichtigsten Schlussfolgerungen (»Abrundung«).

Außerdem finden Sie bei jeder Aufgabe die Begründung sowie »methodische Hinweise« für das Gespräch und die Hausaufgaben. Bei einigen Aufgaben wird auf eine thematische Erläuterung im Arbeitsbuch verwiesen oder auf ein vertiefendes Kapitel in Teil 2, Hintergrundinformationen.

Für die Qualität des Prozesses, den Sie durchlaufen, ist es wichtig, dass Sie die Aufträge in der angegebenen Reihenfolge erledigen. Lesen Sie die Aufgabe zuerst einmal ganz durch, bevor Sie damit anfangen.

Erläuterungen

In den Erläuterungen werden Aspekte der »praktischen Menschenkunde« angesprochen, die in direktem Zusammenhang mit den Aufgaben stehen. Es empfiehlt sich, erst einmal mit der Aufgabe anzufangen, dann den Kommentar zu lesen und schließlich wieder mit der Aufgabe fortzufahren. Falls es Ihnen bei einer bestimmten Aufgabe schwerfällt »hineinzufinden«, sollten Sie die Erläuterung vorziehen.

Unterstützende Übungen

Fünf der sieben Abschnitte begleitet eine unterstützende Übung. Dabei handelt es sich um Übungen mit künstlerischem Material (Pastellkreiden und Ton), die Ihnen helfen, sich einmal anders als nur durch Denken und Sprechen mit Ihrem Leben auszueinanderzusetzen. Sie sind als Unterstützung Ihrer Untersuchung gedacht und können gegebenenfalls auch übersprungen werden. Treffen Sie jedoch noch keine Entscheidung, bis Sie bei der ersten unterstützenden Übung angekommen sind und sie mit der entsprechenden Erläuterung gelesen haben. Wir raten Ihnen, diese Übungen während der Treffen mit den anderen Teilnehmern auszuführen.

Übungstips

Bei den Erläuterungen finden Sie Übungstips – insgesamt neunzehn. Es sind Tips für kleine Übungen, die Sie kurz in die Arbeit am Workshop einschieben können. Sie unterstützen die Arbeit an den Aufgaben. Üben heißt wiederholen, üben braucht Zeit und Ausdauer. Ein Tip ist eher ein Ratschlag, er kann also befolgt werden oder auch unbeachtet bleiben – das zwingt Sie zu einer bewussten Entscheidung.

Aufgaben

- sind Basis des Buches
- individuell ausführen, gemeinsam besprechen
- ausreichend Zeit einplanen
- Reihenfolge einhalten
- verlangen Selbstdisziplin

Erläuterungen

- verbunden mit Aufgaben
- beinhalten Erklärung und Vertiefung
- sind »praktische Menschenkunde«

Unterstützende Übungen

- sprechen das Gefühl an
- unterstützen den Prozess
- sind freiwillig
- am besten gemeinsam mit anderen auszuführen
- mit Pastellkreiden und Ton

Übungstips

- üben heißt wiederholen
- klein und konkret
- für einen kurzen Zeitraum
- sind freiwillig

Aufgaben

Erläuterungen

etc.

Zum Schluss

▲ Vielleicht werden Ihnen bestimmte Aufgaben Schwierigkeiten bereiten, weil nicht genau vorgegeben wird, was Sie tun sollen, oder weil bestimmte Begriffe nicht eindeutig definiert werden. Lassen Sie sich dadurch nicht abhalten, sondern bleiben Sie ruhig bei Ihrer eigenen Interpretation oder Ihren Definitionen. Wir haben die Aufgaben mit Absicht nicht völlig hermetisch gestaltet, sondern *Raum für eigene Ergänzungen und Interpretationen gelassen.*

▲ Das ist auch einer der Gründe, weshalb Sie in diesem Handbuch keine *Fragebogen, Tests* oder ähnliches finden werden. Für uns ist es wichtig, dass Sie aus eigener Kraft, durch die Besinnung auf sich selbst und das Gespräch mit anderen, eine tiefere Einsicht in das gewinnen, was Sie bewegt.

▲ *Die Reihenfolge der Aufgaben* ist bewusst so gewählt. Wenn Sie die Reihenfolge ändern oder Aufgaben auslassen, wird der Workshop nicht die Qualität erreichen, die wir anstreben.

Die Reihe der Aufgaben geht von der Frage aus, die Sie in Beruf und Privatleben nicht loslässt. Anschließend appellieren die Aufgaben abwechselnd an Ihre Erinnerung (gerichtet auf die Vergangenheit) und an Ihre Vorstellungskraft (gerichtet auf die Zukunft). In dieser Dynamik des Hin- und Herpendelns zwischen Vergangenheit und Zukunft kommen Sie immer wieder auf Ihre Frage und Ihre aktuelle Situation zurück.

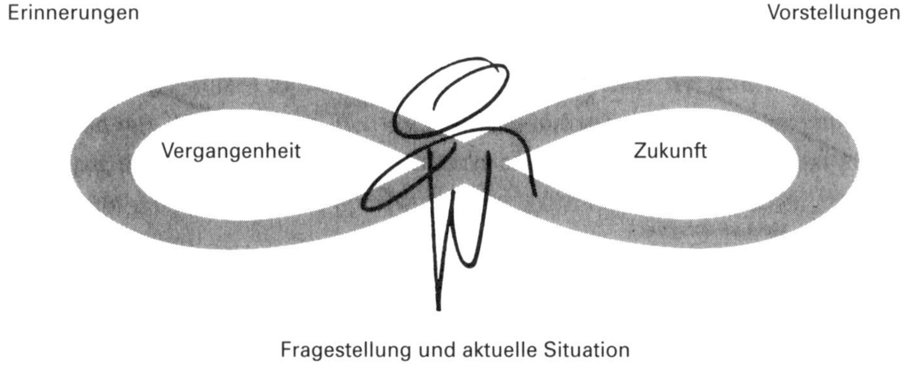

▲ Schritt für Schritt werden Sie auch *unsere Denkwelt*, die der Autoren, kennenlernen. Wir gehen davon aus, dass wir als Menschen die Möglichkeit in uns tragen, alles steuernd zu gestalten, was sich in und um uns abspielt. Darum geht es in diesem Workshop: diese »Steuerfähigkeit« zu vergrößern und zu stärken. Genauso wichtig ist es für uns, dass jeder Mensch die Freiheit hat, sich sein eigenes Menschen- und Weltbild zu wählen und es weiterzuentwickeln.

▲ *Er und Sie*: Wir haben uns dafür entschieden, die Aufgaben und unterstützenden Übungen im »er«-Stil *und* im »sie«-Stil zu formulieren; in den Beispielen kommen entsprechend abwechselnd Männer und Frauen vor.

Teil I
Arbeitsbuch

Abschnitt 1

Was beschäftigt mich?

Aufgaben

1 Meine Frage
2 Vereinbarungen

Erläuterungen

Leben mit Fragen
Bildhaftes Beschreiben

Das Erforschen Ihrer eigenen Biographie – Gegenwart, Vergangenheit und Zukunft – beginnt mit dem Formulieren der Frage, an der Sie arbeiten möchten, und mit dem Schaffen der Bedingungen, um tatsächlich anfangen zu können. Die wichtigste Voraussetzung bei dieser Forschungstour sind Reisegefährten. Suchen Sie sich solche, bevor Sie anfangen.

Aufgabe 1

Meine Frage

Wer sein Leben untersuchen möchte, kann leicht ins Schwimmen kommen. Daher muss es einen Orientierungspunkt geben, ein Leuchtfeuer, um den Kurs bestimmen zu können. Die Frage, die einen beschäftigt und die aus der eigenen Arbeit und dem eigenen Leben kommt, ist so ein Leuchtfeuer.

Für Sie selbst

Der individuelle Teil dieser Aufgabe besteht aus drei Schritten.

1 Besinnen Sie sich einen Augenblick ruhig auf folgende Fragen:

- Welche Gedanken und Gefühle habe ich, wenn ich an meine berufliche Situation denke? Was beschäftigt mich?
- Wie bin ich zu diesem Buch gekommen? Was ging mir durch den Kopf, als ich davon hörte oder als ich es in die Hand bekam?
- Warum möchte ich damit arbeiten? Welches Ergebnis erwarte ich mir davon? Was will ich erreichen?

2 Komprimieren Sie das Vorangegangene nun in eine einzige Frage: Wie sieht Ihre Frage bezüglich Arbeit und Privatleben aus, über die Sie sich in nächster Zeit klar werden wollen? Bei der Formulierung sollten Sie folgende Kriterien berücksichtigen:

- in einem kurzen Satz
- der das Wort »ich« enthält
- mit einem Fragezeichen am Ende
- und auf das gerichtet, was Sie in der Zukunft wollen.

3 »Verankern« Sie jetzt Ihre Frage: Beziehen Sie diese Frage auf Erfahrungen aus der Vergangenheit und auf konkrete Vorstellungen für Ihre Zukunft.

- Führen Sie sich eine oder mehrere konkrete Situationen aus der *Vergangenheit* vor Augen, in denen Ihre Frage eine Rolle spielte. Versuchen Sie sich zu erinnern, was dort konkret geschah, wo sich die Situation abspielte, welche Menschen daran beteiligt waren.
- Stellen Sie sich anschließend Ihre Situation in der *Zukunft* vor, wie sie sein wird, wenn Sie nichts unternehmen und sich nicht mit Ihrer Frage auseinandersetzen. Wo stehen Sie dann, was wird dort geschehen, mit wem werden Sie zu tun haben?

Halten Sie beide Situationen mit einigen Stichworten schriftlich fest. Am Ende notieren Sie dann Ihre Frage.

Methodische Hinweise

Zu Schritt 2: Für jeden ist seine Frage anders. Fragen können beispielsweise so aussehen:

- Will ich weiter in dieser Organisation bleiben, nachdem sich dort die Mentalität so verändert hat?
- Wie treffe ich bewusstere Entscheidungen in Bezug auf mein berufliches und privates Leben?
- Wie kann ich an meiner Aufgabe interessiert bleiben, auch wenn mein Chef mich immer wieder vor vollendete Tatsachen stellt?
- Was muss ich lernen, damit ich diese Situation in meinem Sinn beeinflussen kann?
- Wie bleibe ich gesund bei der Arbeit, die ich ausübe?
- Wie kann ich meine Stundenzahl reduzieren, Arbeit an andere abgeben, obwohl sie im Augenblick noch so wichtig für mich ist?
- Soll ich mich weiter spezialisieren oder suche ich ein breiteres Arbeitsfeld?
- Wie kann ich meine Arbeitszeit in den Jahren bis zu meiner Pensionierung sinnvoll ausfüllen?
- Wie kann ich mein Interesse an kulturellen und allgemeinen Aufgaben in der Firma mit dem Fachgebiet Automatisierung verbinden?
- Was muss ich tun, nachdem meine Stelle durch den von der Geschäftsleitung vorgesehenen Personalabbau unsicher geworden ist?

In Schritt 3 geht es um Erinnerungen und um Vorstellungen von der Zukunft.

Bei der *Erinnerung* sind Situationen wichtig, die noch nicht allzu lange zurückliegen und an denen Sie aktiv beteiligt waren. Obwohl eine solche Erinnerung Gefühle und Emotionen wecken kann, ist es nicht beabsichtigt, dass Sie noch einmal erleben, was Ihnen daran unangenehm oder angenehm war. Konzentrieren Sie sich auf die faktischen Ereignisse, als würden Sie die Situation wie ein Außenstehender erleben. Versuchen Sie, sich die Situation als einen Film vorzustellen, und konzentrieren Sie sich auf:

- die Zeit: wann und wie spät war es, was war zuerst und was kam danach, wie lange hat es gedauert?

- den Raum: wo, drinnen oder draußen, Farben und Gerüche, Licht und Dunkelheit, Pflanzen und Gegenstände, Materialien, Menschen und ihr Aussehen, ihre Bewegungen und Gebärden;
- die Interaktion: Sprechen und Zuhören, Frage und Antwort, Bemerkung und Reaktion, verbales und non-verbales Verhalten, Ihre eigenen Gedanken, Gefühle und Neigungen.

Für die *Zukunftspläne* nutzen Sie Ihre Vorstellungskraft, um eine konkrete Vorstellung einer künftigen Situation zu entwickeln. In Bezug auf die Fakten tun Sie dasselbe wie bei der Erinnerung; achten Sie also auf Zeit, Raum und Interaktion. Sagen Sie nicht: »Das kann ich nicht.« Folgen Sie Ihren spontanen Impulsen und vertrauen Sie Ihrer Vorstellungskraft. Die Ideen, die Sie entwickeln, werden wahrscheinlich nie realisiert. Aber indem Sie ein Bild Ihrer Zukunft entwerfen, kommen Sie dem Wesen Ihrer Frage näher.

Erläuterung: Leben mit Fragen (S. 23)

Im Gespräch

In der Runde mit Ihren Gesprächspartnern kommt jeder abwechselnd als Erzähler an die Reihe, während die beiden anderen zuhören und helfen. Man geht dabei so vor:

- Der Erzähler formuliert die *Frage*, die ihn beschäftigt, und beschreibt zuerst eine oder zwei konkrete *Situationen* aus der Vergangenheit, die mit seinem Problem zusammenhängen; anschließend eine oder zwei Situationen in der Zukunft. Die anderen hören zu. Sie bitten den Erzähler eventuell, seine Geschichte noch zu verdeutlichen oder zu ergänzen.
- Wenn der Erzähler alles gesagt hat, spiegeln die Zuhörer zurück, was ihnen an den beschriebenen Situationen aufgefallen ist.
- Schließlich sagen sie, was ihnen in den beschriebenen Situationen die Frage des Sprechers zu sein scheint.

Methodische Hinweise

Hinweise für den Erzähler:

– Versuchen Sie, kurz, zur Sache und so konkret wie möglich zu sprechen. Mit anderen Worten: ohne weitere Erklärungen, Hintergrundinformationen oder Beurteilungen von Personen und Ereignissen. Skizzieren Sie ein Bild der Situation, das so klar und konkret ist, dass die anderen es nachvollziehen können, als seien sie dabei gewesen. So etwas nennen wir »bildhaftes Beschreiben«.

Erläuterung: Bildhaftes Beschreiben (S. 28)

– Lesen Sie nicht eine vorher ausgearbeitete Geschichte vor, sondern erzählen Sie frei von der Leber weg. Indem Sie das zuvor gefundene Erinnerungs- und Zukunftsbild noch einmal aufbauen müssen, können neue Details hervortreten, und Ihre Geschichte wird lebendig.

– Hüten Sie sich davor, hinterher den anderen zu erklären, dass sie die Sache falsch sehen. Natürlich wird die Wahrnehmung Ihrer Situation durch die anderen in diesem Moment lückenhaft und verzeichnet sein. Dennoch kann das, was den anderen dabei auffällt und an dem, was sie als Ihre Frage erleben, für Sie etwas Wertvolles sein. Vielleicht leuchtet Ihnen das nicht sofort ein. Daher ist es wichtig, die Beiträge der anderen aufzuschreiben.

Hinweise für den Zuhörer:

- Hören Sie dem Erzähler aufmerksam und mit Respekt zu und bleiben Sie bei seiner Frage. Er ist der »Besitzer seiner Frage«. Eventuelle Fallgruben können für Sie sein:
- Sie erkennen die Frage, denn Sie haben »dasselbe auch schon einmal erlebt«. Sie laufen dann Gefahr, in Ihre eigenen Erinnerung zu geraten, statt bei der einzigartigen Situation des Erzählers zu bleiben.
- Sie kommen mit Erklärungen, weil Sie »sehen«, um was es in der Situation des Erzählers geht.
- Sie bieten Lösungen und Ratschläge, was der Erzähler am besten tun sollte.
- Sie urteilen über den Erzähler oder seine Situation.

Wenn Sie in diese Fallen tappen, verlagern Sie die Frage weg vom Erzähler.

- Stellen Sie nur Fragen, die geeignet sind, das Bild deutlicher und konkreter zu machen. Sie sollen dabei nicht Ihre Neugier befriedigen, sondern versuchen, sichtbar werden zu lassen, wie sich der Erzähler zu seiner Frage verhält.
- Berichten Sie anschließend, unter Berücksichtigung der Frage des Erzählers, was Ihnen an der beschriebenen Situation aufgefallen ist.
- Zum Schluss »geben Sie ihm zurück«, was Sie als seine Frage ansehen. Das ist der subjektivste Teil Ihrer Rolle, mehr noch als der letzte Punkt. Versuchen Sie dem Erzähler nicht einzureden, was er Ihrer Meinung nach mit Ihrem Beitrag anfangen sollte.

Abrundung

Es kann sein, dass Sie Ihre Frage nach diesem Gespräch besser oder zugespitzter formulieren können. Halten Sie diese Formulierung in Ihrem Logbuch fest, zusammen mit dem, was Ihnen das Gespräch an Einsichten über Sie selbst gebracht hat.

Leben mit Fragen

Mit Fragen zu leben ist oft wichtiger,
als Antworten zu haben.

Das Motto über diesem Kapitel erscheint auf den ersten Blick merkwürdig. Sind die meisten Menschen doch geneigt, Antworten höher zu bewerten als Fragen. Wenn es um die Lösung praktischer Probleme geht, trifft das auch zu.

Im Leben selbst sind es aber Fragen, die Menschen in Bewegung bringen und halten. Sie sind der Motor persönlicher Entwicklungsprozesse, während vorschnelle Antworten diesen Motor oft abschalten. Denn sobald die Antwort oder die Lösung gefunden ist, sucht man nicht weiter – und stoppt den Prozess. Menschen, die immer eine Lösung parat haben, sind meist nicht die interessantesten. Sie laufen Gefahr, in ihrer Entwicklung stehen zu bleiben, während es Menschen, die die Kunst beherrschen mit Fragen zu leben, schaffen, bei sich wie in ihrer Umgebung ständig Neues zu entdecken.

Als Kinder haben wir Fragen im Überfluss. »Wie passt das große Pferd in mein kleines Auge?« fragt ein Vierjähriger seinen Vater. »Mama, warum ist der Himmel blau?« fragt ein anderes Kind. Es sind u.a. die vagen und abstrakten Antworten der Erwachsenen, die uns dazu gebracht haben, bald keine echten Fragen mehr zu stellen und dazu überzugehen, die Antworten der Großen nachzuplappern, Antworten auf Fragen, die wir uns nicht selbst gestellt haben.

Unsere eigenen Fragen sind dadurch eingeschlummert. Wir wissen nicht einmal mehr, dass wir welche haben. Wir erschrecken, wenn uns einer fragt, welche Fragen uns beschäftigen. Wir haben keine! Und sollten wir wirklich welche haben, dann nennen wir sie »Probleme«. Und die wollen wir natürlich so schnell wie möglich loswerden, denn es ist unerträglich, mit einem ungelösten Problem zu leben.

Beim Leben mit Fragen liegt die Kunst darin, die Frage in Ehren zu halten. Das bedeutet, die Frage nicht wegzuschieben, sondern sie »zuzulassen«, sie nicht zum Problem zu machen, das schnell gelöst werden muss, sondern zur Motivation werden zu lassen, auf die Suche zu gehen, initiativ zu werden und Entdeckungen zu machen.

Diese Kunst kann man lernen.

Das selbstverständliche Durchbrechen

Fragen sind ein wesentliches Element des Menschseins. Im Gegensatz zu Tieren sind wir in der Lage, zu uns oder unserer Umgebung auf Distanz zu gehen und dabei Fragen zu stellen. Das Tier ist eins mit seiner Welt. Sein Körper und seine Instinkte sind auf seine Umgebung abgestimmt. In dieser Verflechtung ist kein Raum für ein fragendes Bewusstsein.

Leben mit Fragen

Auch wir Menschen leben natürlich zum Teil in einer selbstverständlichen Welt. Wir tun unsere Arbeit und gehen wieder nach Hause, lesen Zeitung, trinken eine Tasse Kaffe, machen ein Schwätzchen mit dem Nachbarn und legen uns schlafen – ohne uns darüber Fragen zu stellen. Zum Glück, denn wie verkrampft wäre unser Leben, wenn wir es täten. Manchmal aber – durch einen unerwarteten Anlass von außen oder aus einer inneren Stimmung heraus – bekommt dieses selbstverständliche Einssein mit dem täglichen Leben einen Riss, und wir stellen uns selbst eine Frage.

So kam einer Krankenschwester in einer psychiatrischen Klinik vor ein paar Jahren die Frage, weshalb die Patienten eigentlich aus ihrer vertrauten Umgebung herausgerissen und eingewiesen werden. Bis dahin war das für sie – genau wie für andere auch – eine Selbstverständlichkeit gewesen. Die ersten Reaktionen ihrer Kollegen lauteten in etwa so, sie solle keine »Sperenzchen« machen. Schließlich führte ihre Frage jedoch zu einer neuen Aufnahmepolitik und einer anderen Behandlung der aufgenommenen Patienten.

Fragen entstehen dort, wo das Selbstverständliche durchbrochen wird – entweder von uns oder von der Welt, die uns umgibt. Fragen machen uns manchmal so unruhig, dass sie uns den Schlaf rauben und uns auch tagsüber ununterbrochen beschäftigen.

Sind sie erst einmal ausgesprochen, kommt man um sie nicht mehr herum. Sie »arbeiten« in einem. Eine echte Frage, die ernst genommen wird, läutet früher oder später eine neue Entwicklung ein.

In der Biographiearbeit wird der selbstverständliche Lauf des Lebens unterbrochen. Sie ist eine Ruhepause auf dem Lebensweg. Man hält einen Moment inne und stellt sich selbst eine Frage. Die tiefsten Fragen, die bereits seit Tausenden von Jahren die Menschheit beschäftigen, sind noch immer dieselben: Wer bin ich? Was tue ich hier? Was will ich mit meinem Leben anfangen?

Die Frage mit sich selbst verbinden

Viele Fragen, die man im Alltag hört, sind Fragen um der Frage willen. Es sind interessante Fragen, kluge Fragen, Fragen, die einen unerwartet »von den Socken hauen«, Höflichkeitsfragen. In bestimmten Situationen mögen sie nützlich sein, aber sie sind ohne Bedeutung, wenn es um das Anstoßen und Inganghalten einer persönlichen Entwicklung geht. Dazu braucht man Fragen, die tiefer verankert sind. Echte, persönliche Fragen haben ihren Ursprung im Gefühlsleben.

Das Gefühlsleben macht einem zu schaffen und gibt ein Signal, wodurch die Selbstverständlichkeit durchbrochen wird. Das Gleichgewicht zwischen unserer Innenwelt (in der unsere Meinungen, Gedanken, Werte, Normen und Intentionen leben) und der Außenwelt wird dadurch gestört. Dieses aufdringliche Gefühl kann sich in einer vagen Unruhe äußern, in einem diffusen Verlustgefühl oder einer beklemmenden Angst, mit allen dazwischenliegenden Schattierungen.

In seinem Buch *Oordeelsvorming in groepen (Urteilsbildung in Gruppen)* weist unser früherer Kollege Lex Bos darauf hin, dass dieses Gefühlssignal in zwei verschiedene Richtungen weisen kann. Es kann ein Gefühl der Verwunderung sein, des Erstaunens über das, was »ist«, über das »*Existierende*«. Dieses Gefühl verlangt nach »Wissen«, nach »Erkenntnis«. Zum Beispiel: »Wie kommt es nur, dass ich immer wieder zu lange in einem Job hängenbleibe, obwohl ich weiß, dass es ein Fiasko ist?« Es kann sich auch als beklemmendes Gefühl äußern. Das wiederum führt zu Fragen nach der *Zukunft*, wie z.B.: »Was soll ich anfangen, wenn mich mein Betrieb jetzt nicht mehr braucht?« Diese Fragen tendieren nicht so sehr zu Erkenntnis als eher zu einer notwendigen Entscheidung, einem Entschluss, der gefasst werden muss.

In der Biographieforschung haben wir es mit beiden Arten von Fragen zu tun. Die meisten Menschen, die mit einer solchen Selbstanalyse anfangen, richten sich auf die Zukunft und haben *Entscheidungs*fragen. Aber um die richtige Entscheidung treffen zu können, ist auch *Erkenntnis* nötig: Erkenntnis dessen, was man ist, was zu einem gehört, was man kann, und so weiter. Diese Richtung der Fragen, von Lex Bos »Weg der Erkenntnis« genannt, gehört genauso dazu.

Noch einmal: Jeder Frage liegt ein Gefühl zugrunde. Dieses Gefühl muss formuliert werden. Das kann eine unangenehme Aufgabe sein, denn man muss etwas Persönliches in gängige Worte und Begriffe übersetzen. Dazwischen liegt eine Spannung: einerseits kann man zu sehr im Gefühl steckenbleiben und so nicht mehr zu einer klaren Fragestellung kommen; andererseits kann man sich zu weit vom ursprünglichen Gefühl entfernen und dadurch die Fragestellung zu allgemein, zu abstrakt zu machen.

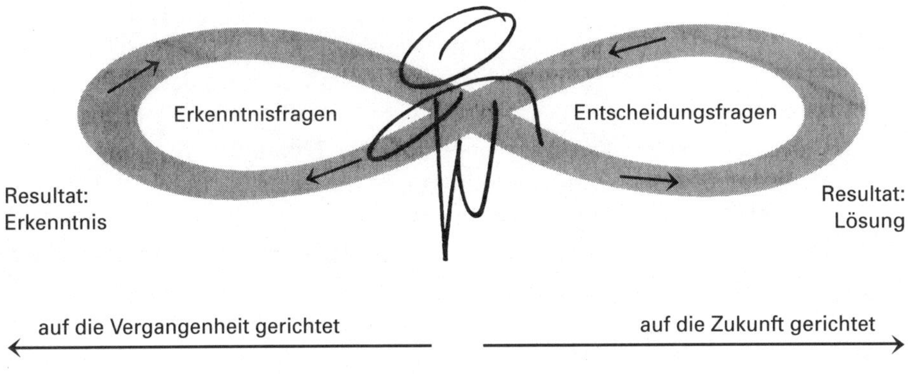

Versuchen Sie die Frage so klar zu formulieren, dass Sie damit arbeiten können und gleichzeitig die Verbindung zum ursprünglichen Gefühl erhalten bleibt, aus der sie entstanden ist. Um dieses Gleichgewicht zu erreichen, braucht man oft einen Gesprächspartner, der einem hilft, die eigene Frage in Worte zu fassen. Es muss jemand sein, der zuhört und das »zurückspiegelt«, was er aus den Worten heraushört.

Es gelingt fast nie, sofort die richtige Frage zu präzisieren. Und, was heißt hier »richtig«? Die Frage ist immer eine vorläufige. Sie verändert sich oft im Lauf des Untersuchungsprozesses. Oder man entdeckt hinter der Ausgangsfrage eine weitere Frage, die möglicherweise noch essentieller für einen ist. Die Ausgangsfrage muss jedoch so klar sein, dass man sich damit an die Arbeit machen kann.

Bei der Arbeit an der eigenen Biographie ist solch eine Ausgangsfrage ein Halt. Denn das biographische Material in einem Lebenslauf ist endlos. Man kann sich darin leicht verirren, weil immer wieder neue interessante Aspekte und Zusammenhänge auftauchen. Die Frage bringt einen auf die rechte Bahn. Sie gibt die Suchrichtung an, in der man den Lebenslauf untersuchen muss und wirkt auch wie ein Magnet, der die relevanten Fakten für die eigene Fragestellung ans Licht zieht.

Die Frage mit konkreten Situationen verbinden

Eine Frage entsteht zuerst in unserer Innenwelt. Selbst bei klarer Formulierung – etwa: »Wie kommt es, dass ich in jeder neuen Stelle nach ein paar Jahren mit meinen Chef in Konflikt gerate?« – geht es doch um ein mehr oder weniger isoliertes Empfinden in der eigenen Seele. Um die Frage überhaupt behandeln zu können, ist es wichtig, sie mit der Außenwelt in Verbindung zu bringen, d.h. sie auf konkrete Situationen zu beziehen, in denen die Frage auftaucht. Das funktioniert in zweierlei Manier, die wir, spontan, auch gelegentlich im normalen Leben anwenden:

- Man stellt eine Verbindung der Frage mit konkreten Situationen aus der Vergangenheit her. Dabei sollte man sich eine einzelne bzw. einige Situationen aus der Vergangenheit vergegenwärtigen, in denen die Frage aktuell war. Diese Situationen beschreibt man darauf bildhaft, so dass daraus ein »Filmbild« entsteht.
- Man bringt die Frage mit einer Vorstellung der Zukunft in Verbindung. Man macht sich eine Vorstellung der Situation in der Zukunft, die entsteht, wenn man nicht handelt, sondern passiv abwartet, was passiert – mit anderen Worten: wenn man es völlig seiner Umgebung überlässt, was geschehen soll. Auch diese Vorstellung sollte so konkret und bildhaft wie möglich sein.

Bei beiden Beschreibungen bewegt man sich aus der Innenwelt heraus auf die Außenwelt zu. Weil die Beschreibungen einen bildhaften Charakter haben, können sich andere in die Situation hineinversetzen und einem sagen, was ihnen auffällt.

Es ist nicht immer einfach, diese Bewegung von innen nach außen zu machen. Vielleicht hat man sich mit seinem Problem durch die Emotionen, mit denen Erfahrungen einhergehen, in seinem Inneren eingeschlossen. Man kann manchmal auch einen inneren Widerstand spüren, wenn man seine Fragestellung zu konkreten Situationen in Beziehung setzt, denn das bedeutet unvermeidlich: auf Distanz gehen, objektivieren, die Situation wie mit den Augen eines Fremden betrachten. Manchmal ist es einfacher, Gefühle zu äußern. In diesem Fall sollte man vielleicht damit anfangen, denn dadurch entsteht eventuell ein unbefangenerer Blick auf die Fakten, die Umstände und Handlungen, um die es geht.

Andere können einen beim Beschreiben konkreter Situationen helfen, indem sie »bild-klärende« Fragen stellen. Außerdem kann der andere, indem er sagt, was ihm an den beschriebenen Situationen auffällt, ein überraschendes Licht auf die eigene Frage werfen. Daraus ergibt sich vielleicht eine erste Verschiebung der Fragestellung.

Indem die Frage auf konkrete Situationen in der Vergangenheit bezogen wird, entsteht ein klareres Bild dessen, was im Grunde eigentlich vorgeht. Und indem man es mit einer Vorstellung von der Zukunft verknüpft, kann der Wille, daran zu arbeiten, noch verstärkt werden.

Zusammengefasst besteht die Kunst, mit Fragen zu leben aus folgendem:

- die Selbstverständlichkeit des eigenen Lebens oder der Ereignisse um einen herum zu durchbrechen und eine Frage zu stellen;
- die Frage erst einmal »zuzulassen«, ohne sofort nach einer Antwort oder Lösung zu suchen;
- die Frage mit konkreten Situationen in der Vergangenheit und der Zukunft in Verbindung zu bringen.

Übungstip

Wählen Sie eine Person aus Ihrer Umgebung, die Sie eine Woche lang zu bestimmten Zeiten genau beobachten, und überlegen Sie dabei: Was ist seine oder ihre eigentliche Frage? Wiederholen Sie die Übung mit einer oder zwei weiteren Personen.

Bildhaftes Beschreiben

Glücklicherweise ist die Welt so eingerichtet,
dass ein Tautropfen auf einem Grashalm
sie widerspiegeln kann.
Harry Mulisch

Bilder sprechen die Vorstellungskraft an. Ein gut gewähltes Bild sagt mehr als tausend Worte, lautet ein altes chinesisches Sprichwort. Aber man muss das Bild auch verstanden haben. Jedes der Bilder, die beispielsweise im Traum vorkommen, in Gleichnissen, auf Gemälden, oder die in Stein gehauen sind, spricht seine eigene Sprache, mit deren Hilfe man ihren Sinn aufspüren kann. Innerhalb der Bildsprache kann man Subsprachen unterscheiden, genau wie das Niederländische oder das Deutsche viele »Subsprachen« enthält, z.B. die Zeitungssprache, Rechtsterminologie, Sprache der Automatisierung, Fachausdrücke der Dachdecker, Managementjargon, Medizinerlatein, die Sprache von Sozialarbeitern, Trainern, etc. Auf welche Sprache wollen wir mit dem Begriff »bildhaftes Beschreiben« hinaus?

Im vorliegenden Workshop arbeiten wir oft mit Erinnerungsbildern und Zukunftsbildern. Beim Untersuchen des eigenen Lebenslaufs geht es ja um Erfahrungen aus der Vergangenheit und um Wünsche oder Hoffnungen für die Zukunft. Um über Situationen aus der Vergangenheit sprechen zu können, braucht man sein Erinnerungsvermögen, sein Gedächtnis; für die Entwicklung künftiger Situationen seine Vorstellungskraft.

Beim »bildhaften Beschreiben« stellt man konkrete Situationen so dar, dass sie auch vor dem geistigen Auge anderer entstehen, als sähen diese ein Foto oder einen Film, auf dem die Welt um uns herum festgehalten ist.

Ein Foto hat den Vorteil, dass sich das Bild nicht bewegt und jeder Aspekt für sich in aller Ruhe betrachtet werden kann: Raum, Gegenstände und Menschen. Dabei geht es um ihr Aussehen, ihre Position im Bild und ihre Beziehung zueinander. Der Mehrwert eines Films liegt im Aufzeigen der Veränderung in der Zeit: der Bewegung, Aktion und Interaktion, was sich nacheinander und was sich gleichzeitig abspielt. In der Interaktion zeigt sich auch die Organisationskultur oder die Art, wie die betreffenden Personen miteinander umgehen. Das drückt sich auch nonverbal aus. Beim bildhaften Beschreiben können alle Sinnesorgane zum Einsatz kommen, z.B. die Augen, die Ohren und die Nase. Hier folgt ein Beispiel für eine bildhafte Beschreibung.

Ein Beispiel

»Die Tür ist rot ... glänzend, paprikarot. Sie ist immer geschlossen. Ich drücke die Aluminiumklinke herunter und trete ein. Es ist das Lehrerzimmer. Quer im Raum vor mir steht ein Tisch, vier Meter lang, gut einen Meter breit, um ihn herum sechzehn Stühle ... ohne Armlehnen. Ich blicke auf die Rücken von

Hans und Wilhelm ... sie sitzen vornübergeneigt und reden lautstark mit dem einen Konrektor ... Hans ihnen gegenüber. Links neben Hans, am Kopfende des Tisches, sitzen Maria und Irma und beteiligen sich am Gespräch. Rechts vor mir sitzen an der anderen Seite des Tisches zwei etwas ältere Kollegen neben dem Konrektor und nehmen auch am Gespräch teil.

Als ich die Türe öffne, sieht der Konrektor auf und ruft: ›Ha, junger Mann!‹ ... Übrigens, dieser Konrektor stellt sich immer so vor: ›Dr. P.J.L.M. Fledermaus, sag' ruhig Piet zu mir.‹ Er ist ein ziemlich kleiner Mann mit dunklen Locken, heller Hornbrille, bleichem Gesicht und Bauchansatz. Er hängt im Stuhl. ›Ha, junger Mann, hast du dich auch hinter den Ohren gewaschen? So landest du nicht bei den Mädchen, das sag ich dir! Schaut euch doch den mal an.‹ Und seine grauen verengten Pupillen mustern mich von Kopf bis Fuß. Die andern brüllen los vor Lachen und drehen sich zu mir her. Sieben Augenpaare, die mich von Kopf bis Fuß abschätzen, und die Bemerkungen folgen so schnell aufeinander, dass ich nur noch hören kann: ›Oh, oh, so ein Grünschnabel, und das in der 5A.‹

Die 5A war zu der Zeit eine berüchtigte Klasse, eine der schlimmsten, und ich sollte nach der Mittagspause meine erste Unterrichtsstunde in der Klasse halten. Mir graute davor, ich hatte noch nicht besonders viel Erfahrung. Und ich hatte wirklich einen Schlabberpulli an, in dem fühlte ich mich wohl.

Während sie ihre Augen über meine Kleider wandern lassen, sehe ich wie rechts, am anderen Tischende, einige der Kollegen erschreckt reagieren. Dort wird es still. An dieser Seite des Tisches, rechts von mir, sitzt der andere Konrektor. Dieser Konrektor, Hans, hat offene blaue Augen, das Haar ein wenig ergraut und lange, schlanke Finger. Er sitzt aufrecht da und schält eine Orange.

Auf der gegenüberliegenden Seite sitzt in der Mitte Rob. Während die anderen lachen, schiebt er seine Sachen auf die Seite und rutscht einen Stuhl weiter ... so wird, von mir aus gesehen rechts von ihm, ein Platz frei.

Ich betrachte die sieben Augenpaare, eines nach dem anderen, und denke: ›Soll das vielleicht witzig sein?‹ und gehe rechtsherum zu dem Platz neben Rob. ›Soll ich dir einen Kaffee holen?‹, fragt er. ›Nein, danke‹, antworte ich, ›das mache ich schon selber.‹ Und ich gehe hinter Piet vorbei zu einer Kaffeemaschine auf der Anrichte ... links von der Tür, wenn man hereinkommt.«

Beim bildhaften Beschreiben wird also ein filmisches Bild einer Erinnerung oder einer zukünftigen Situation gegeben. Man zoomt damit die Erinnerung zu sich her, holt die Vergangenheit näher heran. Und ein Zukunftsbild macht man dadurch konkret, holt es aus dem unverbindlichen Phantasieren heraus. In der Darstellung konkretisiert man das Wunschbild. Ein wichtiges Hilfsmittel kann dabei die Verlagerung von Situationen in die »Gegenwart« sein. Dadurch werden sie hier und jetzt für einen selbst und den Zuhörer lebendig.

Das bildhafte Beschreiben geht nicht von selbst. Es erfordert Konzentration, Denkanstrengung. Man macht sich ein Bild von der Zukunft, das es noch nicht gibt. Aber es kostet auch Mühe, ein Bild aus der Erinnerung auszugraben. Man versucht Fragen zu beantworten wie: Was habe ich gesehen? – Was habe ich gehört? – Was habe ich gerochen? Bei einer versunkenen Erinnerung bedeutet das Suchen und Schürfen. Bei einer lebendigen Erinnerung bedeutet es Auswählen, das Aussuchen, was wichtig ist. Wenn man zu wenig erzählt, wird die Erzählung nicht lebendig und für die Zuhörer nicht zum Bild. Erzählt man zu viel, dann verlieren die Zuhörer den Zusammenhang aus den Augen, etwa den Bezug zur gestellten Frage. Im zitierten Beispiel lautete die Frage des Erzählers: »Wie integriert man nach einer Fusion zwei Unternehmenskulturen?«

Was kann man damit erreichen?

- Als Erzähler lernt man, die tatsächliche Situation von den Emotionen, den Meinungen und den Beurteilungen zu unterscheiden, die diese Situation in einem weckt. Durch die konkrete Beschreibung dessen, was um einen herum vor sich geht, wird die Verflechtung von Innen- und Außenwelt gelockert. Man bringt Objektivität in die Situation, und das gibt einem größere Freiheit, in der Situation zu manövrieren.
- Durch das bildhafte Beschreiben einer Situation für einen Zuhörer gibt man diesem die Freiheit, selbst zu urteilen.
- Man wird der Sache besser gerecht, wenn man die Fakten konkret beschreibt, ohne die eigene Meinung zu äußern.
- Man übt sich darin, objektives Interesse für die Situationen zu empfinden, in denen man steht. Indem man ausspricht, dass einer eine Krawatte umhat, wird einem klar, dass er meist ohne Krawatte geht, oder welche Krawatten er eigentlich trägt.
- Indem man bildhaft beschreibt, übt man sich auch in bildhaftem Denken.

Fallstricke beim Beschreiben einer Situation

Wenn wir jemand bitten, eine Situation zu beschreiben, bekommen wir oft Antworten wie:

- »Hör mal, zuerst musst du dir mal was merken: Wir hatten gerade eine Reorganisation hinter uns mit einer neuen Struktur für die Unternehmensleitung und ein paar Geschäftsbereichen. Das war auch nötig, denn gleich nach der Fusion haben wir viel mehr Lehrlinge dazubekommen, und deshalb auch viel mehr Lehrer. Außerdem wurde umgebaut und neu angebaut, so dass ...«
- »Ich hatte nach der Fusion ein paar Verwaltungsstunden bekommen, um mich um die Koordination und die Betreuung der Integration der beiden

Unternehmenskulturen zu kümmern. Das Kernproblem war von Anfang an: Wie macht man so etwas?«

- »Die Zeit war furchtbar. Sie haben mich getriezt, versucht, mich fertigzumachen, weil ich mich nicht für ihre Mätzchen entscheiden konnte. Und die anderen brachten mir auch nichts, sie gaben sich kein bisschen Mühe, mich zu beruhigen. Es war ein Spießrutenlaufen. Was sollte ich da machen?«

Die erste Aussage quillt über von Erklärungen, Interpretationen und Hintergrundinformationen, die zweite von Allgemeinplätzen und die dritte von Emotionen und Urteilen. Nur – für den Zuhörer entsteht kein Bild. Erst nachdem der Erzähler gezwungen wird, eine oder zwei charakteristische Situationen auszusuchen und in aller Konkretheit zu beschreiben, verankert er sozusagen seine Aussagen.

Durch das bildhafte Beschreiben wird die Sache, über die geredet wird, auch allgemein verständlich. Alle möglichen schönen Aussagen wie »Ich begleite und koordiniere die Integration nach der Fusion« werden konkretisiert: »zwei Stile, beim Kaffeetrinken miteinander umzugehen, und ich befinde mich mitten zwischen den Stühlen«. Häufig reicht es aus, eine einzige Situation zu beschreiben. In diesem einen Tautropfen spiegelt sich viel. Man muss nur kurz stehenbleiben, um es zu sehen. Einige Menschen spüren dagegen eine heftige Abneigung gegen dieses kurze Innehalten und Hinsehen, oder gegen das allgemein Verständliche und Konkrete. Das ist ein Handicap beim bildhaften Beschreiben. Aber ein Handicap ist auch immer ein Ausgangspunkt für eine neue Fähigkeit.

Übungstip

Versuchen Sie regelmäßig eine Situation des vergangenen Tages bildhaft zu beschreiben.

Aufgabe 2

Vereinbarungen

Zusammenarbeit basiert auf Vereinbarungen. Gute, eindeutige Vereinbarungen zu treffen und sich daran zu halten, schafft Vertrauen und ist die Basis jeder produktiven Zusammenarbeit. Wie gehen Sie mit Vereinbarungen an Ihrem Arbeitsplatz um?

Für Sie selbst

Machen Sie zwei Analysen:

1 Beschreiben Sie von einer Reihe von Vereinbarungen, die Sie in der Vergangenheit getroffen haben, wie diese zustandegekommen sind. Tun Sie das anhand folgender Fragen:

- Wer hat die Initiative ergriffen?
- Wie »fest« waren Sie in Ihrem Innern davon überzeugt?
- Haben Sie die Vereinbarungen einhalten können? Wenn nicht, warum nicht?
- Was halten Kollegen von der Art, wie Sie mit Vereinbarungen umgehen?
- Wie reagieren Sie, wenn sich andere nicht an Vereinbarungen halten?

2 Schauen Sie sich Ihren Terminkalender und Ihre Arbeitsbelastung für die nächsten vier bis sechs Monate durch und analysieren Sie, wie Sie in dieser Periode an diesem Workshop arbeiten können. Gehen Sie von 150 bis 200 Stunden aus, einschließlich der Treffen mit Ihren Gesprächspartnern. Achten Sie dabei u.a. auf folgende Punkte.

- Wann können Sie Zeit dafür freihalten?
- Was müssten Sie in Arbeit und Privatleben organisieren, um genügend Freiraum dafür zu bekommen?
- Was müssten Sie abgeben, auf die Seite legen oder aufschieben?

Methodische Hinweise

Die obengenannten Fragen sind nicht als Fragebogen zu verstehen, den man ausfüllen muss, sondern als Vorschläge für Ihre Selbstanalyse.

Bei den *Vereinbarungen in der Vergangenheit* geht es weniger um formale Vereinbarungen, als vor allem um Absprachen in der täglichen Zusammenarbeit. Schauen Sie sich die konkreten Situationen an, in denen diese Vereinbarungen getroffen wurden. Bereiten Sie sich darauf vor, diese bildhaft zu erzählen.

Bei den *Vereinbarungen für diesen Workshop* stellen Sie sich so konkret wie möglich vor, wie Sie diese in die Tat umsetzen wollen. Nehmen Sie Ihren Terminkalender und reservieren Sie Zeit. So kommen Sie zu einem möglichst festverwurzelten inneren Entschluss.

Im Gespräch

Nicht jede Aufgabe muss nach dem individuellen Arbeitsabschnitt mit den anderen besprochen werden. Wieviele Aufgaben Sie gemeinsam besprechen möchten, hängt in erster Linie vom Zeitaufwand ab, den Sie gemeinsam darauf verwenden wollen. Verabreden Sie als Gruppe, welche Aufgabe Sie miteinander besprechen und welche nicht. (Vielleicht stellt sich während des Durchgangs heraus, dass Sie eine bestimmte Aufgabe nach näherer Betrachtung doch gemeinsam besprechen möchten; zögern Sie dann nicht, die Planung anzupassen.)

Wir wissen aus Erfahrung, dass es wichtig ist, auf jeden Fall eine Reihe von Aufgaben gemeinsam zu besprechen. Die Aufgaben, bei denen das nicht unbedingt erforderlich ist, leiten wir ein mit: »Falls Sie diese Aufgabe gemeinsam besprechen ...«

Das Gespräch über die Aufgabe »Vereinbarungen« besteht aus zwei Teilen:

1 *Vereinbarungen in der Vergangenheit*

Falls Sie diese Aufgabe gemeinsam besprechen, stellt der Reihe nach jede die von ihr ausgesuchte(n) Situation(en) aus der Vergangenheit dar, während die anderen zuhören und helfen. Man geht dabei wie folgt vor:

- Die Erzählerin skizziert eine oder mehrere Situationen, ohne Erläuterungen. Die anderen lassen die Bilder auf sich wirken, ohne zu reagieren, und notieren für sich, was ihnen dabei aufgefallen ist.
- Die anderen berichten nacheinander von ihren Eindrücken. Die Erzählerin schreibt das ohne Kommentar auf und versucht, es zu verstehen (sie kann die anderen dabei um Erläuterungen bitten.)

- Die Erzählerin teilt mit, ob diese Eindrücke für sie erkennbar und nachvollziehbar sind.

2 *Vereinbarungen mit Bezug auf dieses Arbeitsbuch*

- Die Erzählerin beschreibt so bildhaft wie möglich, wie sie die Arbeit an den Aufgaben dieses Buches umsetzen möchte. Die anderen hören ohne Kommentar zu, vergleichen dieses Resümee mit dem vorigen (über die Vereinbarungen in der Vergangenheit) und versuchen herauszufinden, wie fest die Erzählerin von ihrem Vorhaben überzeugt ist. Am Ende machen sie für sich selbst ein paar Notizen.
- Darauf geben die Zuhörer nacheinander wieder, was sie dazu meinen. Die Erzählerin notiert ihre Beiträge ohne Kommentar und stellt eventuell Fragen, wenn ihr etwas nicht klar ist.
- Am Ende teilt die Erzählerin den anderen mit, mit welchen der Kommentare sie etwas anfangen kann.

Methodische Hinweise

Beim Erzählen bleiben Sie so konkret, so bildhaft wie möglich. Die Zuhörer halten sich mit ihren Meinungen und Urteilen so weit wie möglich zurück. Sie suchen nach dem, was in den Bildern der Erzählerin wesentlich oder charakteristisch ist und teilen es mit.

Abrundung

Nachdem jeder notiert hat, was er oder sie festhalten möchte, kann die Gruppe Termine für die Treffen vereinbaren.

Abschnitt 2

In diesem Abschnitt verschaffen Sie sich, ausgehend von Ihrer Frage, eine Übersicht über Ihre aktuelle Situation. Diese bewegt sich ständig in einem dynamischen Ausgleich zwischen Vergangenheit und Zukunft. In vorliegendem Buch steht die Arbeitssituation im Mittelpunkt; sie kann jedoch nicht losgelöst von Ihrem restlichen Leben gesehen werden.

Wo stehe ich?

Aufgaben

Erläuterungen

Unterstützende Übung

Aufgabe 3

Wie empfinde ich meine aktuelle Arbeitssituation?

Stimmungen haben häufig einen komplexen gefühlsmäßigen Hintergrund. Um darüber hinauszukommen, sollte man derartige Stimmungen in Worten ausdrücken und analysieren. Dadurch können sie objektiviert und instrumentalisiert werden. Andere Menschen können einem dabei eine große Hilfe sein.

Für Sie selbst

Drücken Sie auf einem Blatt Zeichenpapier mit Farben die Stimmung über Ihre aktuelle Arbeitssituation aus.

Methodische Hinweise

Nehmen Sie Ihr separates »Logbuch« oder ein einzelnes Blatt Zeichenpapier und die Schachtel mit den Pastellkreiden. Experimentieren Sie ein wenig mit den Farben auf einem Schmierzettel.

Bevor Sie anfangen, konzentrieren Sie sich auf das Gefühl, das bei Ihnen aufkommt, wenn Sie sich Ihre Arbeitssituation vorstellen.

Denken Sie beim Ausführen dieser Aufgabe nicht allzuviel nach. Vertrauen Sie Ihren Händen und Ihrer spontanen Farbwahl. Lassen Sie zu, was aufkommt. Sie brauchen kein »Kunstwerk« zu schaffen.

Vermeiden Sie konkrete Standardbilder wie Haus, Baum, Tier sowie Zeichen und Symbole. Arbeiten Sie frei und wandelbar, konstruieren Sie also kein Bild, und arbeiten Sie nicht auf ein vorher ausgedachtes Ergebnis hin. Vertrauen Sie Ihrem Gefühl.

Im Gespräch

Erläuterung: Arbeiten mit Farbe (S. 39)

Jeder zeigt der Reihe nach sein Stimmungsbild; die anderen betrachten und charakterisieren es. Die Arbeitsweise ist wie folgt:

Erläuterung: Charakterisieren (S. 41)

1 Der Zeichner zeigt sein Stimmungsbild, ohne weitere Erklärung. Die anderen lassen es ohne Kommentar auf sich wirken und schreiben für sich auf, was für sie an diesem Bild charakteristisch ist. Sie »charakterisieren« es also.

2 Die Betrachter erzählen jetzt, welche Charakteristika sie gefunden haben. Der Zeichner des Bildes hört sich diese Beschreibungen an, schreibt sie auf und versucht sie in seinem Bild wiederzufinden. Falls erforderlich, lässt er sich von den anderen auf dem Bild zeigen, worauf sich die Charakterisierung bezieht.

3 Der Zeichner teilt den anderen mit, ob er die Charakterisierungen sehen kann, ob sie ihm einleuchten oder ihm wenig sagen und welche Charakterisierungen ihn überraschen.

Methodische Hinweise

Für den Zeichner:

- Wenn Sie Ihr Bild zeigen, sagen Sie nichts über die Entstehung, was Sie davon halten, was es bedeutet usw. Das hindert die anderen, unbefangen zu reagieren und nimmt Ihnen die Möglichkeit, etwas Neues zu hören.
- Achten Sie gut auf den Inhalt der Charakterisierungen und deren Bezug zu Ihrem Stimmungsbild. Fragen Sie nach, wenn Sie die Charakterisierung nicht auf Anhieb »aus dem Bild heraus« verstehen. Achten Sie vor allem auf unbekannte oder neue Aspekte. Sagen Sie nicht gleich: »Das kann ich auch so ungefähr erkennen.«
- Notieren Sie die Charakterisierungen am besten wörtlich, damit Sie diese später noch einmal nachlesen können – auch die Charakterisierungen, die Sie sonderbar, falsch oder unangenehm finden! Es kann gut sein, dass gerade diese Ihnen mehr geben als die »bekannten«, »richtigen« oder »schönen« Charakterisierungen.

Für den Betrachter:

- Halten Sie sich beim Betrachten des Bildes mit Urteil, Erläuterungen, Analysen und Fragen zurück. Lassen Sie das Bild auf sich einwirken und überlegen Sie sich, was für Sie das Charakteristische und Persönliche an diesem Bild ist.
- Schreiben Sie Ihre Charakterisierungen sofort auf, damit Sie den allerersten Eindruck nicht vergessen, wenn die anderen von ihren Eindrücken berichten.

- Respektieren Sie die Charakterisierungen der anderen Gruppenmitglieder.
- Halten Sie Ihre eigene Formulierung fest, auch wenn sie einer anderen ähnelt.
- Sorgen Sie dafür, dass Sie auf Wunsch im Bild zeigen können, worauf sich Ihre Charakterisierung bezieht.
- Drängen Sie dem Besitzer des Stimmungsbildes Ihre Charakterisierung nicht auf.

Abrundung

Jeder schreibt in sein Logbuch, was er oder sie noch festhalten möchte.

Arbeiten mit Farbe

Farbe und Stimmung

Es gibt viele Formen, in denen man seine Stimmung ausdrücken kann. Die gebräuchlichste ist die Verbalisierung. Man erzählt einem Freund oder Kollegen, was einen beschäftigt. Man beschreibt die geplante Kanadareise, die man in zwei Jahren machen möchte. Oder man schimpft über die absurde Beförderungspolitik des Arbeitgebers. Der andere hört, was Sie sagen. Aber nicht allein die Worte drücken Ihre Stimmung aus. Häufig sagt der Klang Ihrer Stimme noch mehr. Auch andere nonverbale Signale, wie Gesten, Gesichtsausdruck und Haltung der Schultern oder des Körpers spielen eine große Rolle. Der Hörer nimmt sie bewusst oder unbewusst wahr und reagiert darauf.

Um herauszufinden, was die eigene Stimmung ist, könnte man z.B. mit audiovisuellen Mitteln die Art und Weise festhalten, wie man sich ausdrückt, und dann betrachten. Eine andere Art ist die Arbeit mit künstlerischen Mitteln, etwa mit Farben.

Zwischen Farben und Stimmungen besteht ein direkter Zusammenhang. Eine orangerote Sonne vor einem hellblauen Himmel umrandet von hellgelben Wolkenstreifen, oder bleigraue Wolken über graublauem Wasser und dunkelgrünen Wiesen: Die Bilder wecken völlig unterschiedliche Stimmungen. Das Gefühl reagiert direkt auf andere Farben oder Farbnuancen. Man kann aber auch umgekehrt Stimmungen und Gefühle unmittelbar in Farben umsetzen. Das Herstellen eines solchen farbigen »Stimmungsbildes« kostet nicht viel Zeit. Aber es bringt ein bleibendes Ergebnis, das man in aller Ruhe und zu allen Zeiten, ansehen kann. Daher haben wir uns für diese Ausdrucksform entschieden.

Für viele Menschen ist die Verwendung von Farbe etwas Neues, eine Art zu arbeiten, die man seit der Kindergartenzeit nicht mehr geübt hat. (Für den einen Hobbymaler, der wohl damit vertraut ist, mit Farben zu arbeiten, kann die vorgeschlagene Arbeitsweise trotzdem neu sein.) Der Vorschlag, sich mit Zeichenpapier und Pastellkreiden an den Tisch zu setzen, kann daher leicht Zögern, Verlegenheit oder sogar Unmut provozieren. Derartige Reaktionen sind völlig verständlich – wenn man an die leistungs- und ergebnisorientierte Kultur denkt, in der wir leben. Wenn wir in diesem Arbeitsbuch das Medium Farbe einsetzen, geht es nicht um eine Leistung oder die Schaffung eines »Kunstwerks«. Jeder soll vielmehr auf eine, vielleicht unkonventionelle Weise, seine Stimmung ausdrücken. Man kann mit jedem Ergebnis, das dabei herauskommt, arbeiten.

Arbeitsweise

Der Ausgangspunkt für ein farbiges Bild ist Spontanität: Gefühl und Hände machen die Arbeit. Man setzt irgendwo auf das Papier eine Farbe. Man sieht zu, was dort entsteht, entwickelt es weiter oder bringt eine andere Bewegung hinein. Oder man nimmt eine andere Farbe und bringt damit eine neue Stimmung, eine andere Bewegung ins Bild. So entsteht ein spontanes Farbbild. Fest umrissene Darstellungen, Gedanken an konkrete Dinge oder Situationen behindern den Prozess. Man arbeitet mit Farbflächen, verschiedenen Farbstärken und Farbmischungen und mit der Bewegung.

Rot, Gelb und Blau sind die Grundfarben (die Primärfarben), aus denen man viele andere Farben mischen kann. Rot und Gelb ergibt Orange, Gelb und Blau ergibt Grün, Blau und Rot ergibt Violett. Zahllose Schattierungen sind möglich. Rot über Gelb ergibt z.B. ein anderes Orange als Gelb über Rot. Man kann die Farben auch mit der schwarzen sibirischen Holzkohle mischen.

Pastellkreiden

Vom Material her ist Ultramarin die schwächste Pastellkreide. Drückt man zu stark auf, fängt sie leicht zu bröseln an. Lässt man die Kreide in der Papierhülle, bröckelt sie weniger leicht. Wer mit einer breiteren Fläche arbeiten möchte, bricht die Kreide in der Mitte durch, nimmt die Teilerole ab und bewegt die Kreide flach über das Papier. Man kann auch wunderbare Effekte bekommen, indem man die Farbe mit den Fingern über das Papier wischt. Nur ist die Farbe dann weniger strahlend.

Farbstaub auf Kleidung oder dem Teppich sollte man nicht mit einem feuchten Tuch wegwischen, sondern wegblasen oder mit dem Staubsauger aufnehmen. In der Waschmaschine wäscht sich die Farbe übrigens wieder heraus.

Die fertige Arbeit kann mit Haarspray oder einem speziellen Fixativ haltbar gemacht werden.

Charakterisieren

Charakterisieren ist eine Fertigkeit, die einem eventuell noch mehr als das bildhafte Beschreiben helfen kann. Beim bildhaften Beschreiben übt man sein Interesse für Situationen und das, was darin vor sich geht, beim Charakterisieren versucht man dagegen, das Charakteristische oder ganz Persönliche einer Situation oder eines Objekts herauszufinden. Wie charakterisiert man zum Beispiel einen Baum? Man kann Bäume lieben oder nicht, sie für nützlich oder unnütz halten, für malerisch oder was auch immer. Man kann eine Birke schöner finden als eine Buche. Aber das sagt mehr über einen selbst aus als über den Baum. Man kann einen Baum auch sehr konkret wahrnehmen und »bildhaft beschreiben«. Beim Charakterisieren geht man einen Schritt weiter.

Betrachten Sie beispielsweise eine Birke und eine Buche als ausgewachsene, alleinstehende Bäume, dann fällt einem auf, dass die beiden einen völlig unterschiedlichen Charakter haben. Beim Versuch, etwas von der Eigenheit dieser beiden Bäume in Worte zu fassen, könnte man vielleicht zu folgenden Charakterisierungen kommen:

Birke	*Buche*
leicht und luftig	ruhige Kraft
Zartheit und Verspieltheit	beschützend
bescheiden anwesend	fest mit der Erde verbunden
	deutlich anwesend

Charakterisieren hat immer eine persönliche Note. Deshalb wird vielleicht nicht jeder sofort unsere Charakterisierung einer Birke und Buche erkennen. Dennoch muss das im Prinzip möglich sein, denn das Charakteristische oder Kennzeichnende ist an das gebunden, was man vor sich sieht, also auch für andere nachvollziehbar. Das trifft umso mehr zu, je besser man das Charakterisieren als Technik beherrscht und besser ausdrücken kann, was man sieht. Was sieht man beispielsweise bei Birke und Buche?

Bei der *Birke* betrachten wir den fast senkrechten Stamm mit der weißen Rinde, die da und dort aufgebrochen ist und sich an den Rändern hochbiegt. Dann sehen wir die zarten Enden der Zweige, die ein wenig hängen, und die kleinen hellgrünen Blätter, mit denen der Wind leicht spielen kann. Die Blätterkrone ist durchscheinend; das Licht fällt durch die Krone und man kann durch sie den Himmel sehen. Eine Birke steht nie allein, sie fällt nicht sofort zwischen anderen Bäumen und Sträuchern auf; nur ihr weißer Stamm zieht den Blick auf sich.

Bei der *Buche* betrachten wir die kräftigen Wurzeln und den daraus aufsteigenden Stamm, oft gerade und rund, mit vertikalen Riffeln und einer ziemlich glatten Rinde. Das Blattwerk ist dunkelgrün oder rotbraun, die Blätter sind beinahe reglos, auch im Wind. Die Krone ist dicht und bildet manchmal eine wunderbar runde Kuppel, unter der es gut sein ist, wenn man am Stamm auf den Wurzeln sitzt. Es ist dämmerig und im Sommer angenehm kühl. Unter der Buche wächst nichts. Eine alleinstehende Buche im Wald fällt einem sofort auf.

Das Charakterisieren eines Bildes oder einer Geschichte

Charakterisieren wird neben dem bildhaften Beschreiben in diesem Arbeitsbuch als Aktivität häufig vorkommen. Der eine erzählt, ein anderer charakterisiert und hilft dem Erzähler bei der Suche nach den charakteristischen Aspekten in dem, was er erzählt. Erinnern Sie sich doch an die bereits genannte bildhafte Beschreibung des jungen Lehrers, der in einer Pause ins Lehrerzimmer kommt (S. 29). Der Erzähler der Geschichte bekam u.a. die folgenden Charakterisierungen zu hören:

- Über die Situation: Unsicherheit und gleichzeitig Sicherheit, Herausforderung und gleichzeitig Ruhe.
- Über seine Position: in der Mitte, auf der »ruhigen« Seite.

Vor allem letzteres hat ihn überrascht. Er hatte sich selbst als unternehmend eingeschätzt, als Person, der Herausforderungen sucht. »Außerdem«, sagte er in seiner ersten Reaktion, »rutschte Rob einen Platz nach links weiter, also musste ich mich doch auf diese Seite setzen.«

Eine einzige Situation, was sagt das denn aus? Wenn man sich nicht weiter damit beschäftigt, sagt sie wirklich nichts. Wenn man dagegen überlegt, was dieser offensichtlich zufällige Vorfall zu bedeuten hat, kann man etwas auf die Spur kommen, was für einen selbst charakteristisch ist. In dem Fall verhielt es sich so: der Erzähler entdeckte, dass er zwar die Herausforderung suchte, aber vor der damit einhergehenden Unsicherheit zurückschreckte. Er fühlte sich in Ruhe und Sicherheit wohl, spürte aber gleichzeitig, dass er der Langeweile entkommen wollte, die dazugehört. Indem er sich dieses Dilemmas bewusst wurde, wurde das »Großartige«, etwas zu unternehmen und Herausforderungen zu suchen, relativiert. Was er meinte, bereits zu sein, konnte jetzt ein realistischeres Ziel für seine eigene Entwicklung werden.

Übungstip

Betrachten Sie eine Woche lang jeden Tag eine andere Pflanze, einen Strauch oder Baum, und versuchen Sie zu charakterisieren, was Sie sehen.

Eine Reihe von Aufgaben in diesem Arbeitsbuch hat ein nonverbales Ergebnis, etwa das »Stimmungsbild« in Farbe. Es kann eine unangenehme Aussicht sein, dass andere dieses Arbeitsergebnis ansehen und charakterisieren werden. Was werden sie mit den Gefühlen tun, die man ausdrückt? Wie behutsam werden sie damit umgehen? Werden gleich die eigenen Gefühle analysiert, ausgedeutet und beurteilt?

Hier liegt in der Tat eine Falle. Man tappt beispielsweise hinein, wenn man etwa auf das Stimmungsbild (Abb. 1, nach S. 48) folgendermaßen reagiert: »Typisch für eine gespaltene Persönlichkeit« oder »Du kämpfst mit Trübsinn« oder »Ein verschlossener Typ«.

Durch das Charakterisieren soll so etwas verhindert werden. Eine Charakteristik ist ort- und zeitgebunden und beschränkt sich auf das, was hier und jetzt gesehen wird. Charakteristiken sind keine bleibenden Wahrheiten – außer der Beschreibende erkennt sie noch an weiteren Stellen in seinem Leben. Und selbst dann sagen sie lediglich etwas über die Zeit aus, die zurückliegt.

Charakterisieren ist auch ganz offenkundig eine individuelle Aktivität. Jedem fällt im selben Bild etwas anderes auf. In diesem Sinne ist es subjektiv, d.h. von der Person abhängig. Aber gleichzeitig ist es eine Übung in Objektivität. Der Beobachter versucht – durch seine eigene Brille – zu sehen und das in Worte zu fassen, was aus dem Stimmungsbild des Zeichners spricht. Die gefundenen Charakteristiken können sehr unterschiedlich sein, aber auch ähnlich oder in dieselbe Richtung weisen.

Für das genannte Stimmungsbild (Abb. 1) wurden z.B. folgende Charakterisierungen gewählt:

»Begrenzt und geteilt; verschiedene Lagen; nicht eingeschlossen; drei Richtungen: von unten nach oben, von links nach rechts, von vorn nach hinten; Kraft und Zartheit; Licht als Grund; Dunkel im Vordergrund; ein Fleck, der glüht, aber auch versengt; bestimmt und suchend.«

«Für mich ist die Spannung zwischen den frischen, jung erscheinenden hellen Flecken einerseits und der schwarzen Umrandung mit der Teilung in der Mitte andererseits auffallend. Auch zwischen dem feurigen Funken bei dem hellen Fleck links und dem verschleierten Bereich rechts besteht eine Spannung.«

Als die Zeichnerin dies hörte, war ihre Reaktion: »Ja, ich erkenne das meiste wieder. Ich stecke in vielerlei Hinsicht in der Klemme, privat und wie beruflich. Das hindert mich, aktiv auf die Suche zu gehen. Und das wäre eigentlich nötig, weil eine Kündigung ansteht, die ich nicht möchte, weil ich einige meiner Kollegen und meine Arbeit sehr mag. Der rote Fleck ist eher Schmerz als Feurigkeit, nach dem letzten Gespräch mit meinem Chef. Was mich überrascht, ist das Helle und Frische als Grund. Vielleicht trifft das schon zu, aber mit Bestimmtheit ganz gewiss nicht.«

Übungstip

Charakterisieren Sie das Stimmungsbild (Abb. 1) dreimal, z.B. im Abstand von einer Woche.

Die Spielregeln

Die wichtigsten Spielregeln beim Charakterisieren sind folgende:

- Bleiben Sie bei der Geschichte, die Sie hören, beim Bild, das Ihnen gezeigt wird.
- Beziehen Sie also Ihre Charakterisierung nicht auf den Zeichner oder Erzähler und sagen Sie nicht: »Du bist ...« oder »Typisch für dich ist ...«, oder ähnliches. Natürlich kann auch etwas über den Zeichner gesagt werden oder über den Erzähler als Figur in seiner eigenen Geschichte, etwa: »Mir fällt auf, dass du in dieser Situation ...«
- Finden Sie die richtigen Worte für das Kennzeichnendste. Versuchen Sie, kurze Aussagen zu machen, die knapp wie Buch- oder Filmtitel sind. Es gelingt bestimmt nicht immer, aber der Versuch lohnt sich.
- Richten Sie Ihre Aufmerksamkeit nicht auf die Kunstfertigkeit des Zeichners oder Erzählers; es geht nicht darum, wie schön eine Arbeit ist, wie faszinierend oder geistreich die Geschichte gebracht wird.
- Fangen Sie keine Debatten darüber an, ob eine Charakteristik zutreffend ist, wohl aber beispielsweise darüber, ob es überhaupt eine Charakteristik ist und kein Urteil.
- Stellen Sie es dem Schöpfer der Geschichte oder des Bildes anheim, die Charakteristik eventuell nicht zu akzeptieren oder damit weiterzusuchen.

Zusammenfassung

Charakterisieren fängt mit unbefangenem Wahrnehmen an. Das Bild, das man sieht, die Geschichte, die erzählt wird, nimmt man so auf, wie sie ist. Man holt sie in sich hinein, als sei es die Luft, die man einatmet. Danach weckt man in sich das Bild, lässt es noch einmal durch sich hindurchgehen. Dabei hält man sich mit seinem Urteil wie »schön« oder »hässlich«, »einverstanden« oder »nicht einverstanden« zurück. Dann kann ein Umschwung zustandekommen. Man merkt, dass man intuitiv auf bestimmte Aspekte reagiert, man fühlt sozusagen: »He, das ist etwas Besonderes!« oder »Was ist da bloß los?« Die Aufmerksamkeit verschiebt sich von der Außenwelt zu dem inneren Erleben. Das ist der Umschwung. Daraufhin versucht man das Erlebte in Worte zu fassen. Man bewegt sich suchend vom Erlebten zum Bild und wieder zurück. Mit den Worten tastet man die Verbindung ab. Die Charakteristik, die man findet und die Worte, mit denen man sie ausdrückt, sagen sowohl etwas über einen selbst wie auch über das Objekt an sich.

Das ist ein wichtiger Punkt. Charakterisieren ist kein rein subjektives Geschehen. Es ist wie beim Verkosten von Wein. Der geübte Verkoster unterscheidet und benennt tatsächliche Qualitäten. Er schaut und riecht, nimmt einen Schluck und prüft, danach schluckt er den Wein und prüft auch den Nachgeschmack. Es ist im Kern derselbe Prozess wie das Charakterisieren eines

Baums, einer Geschichte oder eines Stimmungsbilds auf Papier. Dieses Unterscheiden und Benennen ist eine Aktivität des »Ich« oder »Selbst«. Das Ich beobachtet, macht sich frei von Urteilen wie »wohlschmeckend«, »eklig« usw. und findet Worte für den Eigencharakter des Weins. Diese Aktivität des Ich verlangt einen bewussten Einsatz.

Aufgabe 4

Zwischen Gestern und Morgen

Im Leben wechselt man ständig zwischen zwei Blickrichtungen: Erinnerungen und Zukunftsvisionen. Von beiden Orientierungen aus gestaltet man die Gegenwart. In der Vergangenheit liegen die eigenen Erfolge und Enttäuschungen, die Erfahrungen: das, was man mit sich trägt. Für die Zukunft hat man Pläne, Hoffnungen, Erwartungen und vielleicht auch Angst. Dazwischen bildet sich der eigene Lebenskurs heraus. Häufig ist man sich weder seiner Erinnerungen noch seiner Wünsche voll bewusst.

Für Sie selbst

1 *Vor sieben Jahren*

Gehen Sie in Ihrer Erinnerung zurück und betrachten Sie mit Hilfe folgender Fragen Ihre Arbeitssituation von vor sieben Jahren. Denken Sie sich selbst weitere Fragen aus. Haben Sie Vertrauen zu dem, was bei Ihnen hochkommt und versuchen Sie beim Suchen zu Ihren konkreten Erinnerungen zu kommen.

- Wo haben Sie damals gearbeitet?
- Mit welchen Personen haben Sie zusammengearbeitet?
- Was geschah dort? Was war wichtig?
- Was haben Sie gemacht? Vor welche Herausforderungen waren Sie gestellt?
- Wie haben Sie sich bei all dem gefühlt?
- Und zum Schluss: War die Frage, die Sie heute beschäftigt – Ihre Ausgangsfrage – damals bereits aktuell? Wenn ja, wie? Hatten Sie damals andere Fragen? Wenn ja, welche?

2 *In sieben Jahren*

Versetzen Sie sich jetzt sieben Jahre in die Zukunft und stellen Sie sich Ihre Arbeitssituation mit Hilfe folgender Fragen vor. Denken Sie sich selbst weitere Fragen aus. Haben Sie Vertrauen zu dem, was bei Ihnen hochkommt, und versuchen Sie mit Hilfe Ihrer Fantasie eine konkrete Vorstellung Ihrer zukünftigen Situation zu entwickeln.

- Wo stehen Sie dann?
- Mit welchen Personen arbeiten Sie zusammen?
- Was geschieht? Was ist dann wichtig?
- Was machen Sie? Vor welche Herausforderungen stehen Sie in Ihrer Arbeit? – Wie fühlen Sie sich bei all dem?
- Und zum Schluss: Was ist mit Ihrer aktuellen Frage geschehen? Ist sie immer noch aktuell? Wenn ja, wie? Sehen Sie andere Fragen auftauchen? Wenn ja, welche?

Methodische Hinweise

Zu 2: Es kann sein, dass der Zeitpunkt Ihres Vorruhestands oder Ihrer Pensionierung kurz bevorsteht. Sie haben dann eine Zukunft ohne feste Stelle vor sich. Gerade dann ist es gut, sich mit diesem »Loch« zu beschäftigen, bewusst über die neue Situation nachzudenken. Und natürlich kann »Arbeit« auch unabhängig vom Einkommen gesehen werden. Notfalls nennt man es »Aktivität«. Was werden Sie in Zukunft mit und für andere tun? Was ist dabei für Sie wichtig? Und so weiter.

Wie gesagt, Sie sollten sich nicht von Bedenken zurückhalten lassen wie: »Wie kann ich heute wissen, wie die Zukunft aussehen wird?« Es geht um den Versuch, mit Ihrer konkreten Vorstellungskraft Zukunftsbilder zu entwickeln.

Die Fragen, die wir Ihnen vorgeben, müssen nicht alle im Detail beantwortet werden. Wir geben Sie Ihnen als Beispiel für eine Visualisierung. Vielleicht finden Sie selbst noch weitere, zutreffendere Fragen.

Sie sollten diese beiden Situationen in zusammen höchstens sieben Minuten faktisch und konkret darstellen können.

Im Gespräch

Die Rollen im Gespräch bestehen wieder aus »Erzählen« und »Zuhören und Charakterisieren«. Jeder kommt als Erzähler bzw. als Erzählerin an die Reihe. Die beiden erzählten Situationen, aber auch die Unterschiede zwischen ihnen, werden unabhängig voneinander charakterisiert.

Methodische Hinweise

Je faktischer das erzählte Bild ist, desto einfacher lässt es sich charakterisieren. Und je pointierter oder aussagekräftiger die Charakteristiken sind, desto eindringlicher wirken sie.

Abrundung

Zum Schluss notiert jeder, was er oder sie festhalten möchte. Dabei sollte auch das unterschiedliche Erleben beim Beschreiben der Vergangenheit und der Zukunft Beachtung finden. Wie ist Ihre Stimmung, wenn Sie in die eine Richtung schauen, und wie, wenn Sie in die andere blicken?

Aufgabe 5

Berufsleben, Anfang und Ende

Die Art und Weise, wie man einst zu arbeiten begonnen hat, hat oft großen Einfluss auf die Fragestellungen, auf die man später im Beruf stößt. Genauso wichtig sind die Erwartungen, Hoffnungen und Sehnsüchte, die man mit seiner Arbeit verwirklichen möchte: am Ende des Berufslebens wird das in der Beurteilung dieser Periode mitzählen. Wie hat man angefangen und was möchte man am Ende umgesetzt haben?

Für Sie selbst

Konzentrieren Sie sich auf drei Situationen: Ihre *erste Arbeitserfahrung*, das *Ende Ihres Berufslebens* und Ihre *aktuelle berufliche Situation*. Bereiten Sie sich darauf vor, über diese Situationen bildhaft zu berichten.

1 *Erste Arbeitserfahrung*

Kehren Sie in Ihrer Erinnerung zu Ihrer ersten Arbeitserfahrung zurück. Beschreiben Sie diese so bildhaft wie möglich in Ihrem Logbuch mit Hilfe folgender Fragen:

- Wie alt waren Sie damals?
- In welcher Umgebung haben Sie diese Erfahrung gemacht?
- Welche Menschen hatten damit zu tun?
- Was geschah dort?
- Wie haben Sie darauf reagiert, in Gedanken und gefühlsmäßig?
- Was war in dieser Situation Ihr Ziel?

2 *Ende des Berufslebens*

Stellen Sie sich vor, Sie würden pensioniert und bei Ihrem Abschied gäbe es eine mehr oder weniger formelle Ansprache. Schreiben Sie auf, was Sie gern hören möchten. Nennen Sie dazu die Dinge, die Sie von heute an bis zu Ihrer Pensionierung noch realisiert haben werden und auf die Sie mit einem gewissen Stolz und Zufriedenheit zurückschauen. Beschreiben Sie dies so bildhaft wie möglich.

3 *Die aktuelle berufliche Situation*

Versetzen Sie sich in Ihre aktuelle berufliche Situation.

- Welchen Zusammenhang erkennen Sie zwischen Ihrem heutigen Beruf, der Funktion und dem Unternehmen und Ihrer ersten Berufserfahrung?
- Welche Möglichkeiten sehen Sie in Ihrer aktuellen beruflichen Situation für das, was Sie noch erreichen möchten? Oder, was müssen Sie unternehmen, um das zu ermöglichen?

Abb. 1 Stimmungsbild

Abb. 2 Unterstützende Übung: Entwicklung

Abb. 3 Unterstützende Übung: Wahrnehmen

Abb. 4 Unterstützende Übung: Wende

Methodische Hinweise

Zu Situation 1: Erste Arbeitserfahrungen

Was Sie als »Arbeit« kennengelernt haben, kann sehr verschieden sein. Wir geben zwei Beispiele:

»Es war im November 1957. Ich war zwanzig und hatte gerade als Zweiter Leutnant der Reserve meinen Militärdienst hinter mich gebracht, als ich als Assistent in der Personalabteilung eines großen Industrieunternehmens zu arbeiten anfing. Mein Arbeitsbereich war nicht klar definiert, und ich sollte die Personalarbeit lernen, indem ich überall einsprang, wo einer gebraucht wurde. Mein Arbeitsplatz wurde das Personalbüro mit vier Kollegen, alle weitaus älter als ich, und dem Chef. Die Schreibtische der Kollegen, die einfache Büroarbeiten ausführten (Gutscheine für Arbeitskleidung, Bustransporte, Behandlungsscheine für den Zahnarzt ausstellten), standen aneinander, der Chefschreibtisch schräg dahinter. Sobald der Chef weg war, fingen die Kollegen an, sich zu unterhalten oder Zeitung zu lesen. Diese verschwand sofort in der Schublade, sobald der Chef zurückkam. Meine Stellung gegenüber dem Chef kannte ich; er war Hauptmann gewesen. Von den anderen Kollegen wusste ich nicht, ob sie im Rang über oder unter mir standen; ich wusste auch nicht, woran man so etwas erkennen konnte (wie beim Militär). Musste ich sie mit ›Sie‹ und ›Herr X‹ ansprechen oder nur mit dem Nachnamen und duzen, wie sie es taten?«

»Ich bin zehn Jahre und knie auf dem ca. 20 m^2 großen Rasenstück zwischen unserem Haus und der benachbarten Kirche. Die Tropensonne brennt auf meinen nackten Rücken. Es ist nach der Mittagsruhe, gegen vier Uhr. Mit einem langen Messer aus geschliffenem Bambus hacke ich das Gras kurz, wie ich es oft bei den Jongos gesehen hatte. Das möchte ich auch können, so geschmeidig und schnell. Aber mir tut alles weh, die Handgelenke, die Arme, der Rücken. Hinter mir eine winzige Ecke geschnittener Rasen und vor mir eine endlose Fläche. Ich will nicht aufgeben, kann es auch nicht vor den Jongos und meinem Vater, der meint, dass man zu Ende bringen muss, was man angefangen hat. Der Schweiß rinnt mir übers Gesicht, kein unangenehmes Gefühl. Die weiß getüchten Wände lachen mich grell aus.«

Zu Situation 2: Ende des Berufslebens

Als Abschluss des Berufslebens wählen wir der Einfachheit halber den Augenblick der »Pensionierung«. Das muss nicht heißen, dass man hinterher nicht mehr arbeitet, aber wohl, dass Sie eine bestimmte Phase Ihrer gesellschaftlichen Laufbahn abschließen.

Eine verständliche Reaktion ist: »Ich möchte gar keine Rede und solche Förmlichkeiten. Ich ziehe einfach um fünf die Tür hinter mir zu und gehe nach Hause. Weshalb soll ich überhaupt diese Aufgabe machen?«

Aber wie man es auch anpackt – eher in großem Rahmen oder mehr in der Stille – Abschiednehmen ist etwas Wesentliches. Wenn es gut gemacht wird, entsteht daraus Freiheit für etwas Neues. Beim Abschiednehmen ist es wichtig, auf die zurückliegende Periode zurückzuschauen. Was hat man in der Zeit getan, was lässt man zurück? Kann man damit zufrieden sein? Und was könnte man, jetzt wo der Abschied vor einem liegt, noch tun, damit man zufrieden zurückblicken kann? Das sind die Fragen, um die es geht.

Im Gespräch

Die Rollen im Gespräch sind wieder »Erzählen« und »Zuhören und Charakterisieren«. Jeder kommt als Erzähler an die Reihe. Die beiden erzählten Situationen, aber auch die Unterschiede zwischen ihnen, werden unabhängig voneinander charakterisiert.

Vgl. Teil 2, Hintergründe: Ich und meine Arbeit

Abrundung

Am Ende schreibt jeder auf, was er festhalten möchte.

Unterstützende Übungen

In diesem Arbeitsbuch finden Sie fünf »unterstützende Übungen«, deren erste hier folgt. Diese Übungen, in denen mit Mitteln aus der bildenden Kunst gearbeitet wird, haben einen doppelten Zweck:

- Sie sprechen eine Reihe Fähigkeiten an, die für die Biographiearbeit – und für eine kreative Beschäftigung mit dem eigenen Leben – überaus wertvoll sind. Diese Fähigkeiten sind: Denken in Entwicklungsprozessen, Wahrnehmen der Vergangenheit, bei Wenden im Leben eigeninitativ werden, Zukunftsvisionen und Pläne entwickeln.
- Sie veranschaulichen und vertiefen die biographische Arbeit, weil man sich nonverbal mit diesen Fähigkeiten beschäftigt.

Fähigkeiten entwickelt man durch Wiederholung. Bewusstes Wiederholen heißt Üben. Übung macht den Meister.

Unter Fähigkeiten verstehen wir hier *innere* Fähigkeiten. Die Übungen richten sich also auf einen inneren Lernprozess und nicht auf eine Handfertigkeit, die zu »künstlerischen« Leistungen führt.

Wiederholtes Üben verlangt einen persönlich motivierten Entschluss. Unterstützende Übungen zu wiederholen kann eine wichtige Hilfe bei der Untersuchung sein, aber es ist nicht notwendig. Wir raten jedoch dazu, jede Übung mindestens einmal auszuführen.

Die Mittel, mit denen in den unterstützenden Übungen gearbeitet wird, sind Schwarzweißzeichnen, Farbe und Ton. Dadurch wird das Arbeitsresultat dauerhaft und kann in aller Ruhe jederzeit betrachtet werden.

Entwicklung

Für Sie selbst

Nehmen Sie ein Blatt Zeichenpapier (DIN A3-Format) mit der schmalen Kante zu Ihnen, und legen Sie ein Stück Zeichenkohle und den Knetgummi bereit.

Setzen Sie sich bequem hin, und versuchen Sie sich zu entspannen. Achten Sie auf einen ruhigen Atem. Atmen Sie gut aus.

Lesen Sie die folgende Beschreibung, und achten Sie auf das innere Bild, das Sie vor sich sehen.

Bild

Es ist Herbst. Auf dem feuchten Boden liegen Baumsamen. Die Blätter beginnen zu fallen, wirbeln umher und bleiben liegen. Unter dieser Decke ruht der Samen. Dort ist es dunkel. In der Natur wird es still und kalt. Dann, wenn die Sonne wieder wärmer wird, erwacht der Samen zum Leben. Er quillt, bricht auf und die Wurzeln dringen in die Erde, nach rechts und links und nach unten. Dann reckt sich ein Stengel empor, durch die Laubdecke dem Licht entgegen. Abwechselnde Wachstumsschübe treiben die Wurzeln in die Erde und den Stengel in die Luft. Der Stengel entwickelt Seitenzweige und wird zum Stamm. Der Baum wächst, ruht im Winter, wächst und ruht und wächst. Bis er voll ausgewachsen dasteht und blüht. Um wieder Samen hervorzubringen.

Halten Sie dieses Bild kurz fest, und lassen es auf sich einwirken.

- Nehmen Sie die Zeichenkohle und arbeiten Sie damit auf der gesamten Fläche des Papiers. Fangen Sie oben an. Machen Sie das Papier langsam immer dunkler: oben so hell und unten so dunkel wie möglich. Wenn es beim ersten Mal nicht gelingt, fangen Sie wieder von oben an.
- Wenn der Untergrund auf dem Papier dunkel genug ist, machen Sie dann mitten im dunklen Bereich einen kleinen hellen Fleck. Dazu müssen Sie den Knetgummi auf das Schwarz drücken und mit einer drehenden Bewegung wieder ablösen. Achten Sie auf genügend Abstand zur Unterkante des Papiers.

- Arbeiten Sie von dem hellen Fleck aus abwechselnd nach unten /zur Seite und nach oben. Indem Sie mit dem Knetgummi das Schwarz im dunklen Bereich wegwischen, lassen Sie Wurzeln entstehen. In den helleren Partien holen Sie mit Zeichenkohle den Stamm, die Zweige usw. heraus.
- Wenn Ihr Baum ausgewachsen ist, sind Sie fertig. Widerstehen Sie der Neigung, stilistische Verschönerungen anzubringen.

Methodische Anweisungen

Lesen Sie, bevor Sie anfangen, das oben beschriebene Bild. Wenn Sie zu arbeiten anfangen, vertrauen Sie Ihrer Hand.

Lösen Sie sich von dem Gefühl, Sie müssten ein »Kunstwerk« produzieren. Lassen Sie Ihr Bild entstehen, indem Sie der beschriebenen Methode folgen. Denken Sie sich also nicht von Anfang an eine definitive Form aus, auf die Sie dann hinarbeiten. Vertrauen Sie darauf, dass Ihr inneres Bild vom Wachsen und Werden Ihres Baums Sie bei der Arbeit leitet.

Zeichenkohle färbt ab, aber Sie können Ihre Hände leicht wieder waschen.

Im Gespräch

Der Reihe nach zeigt jeder seine Arbeit; die anderen betrachten und charakterisieren sie.

Dem Charakterisieren folgt ein Gespräch anhand dieser Fragen:

- Wie sind Sie vorgegangen? Ist es Ihnen beispielsweise gelungen, das Bild entstehen zu lassen? Das heißt, hat sich das Bild Schritt für Schritt aus sich selbst entwickelt?
- Was haben Sie dabei, in bezug auf die bereits genannten Fragen, über sich herausgefunden?
- Sagt das etwas darüber aus, wie Sie in Ihrer beruflichen Situation funktionieren?
- Was bedeutet das für Ihre Ausgangsfrage?

Mit dieser Übung werden folgende innere Fähigkeiten angesprochen:
- sich mit einer Aufgabe »mitzubewegen«;
- ein inneres Bild entstehen zu lassen, ohne es als Darstellung zu fixieren;
- aus einem Prozess heraus auf ein Endergebnis hinzuarbeiten, d.h. letztendlich das Resultat aus dem Arbeitsprozess heraus entstehen zu lassen;
- Wachstum und Entwicklung zu erleben.

Erläuterung:
Entwicklung (S. 55)

Abrundung

Am Ende notiert jeder, was er festhalten möchte.

Beispiele für diese Übung:
Abb. 2 (nach S. 48)

Entwicklung

Das Leben ist Bewegung,
und alles verändert sich immerzu.
Marten Toonder

Zeit und Veränderung gehören zueinander. Leben ist Veränderung in der Zeit. Für Bernard Lievegoed in seinem Buch *Der Lebenslauf des Menschen* bedeutet Leben, dass in der Veränderung ein System steckt. Wachstum ist solch eine methodische Veränderung, bei der ein lebender Organismus an Umfang oder Gewicht zunimmt. Aber ein Organismus wächst nicht nur. In bestimmten kritischen Momenten wird das voranschreitende Wachstum eine Neustrukturierung der inneren Ordnung des Organismus notwendig machen. Hier spricht Lievegoed von »Entwicklung«. In diesem Sinn umfasst Entwicklung Wachstum, Neuordnung, Wachstum. Neuordnung bedeutet ein sich Lösen von der alten Ordnung, gefolgt von einer kürzeren oder längeren Phase der Unklarheit, nach der sich eine neue Ordnung mit einer anderen Qualität, mit neuen Lebensformen herauskristallisiert. Dann kann sich das Wachstum wieder fortsetzen.

Einige Beispiele für Entwicklung:

Der Baum. Zuerst ist der Samen da, der in sich selbst ruht und in dem man die Gestalt des Baumes noch nicht erkennt, wenn man ihn aufschneidet. Dieser Samen wächst, quillt und bricht auf. Stengel und Wurzeln wachsen. Am Stengel zeigen sich Knospen, gleichsam eine Art neuer Samen. Daraus entfalten sich die Blätter. Das Wachstum setzt sich wieder fort: Stengel, Wurzel, Blatt. Der Hauptstengel wird zum Stamm, die anderen Stengel zu Ästen und Zweigen. Dann entstehen wieder andere Knospen, aus denen Blüten sprießen. Aus den Blüten kommen Samen, die jeder für sich wieder der Anfang eines neuen Baums sind. Viermal Wachstum und Neuordnung.

Der Schmetterling. Das Ei »ordnet sich neu« zur Raupe, die frisst und wächst. Danach spinnt sich die Raupe wieder in eine Art Ei, aus der der fix und fertige Schmetterling kriecht. Und der Schmetterling legt wiederum Eier.

Der Mensch. Nach der Empfängnis wächst die einzellige Frucht zu einer mehrzelligen. Dieser Zellklumpen ordnet sich um zu drei klar unterscheidbaren Teilen; danach wachsen diese Teile weiter, die Frucht differenziert sich nochmals, und immer weiter, bis das Kind geboren wird. Das Kind wächst bis zur Geschlechtsreife heran. Wenn auch bereits früh die Anlage dazu vorhanden ist, kann dennoch in der Pubertät von einer Neuordnung des Körpers gesprochen werden. Dieser »neue« Körper bringt wieder eine neue Frucht hervor.

Nun führt die Entwicklung nicht nur zur Blüte. Teil der Entwicklung ist auch der Verfall. Pflanzen, Tiere, Menschen entstehen und vergehen. Wachstum und Abbau, es gibt beide Kräfte. Im Turnus von sieben Jahren werden alle Zellen eines Menschen abgebaut und erneuert. Dennoch erkennt man denselben Menschen all die Jahre über. Er oder sie ist nur ein wenig älter geworden. Das Leben hat ihn oder sie gezeichnet, sagt man dann. Man sieht es an der Haut, an der ganzen Gestalt. Der Körper drückt die Phase der Entwicklung aus.

Aber ein Mensch ist nicht nur *Körper.* Auch am Denken erkennt man das Altern und an der Art, wie Menschen im Leben stehen. Erfahrungen haben sie geformt. Was früher als Keim vorhanden war, ist zur Blüte gekommen. Aber es sind auch einst prächtige Blüten verwelkt, um etwas Neues zu ermöglichen. Vorhandene Qualitäten verschwinden, wie gute Augen, eine schnelle Analyse oder ein ausgeprägtes Organisationstalent. Das ist oft schmerzlich, aber Entwicklung ist nicht ohne Verlust möglich. Den Gewinn vor Augen, sagen wir dann: »Eine reife Persönlichkeit« oder: »Wie mild er doch geworden ist«. Das verweist auf etwas anderes als den Körper. Wir nennen das die psychische Entwicklung des Menschen, die nicht parallel zur Entwicklung des Körpers verlaufen muss. Manchmal macht sie einen Sprung, manchmal schleppt sie sich träge hinterher. Wir sprechen von »frühreif«, »einer Kindfrau«, »einem Muttersöhnchen«, »schon so ein altes Mütterchen«, »meine Güte, ist der noch grün« usw. Die psychische Entwicklung oder, mit anderen Worten, die Entwicklung der *Seele*, hat eine eigene Dynamik. Obwohl Körper und Seele eng verbunden sind, können sie sehr verschieden erscheinen.

Die psychische Entwicklung hängt auch sehr stark von der *Geisteskraft* eines Menschen ab, von seiner Fähigkeit, Rückschläge zu verarbeiten oder über den Tellerrand hinauszuschauen. Man kann das als lebenslange Aufgabe ansehen; um die vierzig wird sie jedoch ausschlaggebend, wenn die Abbaukräfte im Körper die Oberhand gewinnen. Es zeigt sich, dass im Umkreis dieser Lebensphase eine Neuordnung ansteht: von einer Geisteskraft, die von körperlicher Vitalität getragen wird hin zu einer Geisteskraft, die unabhängig von dieser abnehmenden Vitalität ihre Energiequelle an anderer Stelle findet. Bei alten Menschen kann man am deutlichsten sehen, welcher Weg eingeschlagen wurde. Der eine gleitet klagend mit dem Körper in den Verfall. Der andere lässt sich nicht unterkriegen und ist, trotz abnehmender Energie, sprühend und präsent. In diesem Sinne hat die Entwicklung des Menschen ein »offenes Ende«.

So kann man beim Menschen Körper, Seele und Geist unterscheiden, die jeweils eine eigene Entwicklung haben, die sich aber dennoch gegenseitig beeinflussen.

Entwicklung bedeutet Bewegung in der Zeit. Der Mensch entwickelt sich in der Zeit als Grenzgänger zwischen Aufbau- und Abbaukräften und in Wechselwirkung mit seiner Umgebung.

Gleichzeitig verhält sich der Mensch in seinem Lebenslauf auch immer wieder neu zum Phänomen Zeit. Die Inschrift auf einer Glocke der Kathedrale von Chester in England drückt das folgendermaßen aus:

When as a child I laughed and wept
time crept
when as a youth I dreamed and talked
time walked
when I became a full grown man
time ran
and later as I older grew
time flew
soon shall I find while travelling on
time gone
will Christ have saved my soul by then
amen

Übungstip

Betrachten Sie z.B. ein Schneeglöckchen, eine Tulpe oder eine Herbstzeitlose und versuchen Sie sich vorzustellen, wie die Blume, so wie sie da vor Ihnen steht, entstanden ist. Führen Sie diese Vorstellung dann weiter: Wie wird sie verwelken und vergehen? Machen Sie dies dreimal, jeweils mit verschiedenen Pflanzen.

Die Beziehung zur eigenen Umgebung entwickelt sich ebenfalls zwischen Auf- und Abbaukräften, genauso wie die Beziehung zu sich selbst. Minderwertigkeitsgefühle sind eine solche Abbaukraft, genau wie Hochmut. Sich selbst als eine Person mit Fähigkeiten und Schattenseiten zu sehen und das nüchtern zu konstatieren, um von dort aus weiterzuarbeiten, das ist eine Aufbaukraft. Sich selbst als ein sich entwickelndes Wesen zu sehen. Werden, der man ist. Im Keim ist die Person bereits da.

> »Leben ist Bewegung von innen heraus.«
> (Thomas von Aquin)

Das, was in einem steckt, herauskommen zu lassen, sich aus den Falten zu ent-wickeln, in die es eingepackt ist. Sich selbst ent-wickeln oder ent-falten.

Es geht um

> »the unused wings folded in our hearts«
> (Christopher Fry)

Zeitgestaltung

Aufgabe 6

Aus dem, was ein Mensch tut, sprechen seine Prioritäten. Angenommen, Sie haben den Montagmorgen zum Lernen reserviert. Wenn aber diese Zeit immer wieder für anderes genutzt wird, fanden Sie das offenbar wichtiger. Wie teilen Sie konkret Ihre Zeit ein? Und welche Entscheidungen verbergen sich dahinter?

Für Sie selbst

1 Nehmen Sie Ihren Terminkalender, blättern Sie die letzten drei Wochen durch und stellen Sie eine Übersicht zusammen, was Sie in der Zeit unternommen haben. Es geht um das, was sie tatsächlich getan haben, nicht, was Sie hätten tun sollen oder was Sie vorhatten. Notieren Sie die Stundenzahl, die Sie für die verschiedenen Aktivitäten aufgewendet haben. Überlegen Sie: Hatte ich die Möglichkeit zu wählen, und was hat meine Entscheidung beeinflusst?

2 Studieren Sie die Übersicht und überlegen Sie, was Ihre Zeitnutzung mit Ihrem Empfinden gegenüber Ihrer beruflichen Situation zu tun hat.

3 Tun Sie dasselbe, bezogen auf Ihre Ausgangsfrage.

Methodische Hinweise

Sind die vergangenen drei Wochen anders verlaufen als gewöhnlich, zum Beispiel wegen Urlaub, dann nehmen Sie drei andere Wochen, die nicht allzu weit zurückliegen.

Schreiben Sie zunächst alles der Reihe nach auf: Aktivitäten und Stunden. Machen Sie dann Ihre eigene Einteilung, etwa: Sitzungen, Briefe diktieren, beim Nachdenken herumlaufen, Beurteilungsgespräche, telefonieren, Partner, Kinder, Haushalt, Freunde, Entspannung, Sport, Kultur usw. Suchen Sie klar unterscheidbare Kategorien. Bei zu vielen Kategorien ist das Bild zersplittert. Bei zu wenigen bleibt es zu vage.

Ordnen Sie die verschiedenen Aktivitäten den Kategorien zu, damit Sie eine Übersicht Ihrer realen Zeiteinteilung in den betreffenden drei Wochen erhalten.

Im Gespräch

Falls Sie diese Aufgabe gemeinsam besprechen, bleiben Sie bei der Vorgehensweise »Erzählen und Charakterisieren«. Jeder darf erzählen.

Versuchen Sie dem oder der Erzählenden dabei zu helfen, ihre Entscheidungssituationen so bildhaft wie möglich zu beschreiben. Charakterisieren Sie entsprechend der bekannten Arbeitsweise. Versuchen Sie danach im Gespräch mit den anderen »Helfern« die Ansichten herauszufinden, die den Entscheidungen des oder der Erzählenden zugrundeliegen. Die oder der Betroffene hört zu.

Schließlich gibt sie oder er wieder, inwieweit sie oder er die vorgetragenen Auffassungen mit ihrer/seiner Sichtweise vereinbaren kann.

Methodische Hinweise

Gehen Sie als Erzählerin so konkret, so bildhaft wie möglich vor. Als Zuhörerin charakterisieren Sie das Bild der Zeiteinteilung und die Art und Weise, wie es tatsächlich zu den Prioritäten gekommen ist.

Gleichzeitig versuchen Sie empathisch den Überlegungen der Erzählerin zuzuhören. Welche Ansichten sprechen aus ihren Entscheidungen? Beispiele für solche Ansichten können sein: »Ich muss jede Woche mit allen Leuten meiner Abteilung gesprochen haben« oder »Was auch geschieht, der Dienstag und der Donnerstag gehören den Kindern« oder »Bei diesem Job muss man eben Arbeit mit nach Hause nehmen«.

Abrundung

Am Ende schreibt jeder auf, was er oder sie festhalten möchte.

Meine Kunden

Aufgabe 7

Für Sie selbst

1 Denken Sie darüber nach, was Sie zur Zeit tun und für wen Sie eigentlich arbeiten. Beziehen Sie sich auf die Fakten, und gehen Sie nicht nach Ihrer Aufgaben- und Funktionsbeschreibung. Wer sind Ihre Kunden? Was »wollen« sie von Ihnen, was brauchen sie von Ihnen? Geben sie den Kunden auch das, was sie von Ihnen erwarten? Und was tun die Kunden mit dem Ergebnis Ihrer Bemühungen?

Stellen Sie eine Liste Ihrer Kunden in der Reihenfolge der Wichtigkeit zusammen.

2 Sehen Sie sich diese Liste an und überlegen Sie, inwiefern diese mit Ihrer Stimmung gegenüber Ihrer beruflichen Situation zu tun hat.

3 Wiederholen Sie diesen Vorgang, bezogen auf Ihre Frage.

Methodische Hinweise

Unter Kunde verstehen wir jeden, der mit dem Ergebnis Ihrer Aufgaben etwas tut. Das können die Kunden Ihrer Organisation, der Abteilung oder Arbeitseinheit, Ihres Hauptaufgabengebiets und der weniger wichtigen Arbeitsgebiete sein. Je direkter sie mit Ihren Aufgaben in Verbindung stehen, desto besser.

Ein Kunde kann explizit einen Wunsch an Sie richten, aber auch implizit. Ein Beispiel ist das tägliche Verteilen der Post. Es wird von Ihnen nicht verlangt, sondern erwartet.

Versuchen Sie sich beim Erstellen Ihrer Kundenliste konkrete Personen vorzustellen. Also keine Abstraktionen wie »der Verbraucher«, »das Management«, »der Patient«, »die Abteilung«, »der Vertrieb«. Wer sind diese Menschen? Wie alt sind sie? Wie sehen sie aus? Was ist ihre Situation? Was tun sie? Solche Fragen helfen Ihnen, ein konkretes Bild von Ihren Kunden zu bekommen. Es kann sein, dass Sie Menschen schon lange kennen und doch wenig über sie wissen. Werfen Sie nicht zu schnell die Flinte ins Korn. Wichtig ist die Anstrengung, die Sie aufbringen müssen, um Antworten zu finden. Der Effekt besteht darin, dass Sie sich klarer werden, wer Ihr Kunde ist,und was Sie ihm geben müssen.

Die Nachfrage des Kunden gibt der Organisation wie der Arbeit, die dort geleistet wird, das Existenzrecht. Man arbeitet immer für den Kunden, auch wenn man ihn nicht sieht. Außer von externen Kunden (die Kunden der ganzen Organisation) kann man auch von internen Kunden sprechen. Das sind alle Mitarbeiter der Organisation, die auf Ihre Arbeitsergebnisse angewiesen sind. Wer sind Ihre Kunden, und was erwarten sie von Ihnen?

Im Gespräch

Falls Sie diese Aufgabe gemeinsam besprechen, bleiben Sie bei der Vorgehensweise »Erzählen und Charakterisieren«. Es geht darum, herauszuarbeiten, welche Beziehung der Erzähler zu seiner Arbeit und zu den Menschen hat, für die er arbeitet.

Abrundung

Zum Schluss notiert jeder, was er oder sie festhalten möchte.

Mein Chef sagt ...

Aufgabe 8

Für Sie selbst

Bitten Sie Ihren Chef um ein Gespräch, und legen Sie ihm beispielsweise folgende Fragen vor:

- »Wie werden sich Ihrer Ansicht nach in den nächsten Jahren die Beziehungen zu unseren Kunden entwickeln, was brauchen sie und was können wir liefern?«
- »Welche Konsequenzen ziehen Sie für unsere Organisation daraus: in Arbeitsprozessen und Finanzierung, Arbeitsklima und dem Personalstand?«
- »Wie wirkt sich das auf meine Arbeitsplatzbeschreibung aus?«
- »Was heißt das für mich als Mensch?«
- »Welches Wissen, welche Fähigkeiten und Qualitäten kann ich dafür einbringen? Und was werde ich dazulernen müssen?«
- »Wie sehen Sie meine Entwicklungsmöglichkeiten als Mensch und wie meine Karrierechancen innerhalb unserer Organisation?«

Zur Vorbereitung geben Sie ihm die Fragen im voraus. Bereiten Sie sich selbst auch anhand dieser Fragen vor. Versuchen Sie sich im Gespräch nicht zu verteidigen, sondern hören Sie so offen wie möglich auf das, was Ihr Chef zu sagen hat.

Methodische Hinweise

Es geht hier um das Bild, das Ihr Chef von Ihnen und Ihrer beruflichen Situation hat. Dahinter steckt natürlich eine Beurteilung Ihrer Person und dessen, was er für die Organisation für notwendig erachtet. Vielleicht wissen Sie das schon lange aus Beurteilungsgesprächen »in groben Zügen«. Aber wie präzise und wie sicher wissen Sie das? Nach unserer Erfahrung kommen auf die Frage: »Was hat er konkret gesagt?« keine oder nur allgemeine Antworten. In den Antworten zeigt sich auch oft nur ein Urteil darüber, wie Sie im Augenblick funktionieren, wobei die Anforderungen meist nicht explizit genannt werden, sondern aus dem Urteil abgeleitet werden müssen. Fragen Sie Ihren Chef nach den konkreten Fakten und Situationen, nach denen er Sie beurteilt.

Die obengenannten Fragen, die Sie nach eigenem Gutdünken ergänzen oder ändern können, sind ein Hilfsmittel, um

Es gibt Augenblicke in Ihrem Arbeitsleben, in denen Sie sich fragen, was Ihre augenblickliche Funktion noch mit Ihnen selbst zu tun hat. Dafür ist oft der Führungsstil Ihres Chefs mitverantwortlich, beispielsweise ob er Sie unterstützt oder es sein lässt, ob er Freiräume für Eigeninitiativen zulässt, und anderes mehr.
Welche Ziele verfolgt der Chef mit seinem Verhalten? Was ist seine Vision für die Zukunft der Organisation? Und wie blickt er aus dieser Perspektive auf Sie und Ihre Kollegen? Was Sie auch immer davon halten – Sie können aus dem, was Ihr Chef »sieht«, lernen.

die an Sie gestellten Anforderungen an konkrete Arbeitsprozesse zu koppeln und nicht an das, was dem Chef persönlich passt oder nicht passt. Dadurch kann ein größeres Maß an Objektivität entstehen. Die Fragen helfen auch, »in Entwicklungen« zu denken. Es geht weniger um Ihre Stärken und Schwächen, sondern eher um das Entwicklungspotential, das darin steckt. Und schließlich geht es auch um die Entwicklung der Arbeit, die getan werden muss.

Falls Sie ein gespanntes Verhältnis zu Ihrem Chef haben, bitten Sie einen Dritten zum Gespräch hinzu. Fragen Sie Ihren Chef, ob er damit einverstanden ist, dass diese Person teilnimmt. Verabreden Sie auch im Voraus, welche Rolle der Dritte spielen kann (oder wenigstens, was er beim Gespräch auf keinen Fall tun sollte).

Sollten die Spannungen so stark geworden sein, dass Sie nicht in der Lage sind, selbst das Gespräch mit Ihrem Chef zu arrangieren, bitten Sie dann einen »Dritten«, es für Sie zu organisieren. Welcher Kollege hat Ihr Vertrauen und gleichzeitig einen Draht zum Chef?

Wenn Sie keinen Chef haben, versuchen Sie dann ein Gespräch mit Ihrem letzten Chef zu vereinbaren oder mit einer Person, die Sie in Ihrem Arbeitsbereich gut kennt und die dennoch einen kritischen Blick auf Ihre Arbeitsweise und Verhalten hat.

Im Gespräch

Falls Sie diese Aufgabe gemeinsam besprechen, bleiben Sie bei der Vorgehensweise »Erzählen und Charakterisieren«. Jeder kommt als Erzähler an die Reihe.

- Wenn Sie an der Reihe sind, beschreiben Sie so bildhaft wie möglich, wie das Gespräch mit Ihrem Chef zustande kam und wie es abgelaufen ist. Halten Sie sich in Bezug auf Ihre Stimmung, Ihr Urteil usw. so weit wie möglich zurück. Die anderen helfen Ihnen, objektiv zu bleiben, und charakterisieren Ihre Geschichte.

- Nachdem Sie gesagt haben, was Ihnen an den Charakteristiken vertraut ist, sprechen Sie über Ihr Verhältnis zu Ihrem Chef und über das, was er Ihnen gesagt hat.

Abrundung

Zum Schluss notiert jeder, was er oder sie festhalten möchte, u.a. in Beziehung zu ihrer bzw. seiner Ausgangsfrage.

Aufgabe 9

Bisheriger Ertrag

Learning by doing. Bis zu einem gewissen Grad geht das von selbst. Wer jedoch zielgerichtet und bewusst aus dem lernen möchte, was er tut, sollte sich regelmäßig die Ergebnisse seiner Aktivitäten vornehmen.

Für Sie selbst

Nehmen Sie sich das Material vor, das Sie bis heute im Workshop durchgenommen haben, und beschäftigen Sie sich mit der Frage, was es Ihnen gebracht hat. Was sind die Erträge Ihrer Untersuchung? Achten Sie dabei vor allem auf folgende Aspekte:

Entdeckung
Sie haben etwas Neues gehört oder erfahren, was das Aufschreiben lohnt. Es kann ein Gedanke sein, ein Gefühl, eine Gewohnheit oder eine Arbeitsmethode.

Bewusstwerden
Ihnen ist etwas klar(er) geworden, was schon länger in Ihnen vorhanden war. Es war Ihnen vage bekannt oder Sie hatten bereits unbewusst damit gearbeitet. Jetzt können Sie es besser beschreiben, zulassen oder anwenden.

Bestätigung
Sie wurden in etwas bestätigt, was Sie bereits wussten, gefühlt haben oder konnten. Das macht Ihr Urteil sicherer, lässt Sie mehr auf Ihr Gefühl oder eine bestimmte Technik vertrauen .

Fragen
Sie haben andere oder neue Fragen gefunden. Eine Frage öffnet, eine Antwort schließt Ihre Untersuchung ab. Es können Fragen zu Wissen und Erkenntnissen sein oder zu Fähigkeiten. Es können auch Fragen zu Ihrer Einstellung zum Leben sein, dazu, wie Sie im Leben stehen.

Methodische Hinweise

Lesen Sie die oben beschriebenen Vorschläge, um Ihre Suche nach Erträgen in Gang zu setzen. Sie sollen damit aber nicht spontan aufkommende Beobachtungen zurückhalten.

Sammeln Sie Ihre Ergebnisse, ohne sie genau auf Ihre Frage aus Aufgabe 1 zu beziehen. Es ist unvermeidlich, dass Sie sich an Ihre Frage erinnern, aber versuchen Sie, die Frage halb bewusst sozusagen in den Hinterkopf zu schieben. Das Ergebnis ist selektiver und dadurch weniger ertragreich, wenn Sie vorher Ihre Frage exakt reproduzieren.

Im Gespräch

Sie tauschen sich über das aus, was Sie herausgefunden haben. Die Zuhörer ergänzen die Geschichte des Erzählers ausgehend von ihren Erfahrungen der vergangenen Treffen.

Abrundung

Jeder notiert, was er oder sie festhalten möchte.

Aufgabe 10

Noch einmal: meine Frage

Eine Frage, mit der Sie ringen, kann im Lauf der Zeit in den Hintergrund rücken. Das Leben zieht einen weiter, andere Prioritäten werden gesetzt. Neue Fragen tauchen auf. Oder die alte Frage verlagert sich und enthüllt ein tiefer liegendes Thema. Daher ist es gut, seine Fragen ab und an »nachzueichen«, sie zu überprüfen oder neu zu formulieren.

Für Sie selbst

1 Nachdem Sie Ihre Erträge in Aufgabe 9 gesammelt haben, formulieren Sie die auf Ihren Lebenslauf und Ihre berufliche Situation bezogene Frage neu. Denken Sie darüber nach, weshalb Sie die Untersuchung fortsetzen wollen und welche Resultate Sie sich *jetzt* davon versprechen. Formulieren Sie das in *einer* Frage.

Achten Sie bei der Formulierung auf folgende Kriterien:

- in einem kurzen Satz
- der das Wort »ich« enthält
- mit einem Fragezeichen am Ende
- und auf das gerichtet, was Sie in der Zukunft wollen.

2 Vergleichen Sie die neu formulierte Frage mit der ursprünglichen. Was ist daran anders? Was hat zu der neuen Frage geführt?

Im Gespräch

Die eine erzählt, die anderen hören zu und charakterisieren. Bringen Sie als Erzähler(in) konkrete Situationen, in denen die Frage eine Rolle spielt.

Abrundung

Jeder schreibt auf, was er oder sie festhalten möchte, und passt gegebenenfalls nochmals die eigene Frage an.

Abschnitt 3

Was hat mich geformt?

Nach der Besinnung auf Ihre aktuelle Situation ist es Zeit für einen prüfenden Blick zurück. Welche Faktoren haben bisher auf Ihr Leben eingewirkt? Die Untersuchung der Vergangenheit ist eine Methode, mehr über sich selbst zu erfahren.

Aufgaben

Erläuterungen

Unterstützende Übung

Aufgabe 11

Wie empfinde ich mein Leben?

Stimmungen – positive wie negative – bestimmen einen großen Teil unseres Lebens. Wenn sie hartnäckig sind, steht man mit ihnen auf und geht mit ihnen zu Bett. Sobald man sie ausdrücken und sie unabhängig von der eigenen Person betrachten kann, entsteht Raum, anders mit ihnen umzugehen und auch andere Stimmungen zuzulassen.

Für Sie selbst

Drücken Sie das Gefühl aus, das in Ihnen aufsteigt, wenn Sie Ihr Leben bis heute Revue passieren lassen. Setzen Sie es in Farbe und Bewegung auf dem Papier um.

Methodische Hinweise

Nehmen Sie Ihr Logbuch oder ein loses Blatt Zeichenpapier, die Pastellkreiden und die Zeichenkohle.

Bevor Sie anfangen, konzentrieren Sie sich auf das Gefühl, das Sie haben, wenn Sie Ihr Leben bis heute Revue passieren lassen.

Denken Sie bei der Ausführung dieser Aufgabe nicht zuviel nach.

Vertrauen Sie Ihren Händen und Ihrer spontanen Farbwahl. Lassen Sie zu, was kommt. Arbeiten Sie nicht auf ein angestrebtes Ergebnis hin, und vermeiden Sie konkrete Darstellungen, Zeichen und Symbole.

Im Gespräch

Jeder zeigt reihum sein Stimmungsbild, ohne weitere Erläuterungen, wie es entstanden ist, was man davon hält, was es bedeutet usw. Die anderen betrachten und charakterisieren es. Nachdem der Zeichner auf die Charakterisierungen reagiert hat, wird darüber gesprochen, ob sein Stimmungsbild mehr über die momentane Stimmung aussagt oder auf die aktuelle Situation hinweist, und was mehr mit der Grundstimmung seines Lebens zu tun hat.

Erläuterung: Arbeiten mit Farbe (S. 39)

Abrundung

Am Ende schreibt jeder auf, was er oder sie noch festhalten möchte.

Eine breitere biographische Perspektive

Aufgabe 12

Arbeit ist nur ein Teil des Lebens. Das Arbeitsleben ist in eine größere Zeitspanne eingebettet, die von der Geburt bis zum Tod reicht. Anfang und Ende wirken auf das Leben dazwischen ein. Diese Wirkung kann einem bewusster werden, wenn man so weit wie möglich in der Erinnerung zurückgeht und auch, wenn man sich konkret den letzten Augenblick im Leben vorstellt.

Für Sie selbst

Bereiten Sie sich darauf vor, die beiden folgenden Situationen bildhaft zu erzählen.

1 *Früheste Erinnerung*
Gehen Sie in Ihrer Erinnerung zurück und suchen Sie die erste Erfahrung, an die Sie sich erinnern können. Versuchen Sie, sich alles so konkret wie möglich vorzustellen: Menschen, Tiere, Pflanzen und Gegenstände, Geräusche, Farben und Gerüche usw.
Beschreiben Sie dieses Erinnerungsbild danach kurz in Ihrem Logbuch. Schreiben Sie in der Gegenwartsform.

Methodische Hinweise

Graben Sie in Ihrer Erinnerung; folgen Sie also nicht dem, was man Ihnen erzählt hat oder was Sie auf Fotos gesehen haben. Der eine kann sich an etwas aus seinem zweiten oder dritten Lebensjahr erinnern, ein anderer bleibt bei seinem vierzehnten stecken. Wenn Sie nicht gleich eine frühe Erinnerung finden, versuchen Sie es noch einmal, vielleicht kommen Sie dann weiter.

Zwei Beispiele einer frühesten Erinnerung:

»Ich stehe auf einem Balkon und halte mich an den Gitterstäben fest. Mein Kopf lehnt gegen zwei Stäbe. Unten sehe ich, wie sich kleine Menschen und Autos bewegen. Dann grollt es, der Himmel wird bleiern. Ich erschrecke vor dem blauen Blitz, der herunterfährt und fange zu weinen an. Hinter mir geht das Licht im Zimmer an und meine Mutter ruft meinen Namen. Ich bin ungefähr vier. Es muss im ›Betonwijk‹, dem ›Betonviertel‹ in Amsterdam gewesen sein.«

»Ich stehe zwischen Garage und Haus, die Sonne vor mir am Himmel. Rechts von mir ist die weiße Garagenwand. Links stehen die Haustüren weit offen. Rechts vor mir führt die Auffahrt den Hügel hinunter, mit einer Kurve nach links. An der Auffahrt entlang sehe ich eine Hecke aus großen Sträuchern, mit dunkelgrünem Laub und einem Meer dunkelroter Blüten. Vor mir in der Hecke ist ein Loch, und ich weiß, dass von dort eine breite Treppe den Hügel hinunterführt. Es ist schön warm, bei strahlendem gelblichen Licht.«

Es kann eine fröhliche Erfahrung sein, aber auch eine traurige. Wenn Sie bei Ihnen starke Emotionen weckt, sollten Sie vielleicht besser mit einem Gesprächspartner darüber reden.

2 *Letzte Erfahrung*

Versetzen Sie sich in die Zukunft, in den Augenblick Ihres Sterbens. Stellen Sie sich die Situation vor, in der das sein wird, falls Sie es bestimmen könnten. Wie würden Sie am liebsten sterben:

- In welchem Alter?
- In welcher Umgebung und wie?
- Welche Menschen sind dann bei Ihnen, wie nahe sind sie, welche Rolle spielen sie?

Stellen Sie sich das zunächst so lebendig wie möglich vor, ohne etwas aufzuschreiben. Beschreiben Sie es danach in Ihrem Logbuch. Verwenden Sie die Gegenwartsform.

Methodische Hinweise

Es gibt alle möglichen Gründe, die Sie davon abhalten können, sich mit Ihrem letzten Augenblick zu beschäftigen: die tiefe, vielleicht religiöse Überzeugung, dass es nicht an Ihnen ist, den Zeitpunkt zu bestimmen. Oder Angst vor dem Tod. Oder das Gefühl, dass Sie mitten im Leben stehen, das Sie ungeheuer lieben. Indem Sie sich mit Ihrem letzten Augenblick beschäftigen, können Sie sich dieser, manchmal tiefliegenden Motive bewusst werden. Das an sich ist schon ein Gewinn.

Denken Sie daran, dass Ihre Vorstellungen über Ihre Zukunft viel darüber verraten, wie Sie *heute* im Leben stehen. Abhängig von Ihrer Stimmung kann ein anderes Bild aufkommen. Trotzdem steckt in jedem dieser Bilder ein Teil von Ihnen. Sich dessen bewusst zu werden, gibt Ihnen eine größere Handlungsfreiheit.

Sterben ist ein Moment des Abschieds. Wie bereiten Sie sich darauf vor? Wie stehen Sie zum Abschiednehmen im allgemeinen? Wie nehmen Sie Abschied?

Zwei Beispiele einer »letzten Erfahrung«:

»Ich liege im Bett, zu Hause, mit meinem Mann, meinen Kindern und einer guten Freundin um mich. Ich weiß, dass das Ende naht und bin froh, dass alle gekommen sind. Ich bin siebzig. Die Sonne steht hoch am Himmel. Ich habe das Fenster öffnen lassen und fühle den kühlen Wind auf meinen Wangen. Die Bilder der Herbstfarben draußen und die Gesichter drinnen wechseln sich vor meinen geschlossenen Augen ab. Ich fühle mich schwach, sehr klein und schrecklich müde. Dann gleite ich weg.«

»Ich bin allein zum Strand gegangen, zum äußersten Weststrand der Bretagne. Der Ozean lässt seine lange, tiefschwarze Dünung rollen. Die Brandung rauscht leise. Es ist dunkel, kein Mond, aber Sterne. Ich bin achtzig und schwimme mit Kleidern zum Horizont, bis ich zu müde bin, weiter- oder zurückzuschwimmen. Ich spüre Panik, bekomme Wasser in den Mund, schnappe nach Luft, kämpfe noch, bis ich nicht mehr kann, und lasse los. Ich fühle noch einen Moment das wiegende Wasser und die Kälte.«

Erläuterung: Geburt und Tod im Lebenslauf (S. 74)

Auch hier gilt: Wenn diese Aufgabe starke Emotionen bei Ihnen weckt, sollten Sie besser mit einem Gesprächspartner darüber reden.

Im Gespräch

Die Rollen im Gespräch sind wieder »Erzählen« und »Zuhören und Charakterisieren«. Jeder kommt als Erzähler(in) an die Reihe. Die beiden erzählten Situationen, aber auch die Unterschiede zwischen ihnen, werden unabhängig voneinander charakterisiert.

In einem abschließenden Gespräch kann auf die Frage eingegangen werden, was das alles für Ihre gegenwärtige Situation bedeutet. Was erkennen Sie beispielsweise in der Art, wie Sie Abschied nehmen und etwas Neues anfangen? Dazu können Sie auch Aufgabe 5 einbeziehen.

Abrundung

Jeder notiert, was er oder sie festhalten möchte.

Geburt und Tod im Lebenslauf

Der Lebenslauf des Menschen wird von zwei Grenzen markiert. Bei der Grenze der Geburt tritt der Mensch ins irdische Leben ein. Diesem Geburtsmoment geht das Leben im Mutterschoß voraus. Was wiederum dem vorausgeht, bleibt dem menschlichen Bewusstsein verborgen. Manch einer meint, davor gebe es nichts mehr, andere sprechen von einem vorgeburtlichen menschlichen Leben in einer geistigen Welt. Wir teilen diese Ansicht.

Durch das Tor des Sterbens verlässt der Mensch wieder sein Erdenleben. Der physische Körper, aus dem das Leben verschwunden ist, bleibt noch ein paar Tage sichtbar und verschwindet dann für immer bei der Beerdigung oder Einäscherung. Über das, was nach dem Tod kommt, weiß man auch heute nichts mit Sicherheit. Manch einer sieht den Tod als das definitive Ende. Andere sehen ein Leben nach dem Tod in vielfältigen Variationen.

Wir meinen, dass Geburt und Tod keine Grenzen sind sondern Tore, zwischen denen sich unser Leben abspielt. Dazwischen leben wir in einer Welt, die man spüren und greifen kann. In ihr lebt der Mensch in der Klarheit seines Bewusstseins, das ihn selbst und die Welt um ihn erleuchtet. Dieses Licht verschwindet hinter den beiden Toren.

Aus der Alltagserfahrung heraus weiß jeder, dass schwach beleuchtete Gegenstände neben gut ausgeleuchteten nur schlecht zu sehen sind. Die Kraft der Sonne etwa macht die Sterne tagsüber unsichtbar, obwohl sie dann genauso da sind wie nachts. In der Menschheitsentwicklung hat das Licht des Bewusstseins immer mehr zugenommen und ist heutzutage eine Art Scheinwerfer geworden. Dadurch wurde vieles sichtbar, was dem Menschen früher verborgen blieb. Aber dieses Licht macht auch vieles unsichtbar – genau wie das Sonnenlicht den Sternenhimmel –, was Menschen früherer Zeiten über ihr Gefühl, ihre Intuition als Realität erfahrbar war.

Die Tore von Geburt und Tod waren keine solchen Trennwände wie heute. Man fühlte eine Verbundenheit mit den Ungeborenen und den Geistern der Verstorbenen. Man erzählte sich gegenseitig Geschichten darüber, wie es hinter den beiden Toren zugeht. In unserer Zeit kann man noch Reste davon in den Kulturen der Dritte-Welt-Länder finden. Ein wunderbares Beispiel dafür ist das Buch *Ségou* der afrikanischen Autorin Maryse Condé. Ein Zitat daraus:

»Unsichtbar für die Augen gewöhnlicher Sterblicher strich der Urubu des Todes in einen Baum der Familienbehausung nieder und breitete seine Flügel aus. Er war erschöpft. (...) Er hatte den Auftrag auszuführen. Naba war fern von seinem Heimatland gestorben. Sein Körper ruhte in fremder Erde, ohne auch nur eine einzige der gewohnten Begräbnisriten. Seine Verwandten mussten gewarnt werden, dass sein Geist in der Zukunft dazu verdammt sein würde, durch diese desolate Wildnis zu irren, außerstande im Körper eines Jungen wiedergeboren zu werden, oder zuerst ein beschützender Ahne zu werden und später ein Gott.«

Geburt und Tod im Lebenslauf

Wenn sich der zeitgenössische Mensch, der seine Lebensreise bewusst machen möchte, die Frage stellt: »Woher komme ich?«, »Wohin gehe ich?«, stößt er früher oder später auf diese Tore, die den Lauf des Lebens markieren, und er versucht dazu ein Verhältnis zu finden.

Daran ist bemerkenswert, dass wir beide Tore nur von außen kennen. Aus eigener Erfahrung wissen wir nichts von unserer Geburt – abgesehen von Regressionserfahrungen und ähnlichem. Geburt und Tod kennen wir nur, wenn wir sie bei anderen miterleben.

Weiter fällt auf, dass die Geburt eines Kindes für die Anwesenden meist ein freudiges Ereignis ist, während der Augenblick des Sterbens die Hinterbliebenen oft mit Schmerz und Kummer erfüllt.

Ob der Augenblick der Geburt für das Kind selbst auch so freudig ist, wissen wir nicht. Schließlich kommt es aus der warmen und sicheren Hülle des Mutterschoßes plötzlich in die Kälte des irdischen Lebens, die Nabelschnur wird durchgeschnitten, es muss plötzlich von allein atmen, seine Lungen gebrauchen; Stoffwechsel und Blutkreislauf müssen sich völlig umstellen. Es geschieht so unglaublich viel in diesem Augenblick, dass es nur gut ist, das alles nicht bewusst miterleben zu müssen, sonst würde man tausend Ängste ausstehen. Das embryonale Leben wird abgeschnitten, das selbständige Leben als Mensch beginnt. Geburt und Tod sind in diesem Augenblick eins.

Ob der Augenblick des Sterbens für den Verstorbenen selbst auch so schmerzlich ist, können wir nicht sagen. In den letzten Jahren konnte man viele Berichte von Menschen mit Nah-Todes-Erfahrungen lesen. In seinem Buch *Mein Leben nach dem Sterben* berichtet Ritchie darüber, und Moody tut dasselbe in seinem Buch *Leben nach dem Tod*. Es sind Zeugnisse normaler Menschen aus unserer Zeit, die berichten, was sie erlebt haben, nachdem sie laut ärztlichem Befund tot waren, aber doch wieder in ihren Körper zurückgekehrt sind. Für die meisten Befragten war das Sterben ein freudiges Ereignis, ein Eintreten in eine völlig neue Welt voller Farben und Licht, in dem sie Wesen begegneten, die ihnen viel Liebe und Wärme entgegenbrachten.

So betrachtet könnte der Augenblick des Sterbens auch einen Geburtscharakter haben: Das irdische Leben endet, aber gleichzeitig beginnt ein neues Leben. Tod und Geburt sind dann wiederum eins.

Prozesse von Geburt und Tod finden sich nicht nur am Anfang und Ende des Lebens. Auch im Lauf des Lebens spielen sie ständig eine Rolle. Nicht nur der Embryo, auch das Baby, das Kleinkind, das Schulkind, der Jugendliche usw. sind schon in uns gestorben, und aus diesem Sterben sind wieder neue Leben entstanden. Im Lauf des Lebens ist Sterben, Loslassen, Abschiednehmen immer wieder für die Geburt neuer Lebensformen notwendig. So muss der Jugendliche in uns sterben, damit der erwachsene Mensch geboren werden kann. Existiert der Jugendliche weiter, wird das weitere Leben zur Karikatur.

Im ersten Teil des Lebenslaufes dominiert oft die Euphorie der Geburtsmomente, wenn darin auch schon ein stiller Kummer über dem liegt, was in uns absterben muss. Ein Junge rasiert heimlich die Haare an seinen Beinen, weil er noch kein Mann sein möchte. Ein fünfzehnjähriges Mädchen versteckt in seinem Zimmer Kuscheltiere und Puppen, wenn Freunde und Freundinnen zu Besuch kommen.

Nach der mittleren Phase des Lebens herrscht oft der Verlust, das Abschiednehmenmüssen vor. Während dieser »Sterbemomente« fühlen sich Menschen oft erschöpft und deprimiert, ohne den Grund zu kennen. Einsamkeits- und Angstgefühle, manchmal vor dem eigenen physischen Tod, spielen in diesen Momenten eine wichtige Rolle.

Jedesmal, wenn ein Mensch im Lauf seines Lebens an seine Grenzen stößt, erlebt er eigentlich einen Sterbemoment.

Ein Product Manager in einer Lebensmittelfabrik fühlt sich den Produkten und dem Kernprozess seiner Fabrik eng verbunden. Er ist besser als alle anderen im Unternehmen informiert. Ständig arbeitet er an Verbesserungen des Produktionsprozesses und kann mehrfach seine Vorgesetzten dazu bewegen, in neue automatisierte Maschinen zu investieren. Jeder kann mit Produktionsproblemen zu ihm kommen, und er findet Lösungen, manchmal technischer Art, manchmal im Produktionsablauf. So leitet er die Fabrik eine lange Zeit. Trotzdem werden immer häufiger immer schwerwiegendere Fehler gemacht, und es kommen Beschwerden von Kunden. Der Product Manager arbeitet noch härter, führt Regeln ein, um Fehler zu verhindern; aber das Problem bleibt weiterhin bestehen. Langsam begreift er, dass seine Vorgehensweise nicht mehr effektiv ist und dass es so nicht weitergehen kann. Er merkt, dass die Gespräche stocken, wenn er sich einer Gruppe nähert, und dass man ihm aus dem Weg geht aus Angst, ihn mit der schmerzhaften Wahrheit zu konfrontieren, so wie ein todkranker Patient oft gemieden wird, damit man ihn nicht mit dem näher rückenden Tod konfrontieren muss.

Für sich weiß der Product Manager, dass er es nicht mehr schaffen kann. Er hat auch eine vage Vorstellung, was sich ändern sollte; das hat er in Gesprächen zu hören bekommen. Aber er weiß auch, dass er es nicht schaffen wird. Nur, was soll er tun? Was kann er tun? Was steht ihm bevor, wenn er diesen Posten aufgibt, oder wenn er entlassen wird? Der Product Manager erlebt hier eine Grenze. Etwas, das wesentlich zu ihm gehört, geht zu Ende. Was nach dieser Grenze kommt, ist ungewiss und macht ihm Angst.

Solche Grenzsituationen erleben Menschen manchmal mehrere Male in ihrem Leben. Es sind Momente des Sterbens, die zum Leben gehören.

Wie bereits dargestellt hatte der Mensch in älteren Kulturen ein natürliches Verhältnis zu Leben und Tod. Der Mensch von heute muss dazu allein, bewusst und aus eigener Kraft ein Verhältnis finden. Das rationale Denken unserer Zeit ist dabei kaum eine Hilfe. Um einen Zugang zu dieser inneren Seite zu finden, muss vorsichtig einfühlend, nachdenklich vorgegangen werden, etwa durch den Versuch, sich den Augenblick des eigenen Sterbens vorzustellen.

Den meisten Menschen graut davor, an das eigene Sterben zu denken oder darüber zu sprechen, wie dieser Moment sein wird: der Ort, die anwesenden Menschen, die Atmosphäre, in der es geschehen wird, in welchem Alter und welcher Jahreszeit. Sich all das vorzustellen kann einem jedoch helfen, eine bewusstere Beziehung zum eigenen Lebensende zu entwickeln.

Man kann sich die Frage stellen, wozu die bewusste Beschäftigung mit dem eigenen Sterben nötig ist. Was ist der Sinn einer bewussteren Haltung? Wir glauben den Sinn darin zu sehen, dass unser Sterben ebenso unlösbar Teil des Lebens ist wie die Geburt; sogar so sehr, dass wir die These wagen: die Einstellung, die ein Mensch zum Sterben hat, beeinflusst auch stark die Qualität seines Lebens.

Verlust, Beenden, Loslassen, Sterben ist integraler Teil des menschlichen Lebens. Manchmal spürt man es kommen, manchmal kommt es unerwartet. Es kann einem heftige Angst einjagen und unsicher machen. Es kann das Bedürfnis wecken, sich an das zu klammern, was hinter einem liegt, obwohl es in der Zukunft nicht mehr lebensfähig ist. Aber wie schwierig es auch ist, das Alte absterben zu lassen, während man das Neue noch nicht sieht – manchmal ist es dennoch notwendig.

Wenn es gelingt, eine bewusste Haltung zum Sterben zu entwickeln, wächst auch das Vertrauen in den anderen Prozess, der genauso zum Leben gehört, der Prozess des Geborenwerdens. Man wird sich bewusst, dass durch Sterbensprozesse neues Leben möglich wird. Diese Erkenntnis kann ein Grundvertrauen zur Lenkung durch das Leben selbst bringen, ein grundsätzliches Sicheinfügen, mit weniger Angst und weniger Anspannung.

Hingabe bedeutet nicht passives Abwarten, denn dann verpasst man die Geburtsmomente. Genauso wichtig wie die Besinnung auf den Augenblick des

Übungstip

Suchen Sie einen Moment in Ihrem Leben, in dem Sie von etwas Abschied nehmen mussten, was Ihnen lieb war. Überlegen Sie, was mit Ihnen und Ihrer Umgebung geschah. Was ist damals gestorben? Und was wurde geboren?

Sterbens ist es, das zu erkennen, was sich im Leben als Keim für die Zukunft ankündigt. Ein Keim ist winzig, man kann ihn leicht übersehen. Das Zurückschauen auf Geburtsmomente in der Vergangenheit kann einem helfen, sie auch in der Zukunft zu erkennen und bewusster damit umzugehen.

So betrachtet sind beide Tore, die unser irdisches Leben begrenzen, nicht nur Grenzen, sondern wirkliche Tore, durch die Geburtskräfte und Sterbekräfte in unser Leben strömen. Diese Kräfte zu erkennen und zu lernen, bewusster damit umzugehen, gibt uns mehr Selbständigkeit und Freiheit im Leben.

Unterstützende Übung: Wahrnehmen

Für Sie selbst

Suchen Sie eine Zimmerpflanze mit verschiedenen Farbschattierungen, die Sie schön oder interessant finden. Stellen Sie die Pflanze so vor sich auf den Tisch, dass Sie diese gut sehen und abzeichnen können.

Nehmen Sie ein DIN A3-Zeichenblatt und stellen Sie die Schachtel Pastellkreiden bereit.

Setzen Sie sich bequem hin und versuchen Sie, sich zu entspannen. Sorgen Sie für einen ruhigen Atem. Atmen Sie vor allem gut aus.

Betrachten Sie nun die Pflanze und überlegen Sie, was Sie alles sehen. Nehmen Sie sich dazu genug Zeit. Überlegen Sie, was Sie von dem, was Sie sehen, abzeichnen möchten, und mit welchen Farben Sie anfangen wollen. Schauen Sie immer wieder zur Pflanze hin und versuchen Sie, so ähnlich wie möglich abzuzeichnen, was Sie sehen.

Methodische Hinweise

Lösen Sie sich von dem Gefühl, Sie müssten ein Kunstwerk schaffen. Es ist nicht wichtig, ob Sie zeichnen können.

Es kann sein, dass Sie häufiger zeichnen oder gezeichnet haben und dabei die Exaktheit der Wahrnehmung Ihrem zeichnerischen Können und Ihrem Ausdrucksdrang untergeordnet haben. Machen Sie sich davon frei und führen Sie diese Aufgabe aus.

Es geht um das Wahrnehmen. Das Nachzeichnen ist dabei ein Hilfsmittel. Es stimuliert das Beobachten und bringt handfestes greifbares Material für das Gespräch.

Im Gespräch

Jeder zeigt der Reihe nach seine Arbeit, die anderen charakterisieren diese.

Wenn diese Übung zusammen mit den anderen abgeschlossen ist, können Sie damit anfangen mitzuteilen, inwieweit es dem Zeichner gelungen ist, die Pflanze lebensecht darzustellen. Achten Sie dabei darauf, aus welcher Position der Zeichner bei seiner Beobachtung vorgegangen ist.

Die Übung wird jetzt anhand folgender Punkte besprochen:
- Wie leicht oder schwer war für Sie das Beobachten? Konnten Sie dabei beim Objekt bleiben? Was hat Sie abgelenkt, etwas von außen oder von innen?
- Welche Unzulänglichkeiten, Schwellen oder Barrieren haben Sie beim Abzeichnen gespürt? Wie sind Sie damit umgegangen?
- Wie sind Sie dabei vorgegangen? Haben Sie sich an die Anweisung halten können?
- Sagt Ihnen die Übung etwas über die Wahrnehmung Ihrer eigenen Biographie?
- Was bringt die Übung für Ihre Fragestellung?

Folgende (innere) Fähigkeiten werden mit dieser Übung angesprochen:
- sich mit einer Aufgabe mitzubewegen;
- konkret zu beobachten;
- Beobachtung und Handeln abzustimmen;
- das Interesse nicht zu verlieren;
- respektieren, was man sieht.

Beispiele für dicsc Übung: Abb. 3 (nach S. 48)

Abrundung

Zum Schluss schreibt jeder auf, was er oder sie festhalten möchte.

Ereignisse in meinem Leben

Aufgabe 13

Für Sie selbst

1 Suchen Sie die Ereignisse in Ihrem Leben, die Ihnen viel bedeutet haben, in negativem wie positivem Sinne, oder die Ihrem Leben eine Wendung gaben. Wann war das? Wie alt waren Sie damals?

2 Beschreiben Sie diese Ereignisse kurz in Ihrem Logbuch. Stellen Sie dabei Fragen wie:
- Was geschah damals?
- Wo, in welcher Umgebung fand das Ereignis statt?
- Welche Menschen waren dabei, und welche Rolle haben sie gespielt?
- Was dachten Sie, was unterließen Sie?
- Welche Gedanken, Gefühle und Absichten oder Vorhaben hatten Sie?

3 Trennen Sie die Ereignisse nach drei Lebensbereichen: Arbeit, Privatleben und persönliche Entwicklung. Geben Sie jedem Beispiel eine eigene Farbe oder ein Symbol.

4 Nehmen Sie eine Seite aus Ihrem Logbuch, ziehen Sie darauf eine horizontale Linie als Achse für das Lebensalter und eine vertikale Linie links, die den Erlebniswert angibt: oben positiv, unten negativ. Ordnen Sie die Ereignisse in dieses Schema ein.

Methodische Hinweise

Notieren Sie auf einem Schmierzettel zunächst in willkürlicher Reihenfolge die wichtigen Ereignisse, die Ihnen einfallen. Gehen Sie also nicht systematisch vor, etwa indem Sie Ihr Leben chronologisch durchnehmen.

Es geht in erster Linie um Ereignisse, die *Sie* wichtig finden. Es können Ereignisse sein, die stark emotional geladen sind, die eine Wende in Ihrem Leben markieren oder die länger- oder kurzfristig Folgen hatten.

Wenn Sie bei bestimmten Ereignissen stecken bleiben, die immer wieder in Ihrer Erinnerung auftauchen, suchen Sie bewusst andere aus. Das empfiehlt sich vor allem auch bei allgemein als wichtig angesehenen Ereignissen wie Abitur, Heirat, 25jährigem Dienstjubiläum usw.

Was einem Menschen widerfährt, prägt sein Leben. Als kleines Mädchen durch ein Loch im dunkelgrünen Samtvorhang zum Vater zu spähen, der in der Kirche auf der großen Orgel spielt, ist eine Erfahrung, die kein anderer Mensch genauso gemacht hat. In der Reihe der Ereignisse eines Menschenlebens spiegelt sich der Lebenslauf. Daher ist es wichtig, sich an diese Ereignisse zu erinnern, sie wie ein lebendes Bild vor sich aufzubauen und zu betrachten.

Die unter 2 genannten Fragen sind Vorschläge. Sie können Sie selbst durch Aspekte ergänzen, die Ihnen wichtig erscheinen.

Im Gespräch

Der Reihe nach zeigt jeder sein Schema und wählt einige Erlebnisse aus, über die er mehr sagen möchte. Die anderen stellen Fragen, um ein klareres Bild zu bekommen und charakterisieren dieses Bild. Schließlich versuchen sie auch nachzuempfinden, wie wichtig die Ereignisse für den Erzähler waren und fragen ihn, ob er sich in ihrer Deutung wiedererkennt.

Methodische Hinweise

Für den Erzähler

Alles zu erzählen, ist unmöglich. Wir raten Ihnen daher, bewusst eine Auswahl zu treffen. Sie können sich beispielsweise für den Bericht über ein emotionales Ereignis entscheiden, weil schon das Erzählen an sich befreiend wirken kann. Oder Sie wählen ein Ereignis, dessen Bedeutung Ihnen nicht ganz klar ist, in der Hoffnung, dass die anderen Ihnen weiterhelfen können.

Für den Zuhörer

Charakterisierungen können sich auf ein einziges oder mehrere Ereignisse beziehen, auf eine Periode oder auf das Ganze. Das gilt auch für das »Nachempfinden der Wichtigkeit«.

Häufig ziehen emotionale und sensible Ereignisse die Aufmerksamkeit auf sich. Versuchen Sie, sich auch andere Ereignisse anzusehen, wie auch den gesamten Lebenslauf.

Es ist wichtig, dass der Erzähler die Gelegenheit bekommt, ein bestimmtes Ereignis ausführlich darzustellen; vielleicht ist es das erste Mal, dass er darüber spricht. Andererseits kann es auch wichtig sein, dem Erzähler zu helfen, sein eigenes Leben mit einer gewissen Distanz zu betrachten. In welche Richtung der Erzähler ermutigt werden muss, werden die anderen einfühlsam und aus der Situation heraus beurteilen müssen. Es ist gut, wenn im Lauf der Zeit beide »Bewegungen« besprochen werden.

Abrundung

Am Ende notiert jeder, was er oder sie festhalten möchte.

Erläuterung:
Untersuchung der Vergangenheit (S. 84)

Untersuchung der Vergangenheit

In jedem Augenblick seines Lebens steht der Mensch zwischen Vergangenheit und Zukunft. Die Vergangenheit wirkt in die Zukunft hinein. Morgen wird das Gespräch stattfinden, das Sie vergangene Woche verabredet haben. Die Zukunft wirkt auf die Vergangenheit zurück: Sie haben letzte Woche einen Plan ausgearbeitet, um die erwartete nachlassende Konjunktur des nächsten Jahres abzufedern. Auf der einen Seite Folgen, Konsequenzen, auf der anderen Erwartungen: mal sehen, was auf einen zukommt.

Vergangenheit und Zukunft sind die beiden Pole zwischen denen sich unser Leben abspielt. Die Vergangenheit hat uns geformt; sie hat weitgehend dazu geführt, wer wir heute sind. Es ist der Abschnitt, der hinter uns liegt – und sie ist nicht mehr veränderbar.

Die Zukunft liegt noch vor uns, sie ist in gewisser Hinsicht noch offen; man kann darauf noch Einfluss nehmen – wenn die Möglichkeit auch manchmal sehr gering zu sein scheint. Ereignisse und Entscheidungen aus der Vergangenheit scheinen die künftigen Freiheitsgrade stark einzuschränken: man *ist* nun einmal verheiratet, man *hat* Kinder, man ist festgefahren in seinem Lebensstandard, hängt an seiner Hypothek, seinen Verantwortlichkeiten; an seiner Ausbildung und Berufswahl, seiner spezifischen Erfahrung; und manchmal auch an den Wunden, die einem das Leben geschlagen hat, am Schmerz und an der Ohnmacht. Für den einen ist die Zukunft voller Versprechungen, für den anderen ist sie ein dunkles Loch, für den dritten eine endlose Wiederholung des Ewiggleichen.

In der Gegenwart ist beides enthalten: Vergangenheit und Zukunft. Ich lebe im Jetzt mit meiner Frage, und ich erlebe die Spannung, in die mich diese Frage versetzt oder die Unzufriedenheit, die meine gegenwärtige Berufs- und Lebenssituation mit sich bringt. Bildlich dargestellt:

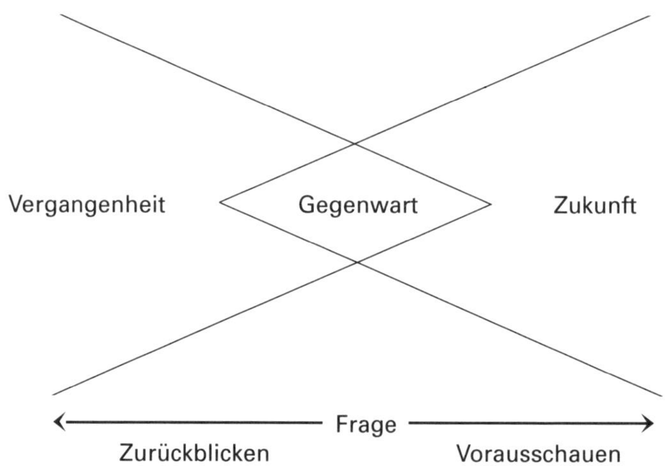

Warum es sinnvoll ist, die Vergangenheit zu untersuchen

Auch wenn sich Ihre Frage auf die Zukunft bezieht, kommen Sie doch nicht um Ihre Vergangenheit herum. Entscheidungen und Entschlüsse aus der Vergangenheit bestimmen Ihre heutige Position, äußerlich wie seelisch. Sie sind kein unbeschriebenes Blatt. Was Sie bis jetzt geworden sind, tragen Sie mit in die Zukunft. Das heißt nicht, dass nichts mehr verändert werden kann und alles festgelegt ist. Im Gegenteil. Die Möglichkeit, dass es Ihnen gelingt, einen Kurs für die künftige Entwicklung festzulegen, wird wahrscheinlicher, wenn man sich bewusst ist, dass einen die Umgebung beeinflusst hat und wie man sich dabei bis jetzt verhalten hat. Indem man sich seine bewussten oder unbewussten Wahlmöglichkeiten klarmacht, durch die man sein bisheriges Leben gesteuert hat, verhindert man, dass unbewusste Steuerungsmechanismen auch künftig weiterwirken und die eigenen Pläne womöglich zur Illusion werden lassen. Die Erforschung der Vergangenheit kann einen also für die Zukunft unabhängiger machen.

Dazu ist jedoch eine bestimmte prinzipielle Einstellung zur Vergangenheit notwendig. Im täglichen Leben nehmen Menschen manchmal Grundhaltungen ein, bei denen man nichts aus der Vergangenheit lernen kann. Wir werden gleich einige davon Revue passieren lassen, um danach die Grundhaltung zu skizzieren, die unserer Ansicht nach für die Beschäftigung mit der Vergangenheit notwendig ist. Wie gehen Sie mit Ihren bisher gemachten Erfahrungen um?

Als Opfer?

Menschen mit dieser Haltung sehen sich oft als Opfer von Menschen und Umständen, die in der Vergangenheit in ihrem Leben eine Rolle gespielt haben. Eigenes Versagen, Fehlschläge und Enttäuschungen werden den Eltern, der Erziehung, der Kirche, dem Chef, der Firma, etc. zugeschrieben. Manchmal ist es wirklich herzzerreißend, was Menschen in der Vergangenheit durchgemacht haben. Trotzdem ist die Opferhaltung fruchtlos, weil sie den Menschen auch später davon abhält, sein Schicksal in die eigene Hand zu nehmen und selbst die Verantwortung für sein Leben zu tragen.

Als Schuldiger?

»Ich habe ein Chaos daraus gemacht.«
»Wenn ich mir vorstelle, was ich den Kindern angetan habe ...«
»Wie konnte ich nur so dumm sein, ich habe alle möglichen Chancen nicht wahrgenommen.«

Menschen, die voller Schuldgefühle zurückblicken, geben zwar ihre eigene Verantwortung zu, kommen jedoch zu einem negativen Urteil darüber, wie sie diese Verantwortung übernommen haben. In jedem Leben spielt Schuld eine

Rolle, aber das Schuldgefühl kann Menschen derart in den Griff bekommen, dass es ständig an ihnen nagt und sie für die Zukunft mutlos und unfrei macht.

Der Gegenpol ist übrigens genauso fruchtlos, der stolze Blick zurück. Natürlich haben wir in der Vergangenheit manches geleistet, auf das wir zufrieden oder stolz zurückblicken können, aber ohne weitere Überprüfung (Objektivierung) haben diese Gefühle wenig Einfluss auf die Gestaltung der Zukunft.

Die Neigung, das gelebte Leben nach moralischen Kriterien zu werten, ist sehr groß. Man fragt sich: »Was habe ich in meinem Leben richtig und was habe ich falsch gemacht?« Diese Sichtweise ist tief in unserer Kultur verwurzelt, und es ist mühsam, sich davon zu befreien. Für die Biographiearbeit ist es jedoch unabdingbar. Denn Urteile in Kategorien von »richtig« oder »falsch« haben darin wenig Sinn. Sie können den Blick auf sich selbst ernstlich trüben und Ohnmachtsgefühle gegenüber der Zukunft verstärken.

Als Zufallsprodukt?

Manch einer sagt beispielsweise: »Es sind alles Zufälle, durch die mein Leben so gelaufen ist. Es hätte genausogut anders kommen können.« Man betrachtet dann sein Leben als Zufall, als sei es eine willkürlich geworfene Münze. Diese gerät auch in die unmöglichsten Situationen und könnte, wäre es nur möglich, sicher viele Geschichten erzählen.

Aus dieser Grundeinstellung heraus kann man ableiten, welche Einflüsse aus der Vergangenheit auf das Leben eingewirkt haben. Man sucht nach Erklärungen von außen dafür, wie man heute im Leben steht, etwa für die Unsicherheit oder Angst, für die Schul- oder Studienwahl oder seine Laufbahnentscheidung. Was man auf diese Weise findet, ist nicht falsch; es ist nur einseitig. Wenn man das Leben als eine Kette von Zufällen und sich selbst als deren Produkt begreift, kann man nicht erkennen, in welchem Ausmaß man es bis zum gegenwärtigen Zeitpunkt *selbst gesteuert hat.*

Als Autor seiner eigenen Lebensgeschichte?

Für die Biographiearbeit ist es fruchtbar, das gelebte Leben als eine Arbeit anzusehen, die man selbst erledigt hat. Nach dieser Sichtweise – die auch wir teilen – ist es kein Zufall, dass das Leben auf diese Weise gelebt wurde. Man hat es selbst, bewusst oder unbewusst, mitgesteuert. Selbstverständlich hat man vieles erlebt, das man sich nicht gewünscht hätte, ganz davon zu schweigen, dass es ein eigener Entschluss gewesen wäre. Aber man kann alles als das Material sehen, mit dem man seine eigene Komposition geschaffen hat.

Manch einem fällt diese Betrachtungsweise schwer, vor allem, wenn ihm das Leben bisher viel Schmerz und Enttäuschung gebracht hat. »Es kann doch nicht sein, dass ich das selbst gelenkt habe?« wird man vielleicht sagen. »Soll das nicht heißen, dass ich für alles Elend selbst verantwortlich bin?«

Hier rühren wir an ein ganz tiefes Problem, das eine eigene Betrachtung verdiente, die aber den Rahmen dieses Arbeitsbuches sprengen würde. Wenn man jedoch – notfalls als Arbeitshypothese – den Gedanken an sich selbst als den bisher noch unbekannten Steuermann oder die Steuerfrau seines Lebens akzeptieren kann, ohne die Schuldfrage zu stellen, kann es sinnvoll sein, sich zu fragen: »Wie habe ich bisher mein Leben gesteuert? Was hatte ich als Steuermann oder Steuerfrau vor, auch mit schwierigen Situationen?«

Dann kann sich beispielsweise herausstellen, dass das große Unverständnis, das einem entgegengeschlagen ist, einen widerstandsfähiger gemacht hat, dass die ungerechte Entlassung einen in eine Situation manövriert hat, an der man wirklich wachsen konnte, oder dass dieses schwierige Kind wahre Liebe in einem geweckt hat. Die Erforschung der Vergangenheit kann dann zur Entdeckung sinnvoller Zusammenhänge führen, zu einer gewissen Art von weiser Führung des eigenen Lebens. Es kann sein, dass ein roter Faden im Leben auftaucht, von dem man glaubt: »Der gehört zu mir.« Ereignisse und Umstände sind dann nicht mehr Zufälle, die ebenso auch anders hätten ausfallen können, sondern zeigen eine Verbindung mit der eigenen Person. Man kann das als die äußere Ausprägung seines inneren Wesens betrachten. Durch die Untersuchung dieser äußeren Prägungen kann man allmählich seinen Wesenskern, also sich selbst, besser erkennen. In seiner Biographie drückt man sich selbst aus.

Wie untersucht man seine Vergangenheit?

Die Kunst bei der Ergründung der Vergangenheit besteht darin, Abstand zu gewinnen und sie gleichsam mit »fremden« Augen zu betrachten.

Es ist, als stünde man auf einem hohen Berg und würde von dort aus noch einmal auf die Landschaft zurückblicken, die man gerade durchwandert hat. Die einzelnen Orte, die am Weg nach oben lagen, sieht man nun aus größerem Abstand und im Zusammenhang mit dem Rest der Landschaft. Man sieht, wie sich das Gehöft, bei dem man Rast gehalten hat, in die Umgebung einfügt, wie der kleine Bach hinter dem Wasserfall mit anderen Bächen zusammenfließt; wie der Bergbach verschwindet und ein Stück weiter wieder zum Vorschein kommt. Manche Orte, die man erkennt, möchte man von hier aus noch einmal genauer betrachten, genau wie die Stellen, die einem bei der Wanderung nicht weiter aufgefallen waren. Man nimmt den Feldstecher und sieht sich diese Stellen noch einmal genau an.

So kann man auch sein Leben betrachten, wie ein Panorama, das vor einem liegt. Wie in der Landschaft erkennt man nun die Gegebenheiten und Ereignisse aus größerer Distanz, aber in ihrem Kontext. Man kann auch separate Stückchen aus der Vergangenheit herausschneiden und sie noch einmal aufmerksam betrachten.

Dabei ist es wichtig, den Abstand zu wahren, d.h. auf die eigene Vergangenheit zurückzublicken, ohne ein Urteil zu fällen, sie zu bejahen oder abzulehnen, ohne Sympathie oder Antipathie und ohne im nochmaligen Erleben dieses Augenblicks aufzugehen. Diese Stückchen Vergangenheit sollten wie Bilder aufgebaut werden, damit man sie wie ein Unbeteiligter »mit fremden Augen« betrachten kann.

Bei der Untersuchung der Vergangenheit geht man in diesem Workshop so vor, dass man schrittweise in eine tiefer liegende Schicht vordringt. Zuerst bringt man seine Stimmungen und Gefühle gegenüber seinem Lebenslauf zum Ausdruck, danach werden Fakten und Ereignisse gesammelt, im dritten Schritt durch die Einteilung des Lebens in Phasen Struktur hineingebracht, danach sucht man seine Lebensthemen, um schließlich nach dem Wesen zu tasten. Diese Schritte sind qualitativ sehr verschieden: Jeder spricht eine andere Fähigkeit an. Die Schritte werden nacheinander gemacht, aber man kann jeden Schritt später auch noch einmal wiederholen. Also beispielsweise nach den Lebensthemen noch einmal auf die Ereignisse zurückkommen etc. Bei jedem Schritt bleibt die Einstellung, mit der man vorgeht, wichtig: suchen, sich selbst Fragen stellen, sich einfühlen, abtasten, ausprobieren, vorsichtig Schlüsse ziehen und zu verifizieren versuchen.

1 Gefühle und Stimmungen, bezogen auf den eigenen Lebenslauf

Jeder Mensch hat eine emotionale Beziehung zu seiner Vergangenheit, die für jede Lebensperiode anders sein kann. Beispielsweise kann man die Kleinkindphase und Kindheit als warm und geborgen erfahren, die des Heranwachsenden als befreiend und hell, die Phase des jungen Erwachsenen als herausfordernd und spannend oder auch langweilig und öde. Man erlebt Höhen und Tiefen. Es ist sinnvoll, sich dieser Gefühle in Bezug auf das eigene Leben bewusst zu werden und zu überlegen, was sie verraten. Man kann dazu alle möglichen Ausdrucksmittel einsetzen, etwa ein farbiges Stimmungsbild oder eine Linie mit Höhepunkten und Talsohlen.

Die Kunst besteht darin, dabei nicht allzu viel zu überlegen, sondern spontan und gefühlsmäßig heranzugehen, dem zu vertrauen, was man impulsiv tut. Wenn andere das Resultat betrachten und es charakterisieren, kann es einen überraschen, dass ihnen Dinge auffallen, die man vorher noch nie so gesehen hatte.

2 Wichtige Ereignisse

Einen völlig anderen Charakter hat das Sammeln wichtiger Ereignisse aus dem eigenen Leben. Man strengt sein Gedächtnis an, um die Ereignisse herauszukramen und in den Zeitstrom einzuordnen. Man braucht Präzision und Exaktheit, um sich Jahre zurückliegende Situationen wieder klar ins Gedächtnis zu rufen. Indem man sich so sorgfältig wie möglich auf die damaligen äußeren Umstände konzentriert, wie den Raum, die Einrichtung, das Licht, die Geräusche, den Geruch, das Aussehen von Menschen, ihre Worte und ihr Verhalten, macht man eine solche Situation wieder lebendig und kann sie gleichzeitig gleichsam unbeteiligt betrachten.

Bei dieser Vorgehensweise kann man nach zwei Seiten vom Weg abkommen und dadurch die Wirkung stark abschwächen. Einerseits läuft man Gefahr, ganz trocken Fakten aufzuzählen, wie es in einem Lebenslauf üblich ist. Dann entsteht kein einziges lebendiges Bild, sondern lediglich vage Andeutungen, die ohne genauere Ergänzungen für die Biographiearbeit nicht viel wert sind.

Die andere Gefahr besteht darin, nur die Emotionen aus der Vergangenheit ins Gedächtnis zu rufen: den Kummer, die Freude, die Einsamkeit, die Verwirrung, die Befriedigung usw. Dadurch kann der Blick auf das getrübt werden, was wirklich um einen herum geschehen ist. Manchmal ist es unvermeidlich, dass einem die Gefühle entgleiten. Das muss man dann »zulassen« und trotzdem versuchen, sich auf die Fakten und Begleitumstände von damals zu konzentrieren.

Eine Schwierigkeit anderer Art ist der Zwang zur Auswahl. In einem Leben passiert so viel. Was davon ist wichtig?

Hier liegt der Fallstrick in der reinen Aufzählung der Ereignisse, die in unserer Kultur als »life events« gelten, etwa Heirat, Geburt, Kinder, Pensionierung, Tod der Eltern. Es geht jedoch um das, was für einen selbst wichtig ist - auch wenn es nach außen wenig spektakulär ist - wie eine erschütternde persönliche Erfahrung oder eine außergewöhnliche Begegnung. In diesem Rahmen sind vor allem die Wenden im Leben bedeutsam, nämlich die Augenblicke oder Episoden, nach denen das Leben anders war als vorher, in einem inneren oder äußeren Sinn.

Die Auswahl der Ereignisse kann auch durch eine spezifische in der Biographie liegende Frage bestimmt sein. Auch wenn sich die Fragestellung auf das Berufsleben bezieht, ist es gut, wichtige Ereignisse im Privatleben einzubeziehen, die sich auf die berufliche Situation auswirken. Eine Scheidung kann beispielsweise zu einem Knick in der Arbeitsbiographie führen, und eine Umorientierung in bezug darauf, wie man das Leben betrachtet, kann die Einstellung gegenüber dem eigenen Beruf verändern.

3 Lebensphasen

Der nächste Schritt ist die Einteilung des eigenen Lebens in Perioden oder Phasen; das sind die »Kapitel« der Lebensgeschichte. Man bringt in die vielen Ereignisse eine bestimmte Ordnung. Die Suche nach einem Ordnungsprinzip ist eine Möglichkeit, sich sein Leben »zu eigen zu machen«. Das Ergebnis ist dann Übersicht.

Die Phasen, in die man sein Leben einteilt, spiegeln unterschiedliche Qualitäten von Stimmungen, Aufgaben oder Interessen. Auch das ist nichts Abstraktes. Es ist wichtig, die Phasen »mit Leben zu füllen«. Das wird möglich, indem man in jeder Phase eine oder einige charakteristische Situationen sucht und diese zu einem konkreten Bild erweitert. Zum Beispiel einen Sonntagnachmittag aus der Kindheit, einen Heiligen Abend, einen Ferien- oder Schultag. Wie habt ihr früher daheim am Tisch gesessen, und wie ging es beim Essen zu? Worüber haben Sie mit Ihrem ersten Freund oder der ersten Freundin gesprochen? Wie sah ein Arbeitstag an Ihrem ersten Arbeitsplatz aus? Erinnern Sie sich noch an Ihr erstes Beurteilungsgespräch?
Außerdem lohnt es sich, die verschiedenen Lebensphasen im Zusammenhang mit den gesellschaftlichen Entwicklungen zu betrachten. Wie waren die gesellschaftlichen Bedingungen in Ihrer Kindheit und in der Zeit Ihrer ersten oder zweiten Arbeitsstelle? Wie haben Sie sich dazu verhalten? Im Leben wird man außerdem ständig vom Zeitgeist beeinflusst. Daher ist es wichtig, sich auch diesen Einfluss bewusst zu machen.
Schließlich ist es auf dieser Stufe der Untersuchung sehr wesentlich, sich genau mit den Menschen zu beschäftigen, die einem in einer bestimmten Lebensphase wichtig waren. Eine Phase wird im allgemeinen von bestimmten Menschen gefärbt. Denken Sie darüber nach, was Sie diesen Menschen zu verdanken haben oder, mit anderen Worten, was diese zu Ihrer Entwicklung beigetragen haben.
Durch die ernsthafte Beschäftigung mit dieser Frage kann man sich von der egozentrischen Illusion befreien, wir seien es selbst, die sich zu dem gemacht haben, was wir sind. Je mehr man diesen Schein durchschaut, desto mehr verändert sich der Blick auf das eigene Leben und die Rolle, die andere darin gespielt haben.

4 Lebensthemen

Die Untersuchung wird noch tiefgründiger, wenn man versucht, sein(e) Lebensthema(-themen) herauszufinden. Lebensthemen sind Motive, Fragen, Interessengebiete oder Aufgaben, die einen lange Zeit oder gar das ganze Leben begleitet haben. Sie bilden eine Art roten Faden im Leben, wie Motive in einem Musikstück. Manchmal sind sie eine Weile verschwunden, dann tauchen sie doch wieder auf, vielleicht »in einem anderen Gewand«. Ein Thema wie »Liebe zur Natur« kann sich in vielfältiger Gestalt äußern, ebenso wie »Kampf gegen die Angst« oder »Grenzen verschieben«.
Lebensthemen haben mit der Totalität des eigenen Lebens zu tun. Man kann sie auch nur herausfiltern, indem man die Gesamtheit betrachtet und sich überlegt, welche Linien darin sichtbar werden. Lebensthemen entdeckt man, indem einem bestimmte Verbindungen auffallen. Jemandem fiel beispiels-

weise auf, dass das Motiv »sich einschließen und im letzten Augenblick befreien« in seinem Leben immer wieder in anderer Form eine Rolle gespielt hat. Als Kind schloss er sich in seinem Zimmer ein, drehte aber in der allerletzten Sekunde, gerade als der Vater die Tür aufbrechen wollte, den Schlüssel um. Fast zwanzig Jahre später war er in einer Beziehung zu einer Frau »gefangen«, aus der er nicht entkommen konnte. Das machte ihn krank. Bevor jedoch seine Freunde dieser Beziehung mit Zwang ein Ende machen wollten, fand er die Kraft, sie von sich aus zu lösen. Eine dritte vergleichbare Situation ergab sich ein paar Jahre darauf in seinem Beruf. Nachdem er diesen Zusammenhang erkannt hatte, fand er dieses Thema noch häufiger in seinem Leben, selbst in sehr einfachen Situationen am Arbeitsplatz und zu Hause.

Lebensthemen sind einem sehr nah. Sobald man eines gefunden hat, spürt man in sich eine starke Erregung. Man erkennt, dass man etwas Essentielles seiner eigenen Existenz erkannt hat, etwas Grundlegendes, das zu einem gehört, wenn man ihm vielleicht auch noch keinen Namen geben kann.

Es kann auch vorkommen, dass man »rote Fäden« entdeckt, die einem ganz und gar nicht gefallen. Etwa, dass man sich regelmäßig vor der Verantwortung gedrückt hat, Menschen von sich abhängig gemacht oder sogar missbraucht hat, ständig Risiken aus dem Weg gegangen ist usw. Solche Entdeckungen können einen deprimieren, weil sie am Selbstbild kratzen. Das kann eine unvermeidliche Konsequenz der Biographiearbeit sein, die man durchstehen muss. Dazu braucht man Mut. Mut, nicht davonzulaufen, nicht im früher angesprochenen Schuldgefühl zu versanden, sondern es zu sehen und mit dem Blick in die Zukunft daran zu arbeiten. Diesen Mut kann man aus dem Bewusstsein schöpfen, dass die Kraft, die einen diese Dinge hat entdecken lassen, einem auch helfen wird, sie zu überwinden. Dabei können einen auch andere ermutigen und unterstützen. Das ist der wichtigste Grund, weshalb wir darauf drängen, diese Biographiearbeit gemeinsam mit anderen zu leisten.

Übungstip

Blicken Sie am Abend auf eine Begebenheit des Tages zurück, bei der Sie emotional engagiert waren. Beschreiben Sie diese Begebenheit so genau wie möglich, als würden Sie diese mit den Augen eines Unbeteiligten sehen. Beschreiben Sie danach, was für Sie der wesentliche Kern, die Essenz dieses Geschehens ist.

5 Essenz

Dies ist der letzte Schritt in der Untersuchung der Vergangenheit. Fragen, die dabei gestellt werden sollten, lauten:

- Welche Schlüsse kann ich aus dem, was ich bisher herausgefunden habe, ziehen?
- Wonach habe ich bisher in meinem Leben gesucht?
- Was habe ich offenbar mit meinem Leben gewollt?
- Wer bin ich eigentlich?

Eine vollständige und befriedigende Antwort auf diese Fragen wird man vermutlich niemals finden, vor allem nicht auf die letzte. Was wir wollen und wer wir sind, bleibt hinter Schleiern verborgen. Es werden höchstens ein paar Zipfel des Schleiers gelüftet. Denn jeder Mensch ist eine Unendlichkeit. Diese unermessliche Tiefe kann man manchmal bei sich wie bei anderen sekundenlang erleben; die Tiefe des Geheimnisses, das man selbst und das der andere ist. Die Unendlichkeit des menschlichen Wesens ist ebenso groß wie die Unendlichkeit des Weltalls.

Meine Lebensphasen

Aufgabe 14

Für Sie selbst

1 Betrachten Sie Ihr Leben und versuchen Sie, darin verschiedene Phasen zu unterscheiden, *Ihre* Phasen. Damit sind Perioden zwischen bestimmten Übergangsmomenten Ihres Lebens gemeint.
Überlegen Sie, was sich in jeder Periode ereignet hat, was dafür charakteristisch ist, welche Stimmung Sie damals beherrschte usw. Geben Sie jeder Periode einen Namen.
Ordnen Sie die Perioden auf einer horizontalen Lebensalterachse an. Verwenden Sie dafür jedoch nicht das Schema aus Aufgabe 13.

2 Suchen Sie für jede Lebensphase ein Foto von sich, das Ihnen für diese Phase typisch scheint. Betrachten Sie sich, wie ein Unbeteiligter und die Charakteristik der Lebensphase, in der Sie sich damals befanden. Wie waren Sie damals, wie hat ein anderer - z.B. der Fotograf - Sie gesehen? Bringen Sie die Fotos zur Besprechung mit.

Methodische Hinweise

Bei der Suche nach den Phasen in Ihrem Leben kommen Sie vielleicht in erster Linie auf die üblichen Unterscheidungen wie Kindheit, Schulzeit, Studium usw. oder auf eher historisch ausgerichtete Phasen wie Kriegsjahre, Wiederaufbau, Studentenbewegung, Demokratisierung, No-Nonsense-Zeitalter o.ä. Versuchen Sie sich davon zu lösen und gehen Sie von Ihren eigenen Phasen aus. Verwenden Sie auch nicht Ihnen bekannte Einteilungen aus der Wissenschaft. Welche Einteilung ist für Sie wichtig? Zum Beispiel: Mit 14 von zu Hause ausgezogen, zwischen 14 und 25 eine unstete Periode des Ausprobierens; mit 25 eigene Wohnung, von 25 bis 30 Ruhephase. Oder: Erste Jahre hell und warm, bis ich 12 werde, dann Tod der Mutter; Misserfolge in der Schule bis 14, Vater heiratet wieder, ich komme ins Internat; ich schaffe es, Studium bis 25, danach Examen usw.

Die Übergangsmomente können mit wichtigen Ereignissen zusammenfallen. Vielleicht gibt es darunter ein ausschlaggebendes Ereignis, von dem Sie sagen: »Von da an wurde alles anders.« Dann sprechen wir von einer Wende. Was fiel

Das Leben eines Menschen verläuft nicht linear, es entwickelt sich in sehr unterschiedlichen Perioden. Jede Periode – die des Kindes, des Heranwachsenden, des Dreißigjährigen, des über Fünfzigjährigen – hat ihre eigene Farbe, Melodie und Geschichte. Neben dieser allgemeinen periodischen Einteilung kann jeder von uns eigene Phasen unterscheiden. Spezifische Übergangsmomente markieren diese Phasen. Auch sie haben eine besondere Stimmung oder Thematik. Sich bewusst damit auseinanderzusetzen, bereichert das Panorama unseres Lebens und gibt ihm mehr Tiefe.

in dieser Wende vor, durch das alles anders wurde? In welchem Umfeld war diese Wende angesiedelt, in welchem Strom der Ereignisse? Was ging dem voraus, was folgte danach?

Lassen Sie die Bilder Ihres Lebens, die Ihnen die drei früheren Aufgaben (11, 12 und 13) erbracht haben, nebeneinander stehen. Indem Sie jedesmal mit einer anderen Brille Ihr Leben betrachten und die gewonnenen Bilder nicht direkt aneinanderkoppeln, bekommen Sie schließlich eine klareres Bild von Ihrem Leben. Außerdem vergrößern Sie auf diese Weise Ihre innerliche Beweglichkeit beim Umgang mit Ihren Erfahrungen.

Im Gespräch

Jeder berichtet anhand des gezeichneten Schemas über ihre bzw. seine Lebensphasen und zeigt zum Schluss die Fotos. Die anderen charakterisieren das Gesamtbild und/oder Teile davon.

Abrundung

Schließlich schreibt jeder auf, was er oder sie festhalten möchte.

Zeitgeist

Aufgabe 15

Das Tun und Lassen eines Menschen wird auch von der Zeit mitbestimmt, in der er lebt. Auch der Blick auf den Lebenslauf ist historisch bestimmt. Normen, Werte, Meinungen und Verhalten – alle Facetten der Kultur werden vom Zeitgeist beeinflusst. Aus ihm heraus handeln Menschen und treffen individuelle Entscheidungen. Sich stärker bewusst zu sein, in welcher Zeit man lebt, kann zu einer neuen Würdigung des eigenen Lebens führen.

Für Sie selbst

1 Sie gehen von den Lebensphasen aus, die Sie gefunden haben.
Ordnen Sie diese wieder auf einer horizontalen Zeitachse an. Schreiben Sie die Namen der Phasen unter die Linie. Notieren Sie über die Lebenszeiten, die diese Phasen markieren, die dazugehörende Jahreszahl. Gehen Sie nun in Ihrer Erinnerung phasenweise zurück und schreiben Sie über die Linie, was in dieser Zeit gesellschaftlich relevant war. Bleiben Sie bei Ihrer eigenen Erinnerung.

2 Erweitern Sie das nun zu einer kleinen Forschungsarbeit, unabhängig von Ihrer persönlichen Erinnerung. Was waren damals die bewegenden Zeitthemen, was war im öffenltichen Leben los? Suchen Sie dazu selbst die Quellen.

Methodische Hinweise

Beginnen Sie bei Ihrer Erinnerung und gehen Sie danach schrittweise zum Faktenstudium über.

Sie müssen nicht zum Historiker werden. Es geht nur um eine winzige Untersuchung. Entscheiden Sie sich für eine Quelle, beispielsweise Filme, Zeitungsartikel oder Fotobücher.

Machen Sie auch keine systematische Studie daraus. Aber merken Sie sich, wenn Sie spielerisch suchen, was Ihnen auffällt, welche Filme etwa in den aufeinanderfolgenden Phasen Mode waren. Oder gehen Sie in eine Bibliothek und sehen Sie sich Zeitungen aus der Zeit an, blättern Sie Bildbände durch o.ä.

Im Gespräch

Falls Sie diese Aufgabe gemeinsam besprechen, zeigen Sie der Reihe nach Ihr Schema und berichten, was Sie herausgefunden haben. Die anderen charakterisieren den Zeitgeist, der sich darin manifestiert. Wenn alle drei an der Reihe waren, unterhalten Sie sich über den Zeitgeist und die darin verborgenen möglichen Entwicklungen. Fassen Sie das in einem gemeinsamen Zeitschema zusammen.

Methodische Hinweise

Es geht bei dieser Aufgabe nicht um die subjektive Entscheidung jedes Redners oder um das persönliche Erleben des Zeitgeistes. Das individuelle Material ist nur ein Hilfsmittel, um bis zu dem jeweils vorherrschenden Zeitgeist vorzudringen, der einen überpersönlichen Charakter hat.

Erläuterung: Lebensphasen und Arbeit (S. 97)

Abrundung

Schließlich notiert jeder, was er oder sie festhalten möchte.

Lebensphasen und Arbeit

Das folgende Schema ist eine Zusammenfassung des gleichnamigen Kapitels aus Teil 2: Hintergrundinformationen. Es gibt eine Einteilung in Lebensphasen, die sich am alltäglichen Sprachgebrauch orientiert: Die Zwanzigjährigen, Dreißigjährigen, etc. Pro Lebensphase werden folgende Punkte kurz umschrieben:

1 die Beziehung zur Arbeit;
2 die Gefahren und Einseitigkeiten;
3 was notwendig ist, um entwicklungsfähig zu bleiben.

Der Zwanzigjährige

Beziehung zur Arbeit	Gefahren	Was nötig ist
»Arbeit ist eine Möglichkeit, sich selbst zu testen.«	Fanatismus	Abwechslung und breite Orientierung in der Berufserfahrung
Zeitarbeitsverhältnisse, sich auf keine feste Bindung einlassen	Flatterhaftigkeit	Sich bis an die Leistungsgrenze herausfordern
In kurzer Zeit Resultate sehen wollen	Frühzeitig Sicherheit in einem Talent oder einer bestimmten Arbeitsart suchen oder in häuslichem Glück	Herausforderungen, kurzfristig Resultate beurteilen können
Große Begeisterung, wenig Erfahrung, »dünnes« Urteil		Positive Arbeitsatmosphäre, offene Kommunikation, direktes Feedback
Bedürfnis nach positiven Kontakten und »wahrgenommen« zu werden		

Der Dreißigjährige

Beziehung zur Arbeit	Gefahren	Was nötig ist
Die Arbeit ist wichtiger als der Partner	Rationalität wird zu gefühlloser Härte	Gleichgewicht suchen zwischen Privat- und Berufsleben
Sucht Karriere und Entfaltung	Eigennutz wird zu schonungslosem Machtstreben	Professionelle Vertiefung, große Verantwortung
Schafft vieles gleichzeitig Arbeitet organisiert: Ziele setzen, Pläne machen, Prioritäten abwägen	Ordentlichkeit wird zu Bürgerlichkeit	Netzwerke, Verbindungen zu anderen Menschen knüpfen
Kann langfristig denken	Oberflächlichkeit, im Sinne der Erwartungen anderer handeln	Echtes Interesse für die Gefühle anderer

Beziehung zur Arbeit	Gefahren	Was nötig ist
Der Vierzigjährige		
Mit Schrecken Aufgaben entgegensehen, innerliche Unzufriedenheit, äußerliches Weitermachen	Sich zurückziehen in noch mehr Arbeit	Persönliche Gespräche, in denen Unruhe geäußert werden kann
Arbeit ist gleichzeitig Sicherheit und Belastung	Impulsive Änderung der Lebenssituation	Schmerzliche existentielle Fragen als Entwicklung sehen
Keine Schwächen zeigen, Unsicherheit bezüglich der eigenen Möglichkeiten	Flucht in Alkohol, Beziehungen, finanzielle Abenteuer	eingefahrene Lebens– und Arbeitssituation, innere Leere und Chaos bewusst erkennen und dagegen angehen
Suche nach dem Sinn der Arbeit		Selbst neue Sinngebung finden
Unerwartete Emotionen und Verhalten		
Der Fünfzigjährige		
Ist in der Organisation entweder Stützpfeiler oder Klotz am Bein	Sich an das Alte klammern	Gefordert werden in dem, was er als Fünfzigjähriger kann
Erfahrung, umfassender Überblick, Distanz wahren können und strategisches Denken	Machtkampf um Positionen mit Jüngeren	Vom Gedanken ausgehen, dass ein Mensch zum Lernen nie zu alt ist
Kann wirklich führen/inspirieren	Negative und zynische Haltung	Realistisches positives Feedback bekommen
Kann in menschlicher Hinsicht schwere Entscheidungen aus objektiver Notwendigkeit treffen	Idealisieren der eigenen Vergangenheit im Gespräch mit Jüngeren.	Ideelle oder kulturelle Quellen der Inspiration finden
Fühlt sich weniger wohl in dynamischer Umgebung, sieht Jüngere als potentielle Bedrohung	Jung bleiben wollen, dynamisch dabei sein wollen	Sich auf das Ende des Berufslebens vorbereiten

Der Sechzigjährige

Beziehung zur Arbeit	Gefahren	Was nötig ist
Ende der Berufsperiode ist in Sicht	Nicht loslassen können, keinen Abschied nehmen können	Individueller Ansatz in bezug auf Arbeitszeit, -belastung und -bedingungen
Arbeiten im eigenen Zeitrahmen	Mit der Arbeit verschwindet auch die Identität (manchmal mit Todesfolge)	Aufgaben bekommen, die »einem am Herzen« liegen
Seine Erfahrung unterstützend in die Arbeit einbringen	Zu schnelles Ablösen, den eigenen Wert für die Organisation nicht sehen	Seine Geschäfte abrunden
Sich von der Organisation lösen		Vorbereitung auf die Gestaltung einer neuen Lebensphase
Selbständig weitergehen		

Der Siebzigjährige

Übungstip

Wählen Sie für jede Phase eine bis drei Personen aus Ihrer nächsten Umgebung. Folgen Sie ihnen einen Monat lang. Beobachten Sie die Menschen, sprechen Sie mit ihnen, hören Sie, was andere über sie sagen. Konzentrieren Sie sich auf die Art, wie sie ihre Arbeit tun, und charakterisieren Sie das sich ergebende Bild.

Loslassen und wieder verbinden. Das ist vielleicht die wichtigste Aufgabe im Lebenslauf. Es ist der Pulsschlag unseres Lebens.

Stufen

Wie jede Blüte welkt und jede Jugend
Dem Alter weicht, blüht jede Lebensstufe,
Blüht jede Weisheit auch und jede Tugend
Zu ihrer Zeit und darf nicht ewig dauern.
Es muss das Herz bei jedem Lebensrufe
Bereit zum Abschied sein und Neubeginne,
Um sich in Tapferkeit und ohne Trauern
In andre, neue Bindungen zu geben.
Und jedem Anfang wohnt ein Zauber inne,
Der uns beschützt und der uns hilft, zu leben.
Wir sollen heiter Raum und Raum durchschreiten,
An keinem wie an einer Heimat hängen,
Der Weltgeist will nicht fesseln uns und engen,
Er will uns Stuf' um Stufe heben, weiten.
Kaum sind wir heimisch einem Lebenskreise
Und traulich eingewohnt, so droht Erschlaffen,
Nur wer bereit zu Aufbruch ist und Reise,
Mag lähmender Gewöhnung sich entraffen.
Es wird vielleicht auch noch die Todesstunde
Uns neuen Räumen jung entgegen senden,
Des Lebens Ruf an uns wird niemals enden ...
Wohlan denn, Herz, nimm Abschied und gesunde!

Hermann Hesse

Bisheriger Ertrag

Aufgabe 16

Für Sie selbst

»Learning by doing«. Bis zu einem gewissen Maß geht das von selbst. Möchte man aber schneller und bewusster aus dem lernen, was man tut, sollte man regelmäßig die Erträge seiner Aktivitäten überprüfen.

Nehmen Sie sich das Material vor, das Sie sich mit diesem Workshop bisher erarbeitet haben, und beschäftigen Sie sich mit der Frage, was es Ihnen gebracht hat. Was sind die Erträge Ihrer Untersuchung? Achten Sie u.a. auf folgende Aspekte:

Entdeckung
Sie haben etwas Neues gehört oder erfahren, was das Aufschreiben lohnt. Es kann ein Gedanke sein, ein Gefühl, eine Gewohnheit oder eine Arbeitsmethode.

Bewusstwerden
Sie sind sich einer Sache bewusst(er) geworden, die schon länger in Ihnen schlummernd präsent war. Sie hatten eine vage Ahnung davon, oder Sie hatten bereits unbewusst damit gearbeitet. Jetzt können Sie es besser beschreiben, zulassen oder anwenden.

Bestätigung
Sie wurden in etwas bestätigt, was Sie bereits wussten, gefühlt haben oder konnten. Das macht Ihr Urteil sicherer, lässt Sie mehr auf Ihr Gefühl oder auf eine bestimmte Fähigkeit vertrauen.

Fragen
Sie haben andere oder neue Fragen gefunden. Eine Frage öffnet, eine Antwort schließt ihre Untersuchung ab. Es können Fragen nach Wissen und Erkenntnis sein oder Fähigkeiten betreffend. Die Fragen können sich auch auf Ihre Einstellung zum Leben, zur Weise, wie Sie im Leben stehen, beziehen.

Methodische Hinweise
Lesen Sie die oben genannten Vorschläge als Anregung für Ihre Suche nach Erträgen. Sie sollen damit nicht spontan aufkommende Beobachtungen behindern.

Sammeln Sie Ihre Ergebnisse, ohne sich Ihre Fragestellung aus Aufgabe 1 und 9 genau zu vergegenwärtigen. Es ist unvermeidlich, dass Sie sich an Ihre Frage erinnern, versuchen Sie jedoch, sie sozusagen halb bewusst in den Hinterkopf zu schieben. Das Resultat wird selektiver, und dadurch weniger ertragreich, wenn Sie vorher Ihre Frage exakt reproduzieren.

Diese Aktivität ist hauptsächlich für Sie gedacht. Um jedoch die anderen effektiv in Ihren Untersuchungsprozess einzubeziehen ist es wichtig, dass sie über das Ergebnis dieses Auslotens informiert sind.

Im Gespräch

Sie tauschen aus, was Sie herausgefunden haben. Die Zuhörer ergänzen Ihre Darstellung aufgrund ihrer Erfahrungen in den zurückliegenden Besprechungen.

Abrundung

Jeder notiert, was er oder sie festhalten möchte.

Noch einmal: meine Frage

Aufgabe 17

Eine Frage, mit der Sie kämpfen, kann im Lauf der Zeit in den Hintergrund treten. Das Leben trägt einen weiter, anderes wird wichtig. Neue Fragen melden sich. Oder die alte Frage verschiebt sich und gibt ein tiefer liegendes Thema frei. Daher ist es richtig, seine Fragen eventuell »nachzueichen«, sie zu überprüfen oder neu zu formulieren.

Für Sie selbst

1 Formulieren Sie, nach dem Sammeln Ihrer Ergebnisse von Aufgabe 16, erneut Ihre Frage bezogen auf Ihren Lebenslauf und Ihre berufliche Situation. Überlegen Sie, weshalb Sie die Untersuchung fortsetzen möchten und welche Ergebnisse Sie *heute* davon erwarten. Formulieren Sie das in einer einzigen Frage. Achten Sie bei der Formulierung auf folgende Kriterien:

- in einem kurzen Satz
- der das Wort »ich« enthält
- mit einem Fragezeichen am Ende
- und auf das gerichtet, was Sie in der Zukunft wollen.

2 Vergleichen Sie die neu formulierte Frage mit den früheren (Aufgabe 1 und 9). Was ist daran anders? Was hat zu der neuen Frage geführt?

Im Gespräch

Einer erzählt, die anderen hören zu und charakterisieren. Die Zuhörer können dem Erzähler helfen, konkrete Beispiele zu finden, in denen die Frage aktuell ist.

Abrundung

Jeder schreibt auf, was er oder sie festhalten möchte und korrigiert, falls erforderlich, seine Fragestellung.

Für Sie selbst

Abschnitt 4

Wer bin ich?

Die vertiefte Einsicht in Ihr Leben und die Kräfte, die auf es eingewirkt haben, können in ein Nachdenken über die Frage münden, wer Sie sind. Was ist charakteristisch an all diesen Erfahrungen? Was gehört wirklich zu Ihnen? Was ist das für ein Mensch, der das alles durchgemacht hat? Ein tieferer Kontakt zu sich selbst ist eine wichtige Voraussetzung, bewusster und sicherer in die Zukunft gehen zu können.

Aufträge

Erläuterungen

Unterstützende Übung

Aufgabe 18

Wie erlebe ich mich selbst?

Was für ein Gefühl kommt in Ihnen auf, wenn Sie sich betrachten? Sind Sie mit sich einigermaßen zufrieden? Oder empfinden Sie Scham, Trauer oder ähnliches? Schrecken Sie davor zurück, sich selbst anzusehen? Wie man sich selbst erfährt, beeinflusst unterschwellig alles, was man tut.

Drücken Sie die Stimmung aus, die in Ihnen aufkommt, wenn Sie an sich selbst denken. Tun Sie es mit Farbe und Bewegung auf Papier.

Methodische Hinweise

Nehmen Sie Ihr Logbuch oder ein loses Blatt Zeichenpapier, die Pastellkreiden und die Holzkohle.

Ehe Sie anfangen: Konzentrieren Sie sich auf das Gefühl, das Sie empfinden, wenn Sie an sich denken. Lassen Sie sich Zeit. Ertragen Sie es eine Weile, im Zentrum Ihrer Aufmerksamkeit zu stehen.

Denken Sie beim Ausführen der Aufgabe nicht allzuviel nach. Vertrauen Sie Ihren Händen und Ihrer spontanen Farbwahl. Lassen Sie zu, was kommt, und vermeiden Sie konkrete Darstellungen.

Im Gespräch

Erläuterung: Arbeiten mit Farbe (S. 39)

Falls Sie diese Aufgabe gemeinsam besprechen, sollte jeder der Reihe nach sein Stimmungsbild zeigen, ohne anzugeben, wie es entstanden ist, was es bedeutet usw. Die anderen betrachten und charakterisieren es.

Nachdem die Betroffenen auf die Charakterisierungen reagiert haben, wird über die Frage gesprochen, was im Stimmungsbild mehr auf die momentane Stimmung oder aktuelle Situation hinweist und was eher der Grundstimmung des Betreffenden im Hinblick auf sich selbst entspricht. Wie wirkt sich letztere auf sein Leben aus?

Abrundung

Schließlich schreibt jeder auf, was er oder sie festhalten möchte.

Für Sie selbst

Themen in meinem Leben

Aufgabe 19

Betrachten Sie noch einmal die Resultate der vorangegangenen Aufgaben und überlegen Sie, ob Ihr bisheriges Leben bestimmte Themen aufweist. Erkennen Sie Themen, die in einer bestimmten Periode vorherrschten, eine Weile untergetaucht sind, um später wieder zum Vorschein zu kommen, und erkennen Sie auch Themen, die in Ihrem Leben ständig da sind?

Notieren Sie diese Themen in Ihr Logbuch und erläutern Sie diese mit Fragen wie:

- Wie hat sich das Thema zum ersten Mal manifestiert?
- In welcher Periode war es da?
- Welche Menschen hatten damit zu tun?
- Wie sind Sie mit diesem Thema umgegangen?

Methodische Hinweise

Die obigen Fragen sind Vorschläge. Setzen Sie in den Erläuterungen Ihre eigenen Akzente.

Wir wollen nicht vorgeben, was als »Thema« gelten soll. Das bestimmen Sie. Alles mögliche kommt als Thema in Frage:

- Brückenschlagen zwischen Menschen;
- Menschen führen;
- nach der rationellsten Lösung suchen;
- mit Unsicherheit oder Angst umgehen;
- eigene Grenzen erfahren;
- die Konfrontation mit Leiden oder Tod suchen;
- den eigenen Körper erleben und genießen.

Die Themen können klein oder groß sein, eher praktisch ausgerichtet oder hoch moralisch. Sie können auch aus dem Gebiet von Hobbies oder Interessen stammen wie Musik, Technik, Reisen in ferne Länder. Die zentraleren Themen sind jedoch die wiederkehrenden oder bleibenden Motive, die einen existentiellen Charakter haben. In diesen Themen liegt der Sinn Ihres Lebens, ganz bestimmt in »dem« Lebensthema. In gewisser Weise kann man dabei von seinem »Schicksal« sprechen.

Das Schicksal eines jeden Menschen ist ein Mysterium. Wenn wir hier von *dem* Lebensthema des Menschen sprechen, geht es nicht darum, dieses Mysterium in ein paar Schlagwörtern zu fassen. Aber die Suche nach diesem einzigartigen Lebensthema hilft Ihnen, sich dem anzunähern.

Man kann sein gelebtes Leben als ein Musikstück sehen, das von einem selbst und von anderen komponiert wurde. In ihm kommen verschiedene Themen vor, in allerlei Variationen und mit immer wieder anderen Instrumenten zum Ausdruck gebracht. Manchmal scheint ein bestimmtes Thema verschwunden zu sein, kommt jedoch in einem anderen Teil der Partitur wieder zum Vorschein. Durch aufmerksames Zuhören und Vertiefung in die Komposition kann man vielleicht ein zentrales Thema entdecken, das in allem mitklingt.

Oft ergeben sich daraus zwei oder drei Kernthemen. Wenn Sie noch weitere finden, stecken Sie vermutlich noch im Bereich der zentralen Themen Ihres Lebens. Versuchen Sie dann in der Suche nach dem Wesen noch einen Schritt weiterzugehen.

Im Gespräch

Reihum bringt jeder seine Themen ein. Ziel des Gesprächs ist:
- ein besseres oder tieferes Verständnis für die eigenen Themen zu bekommen, vor allem für das zentrale Lebensthema;
- abzutasten, welche Themen (vorläufig) abgeschlossen sind und welche in der Zukunft eine Fortsetzung oder erneute Aufmerksamkeit notwendig machen.

Das Lebensthema steht oft derart im Zentrum, flicht sich so sehr als roter Faden durchs Leben, dass es nicht abgeschlossen wird. Es taucht immer wieder in neuer, oft unerwarteter Form auf.

Im Lauf der Zeit lernt man es besser und schneller zu erkennen und findet auch neue Wege, damit umzugehen.

Methodische Hinweise

Der Sprecher bekommt die Gelegenheit, seine Themen zu nennen und kurz anhand folgender Fragen zu illustrieren:
- Wann kam das Thema vor und wo?
- Wie ging und geht er damit um?
- Wie stark ist oder war er mit dem Thema verbunden?

Die anderen achten auf:
- andere Themen, die in den genannten Themen anklingen;
- sein Lebensthema (dies kann ein anderes sein, als der Erzähler selbst meint);
- das Charakteristische seiner Beziehung zu den Themen;
- die Bedeutung, die das Thema für die Zukunft des Erzählenden hat.

Nachdem die Zuhörer das alles dem Erzählenden »zurückgegeben« haben, sucht sich dieser ein oder zwei Reaktionen aus, die ihn überrascht oder getroffen haben und auf die er näher eingehen möchte.

Hinweis:
Das Gespräch (S. 110)

Abrundung

Am Ende fasst jeder seine Schlussfolgerungen anhand folgender Fragen zusammen:
- Was sind die wichtigsten Themen in meiner aktuellen Lebensphase?
- An welchen Themen möchte ich bewusst weiterarbeiten?
- Was sehe ich als mein Lebensthema?

Teilen Sie Ihre Schlussfolgerungen den anderen mit, und halten Sie diese in Ihrem Logbuch fest.

Das Gespräch

»Was ist herrlicher als Gold?« fragte der König.
»Das Licht,« antwortete die Schlange.
»Was ist erquicklicher als Licht?« fragte jener.
»Das Gespräch,« antwortete diese.
J.W. von Goethe

In der oben zitierten Passage wird das Gespräch »erquicklicher« als Licht genannt. Viele Gespräche, die wir täglich führen, sind jedoch alles andere als erquicklich. Sie laugen einen aus und fressen unglaublich viel Energie. Wie muss ein Gespräch geführt werden, um erquicklich zu sein? Der österreichisch-englische Psychotherapeut Hans Schauder (vgl. Lefébure 1995) sieht das Gespräch, vor allem das »helfende Gespräch«, als einen kreativen Prozess, dem Schöpfungsprozess in der Kunst sehr verwandt. Ob diese Qualität in einem solchen Gespräch erreicht wird, hängt u.a. davon ab:
- wie man als Helfer mit Empathie und Konfrontation umgeht;
- dem Maß seiner Authentizität;
- einigen gesprächstechnischen Voraussetzungen.

Es sind Punkte, die in allen helfenden Gesprächen eine Rolle spielen. Hier werden sie im Rahmen des Gesprächs über die Lebensthemen ausgearbeitet.

Empathie und Konfrontation

Bei einem Gespräch über Themen kann man zwei unterschiedliche Haltungen der Gesprächspartner gegenüber dem unterscheiden, der das Thema einbringt. Beide sind fruchtbar und hilfreich für ihn: die empathische und die konfrontierende Haltung.

Die *empathische* ist die des Einlebens, Mitlebens und Mitbewegens mit dem »Eigentümer« dieser Themen. Es ist eine warme Haltung, die versteht und akzeptiert. Man verbindet sich gewissermaßen mit dem Erzähler und spiegelt ihm vor allem seine eigenen Gefühle und Absichten zurück. Dadurch kann er unterstützt und ermutigt werden, sich noch mehr auszusprechen, auch dort, wo emotionale Blockaden liegen. Wenn Menschen ein Thema haben, das schmerzliche oder betrübliche Folgen hat, kann eine solche Grundhaltung sehr helfen. Ein Beispiel einer empathischen Reaktion:

»In dem Moment, in dem du beim Thema ›Verantwortung übernehmen‹ davon gesprochen hast, wie du das Angebot Niederlassungsleiter zu werden, abgelehnt hast, sah ich, wie du unruhig geworden bist und ich hörte, wie du zu stottern angefangen hast. Ich bekam das Gefühl, dass dir das Angebot genauso wie deine Ablehnung Angst eingejagt haben, stimmt's?«

Bei der *konfrontierenden Haltung* verhält man sich zum Erzähler kritisch, aber engagiert. Statt Verständnis und Akzeptanz spürt die Person, die ihre Themen einbringt, jetzt einen Widerstand, der sie auf sich zurückwirft und dazu herausfordert, klarer zu werden, tiefer zu graben oder einen deutlicheren Standpunkt einzunehmen. Die Konfrontation hat mehr den Charakter des Wachrüttelns. Vor allem wenn Menschen ständig verschlüsselt reden oder ausweichend antworten, vage und nichtssagend bleiben oder unecht, kann eine Konfrontation helfen. Etwa:

»Ich höre eine gewisse Gleichgültigkeit heraus, wenn du über deine Themen sprichst. Als würde es dich gar nicht interessieren. Warum sitzt du eigentlich hier?«

Viele Menschen finden Empathie sympathischer als Konfrontation. Dennoch behaupten viele, eine harte Konfrontation habe ihnen am meisten gebracht.

Authentizität

Man ist »authentisch«, wenn das Verhalten mit dem im Einklang ist, was man in sich fühlt. Beide oben näher erläuterten Haltungen verlangen vom Gesprächspartner, dass er zuhört und spricht, weil er wirklich helfen möchte.

Die Konfrontation darf nie derart entgleisen, dass man jemanden zurechtweist oder aufgrund der Tatsache Punkte zu machen versucht, dass man den anderen »durchschaut«. Konfrontieren ist in einem helfenden Gespräch nur dann sinnvoll, wenn es auf der Grundlage der Betroffenheit des Gesprächspartners geschieht.

Aber auch Empathie kann entgleisen. Etwa, wenn man eigene Gefühle und Emotionen auf den Erzähler projiziert, beispielsweise weil man etwas aus eigener Erfahrung kennt oder sich Gedanken macht, wie man selbst in einer solchen Situation reagieren würde.

Es gibt zwei Anker, die Authentizität gewährleisten können. Der erste ist das Wahrnehmungsmaterial, das, was der Erzähler eingebracht hat. Der zweite, dass man danach strebt, man selbst zu sein, mit seinem eigenen Ich in Verbindung zu stehen und dies im helfenden Gespräch bewusst einzusetzen.

Einige gesprächstechnische Voraussetzungen

Um Themen anderer zuhörend in sich aufnehmen zu können, muss man zuallererst innerlich ruhig sein. Eigene Sorgen müssen bewusst zur Seite geschoben werden, um sich dem anderen wirklich öffnen zu können. Gelingt es einem nicht und er möchte trotzdem mitarbeiten, ist es gut, wenn er das Problem mit den anderen besprechen kann. Die Gruppe sollte sich dann damit befassen, ohne dabei das gemeinsame Ziel und die verfügbare Zeit aus dem Blick zu verlieren.

Beim Zuhören geht es darum, sich in die Person des anderen einzuleben. Das gelingt umso besser, je mehr der Zuhörer nicht nur auf den Inhalt achtet, sondern auch auf die Gefühle und Absichten, die in der Geschichte mitschwingen. Dazu muss man nicht nur mit den Ohren zuhören, sondern auch mit den Augen, dem ganzen Wesen und vor allem mit dem Herzen. Dann kann man aus den Worten Freude oder Kummer, Verbundenheit oder Gleichgültigkeit, Zweifel oder Entschlossenheit usw. heraushören.

Wenn die Geschichte erzählt ist und der Sprecher zum Zuhörer wird, ist er an der Reihe, innerlich ruhig die Reaktionen und Kommentare der anderen in sich aufzunehmen und zu verarbeiten. Durch die Gefühle und Emotionen, die durch die Beiträge der anderen geweckt werden, kann dies schwierig sein, aber auch durch die eigene kritische Haltung, die einen daran hindert, offen zuzuhören.

Übungstip

Suchen Sie in nächster Zeit einige Gespräche, in denen Sie um Rat gefragt werden oder jemand bei Ihnen sein Herz ausschütten möchte. Üben Sie in diesen Gesprächen die empathische wie die konfrontierende Gesprächshaltung. Lassen Sie sich bei der Wahl der jeweiligen Haltung von dem leiten, was der Erzähler einzubringen hat. Und beobachten Sie, was dabei mit Ihnen und dem anderen geschieht.

Wenn man sich unverstanden oder angegriffen fühlt, sollte man diese Gefühle den anderen gegenüber äußern. Verteidigen oder opponieren Sie nicht gegen die Beiträge, das ist sinnlos. Es ist wichtiger, für Überraschungen empfänglich zu sein. Sie finden sich oft zwischen dem, was man schon lange weiß und dem, was man nicht sehen will. Eine Überraschung ist in dem Fall etwas, durch das man positiv oder negativ getroffen wird; etwas, das man sofort als richtig erkennt, obwohl man davor vielleicht noch zurückschreckt oder noch nicht einmal auf die Idee gekommen war, es so zu sehen.

Wenn man an diesen schwierigen inneren Prozess für den denkt, der die Themen einbringt, ist es wichtig, dass die Beiträge der anderen Gesprächspartner in aller Ruhe aufeinanderfolgen. Vermeiden Sie eine Stimmung, in der jeder ungeduldig darauf wartet, seine wichtige Botschaft loszuwerden. Es ist besser, die Beiträge wenn möglich aufeinander folgen zu lassen. Wenn ein Punkt ausreichend behandelt ist, können die anderen Punkte vorgenommen werden. Beiträge, Kommentare, Vorschläge, Fragen usw. werden überzeugender, wenn sie kurz und klar sind. Oft entkräften Gesprächsteilnehmer selbst sehr wertvolle Beiträge, indem sie alle möglichen Erklärungen, Erläuterungen beifügen oder alles zu vorsichtig verpacken. Dann verheddert sich jeder darin. Daher: Die Rede sei kurz, klar und direkt.

Eine andere wichtige Voraussetzung, die innere Ruhe

zu wahren, ist eine klare Zeiteinteilung: Vor dem Gespräch muss schon für jeden klar sein, wann seine Themen an der Reihe sind und wieviel Zeit pro Person zur Verfügung steht. Unsere Erfahrung hat gezeigt, dass die Themen einer Person in einer halben bis dreiviertel Stunde besprochen werden können. Man muss sich jedoch genau an die verabredete Zeit halten, denn Gespräche über Themen können leicht ausufern. Zwischen zwei Personen, die Themen einbringen, sollte man eine kurze Pause einplanen, um so ausreichend Abstand zum Vorherigen zu schaffen und sich auf das einzustellen, was kommen wird.

Aufgabe 20

Die Arbeit ist die Verbindung zur Welt. Sinn und Zweck der Arbeit liegen nicht in einem selbst: man arbeitet objektiv gesehen für andere, für »Kunden«. Durch seine Arbeit und in der Zusammenarbeit mit anderen entwickelt man sich jedoch gleichzeitig als Person: man wird in manchen Arbeitsgebieten geschickter, in anderen »aus Schaden klüger«. Was verraten Ihnen Ihre verschiedenen Arbeitserfahrungen?

Noch einmal: das Arbeitsleben

Für Sie selbst

1 Blicken Sie noch einmal auf die wichtigsten Ereignisse und Phasen Ihres Arbeitslebens zurück und achten Sie vor allem auf die Kurswechsel, also auf die *Veränderungen* in Ihrer Karriere bis heute. Beantworten Sie Fragen wie:

- Um welche Art von Veränderung hat es sich gehandelt?
- Was ist genau vorgefallen?
- Wodurch wurde die Veränderung ausgelöst? Beispielsweise: aus eigenem Antrieb, von anderen dazu aufgefordert, durch eine verlockende Stellenanzeige?
- Aus welchen Gründen haben Sie damals den Kurs gewechselt?
- Wie haben Sie von der alten Situation, Ihrem Arbeitsplatz Abschied genommen?
- Wie haben Sie in der neuen Situation angefangen?

Versuchen Sie, eine gewisse Distanz zu den Antworten auf diese Fragen zu gewinnen, und überlegen Sie, was die Antworten über Sie und Ihre Beziehung zu Ihrer beruflichen Situation aussagen.

2 Schauen Sie noch einmal auf die aufeinanderfolgenden Phasen Ihres Arbeitslebens zurück, und überlegen Sie, was Ihnen jede Phase gebracht hat.
Stellen Sie sich Fragen wie:

- Was ist mir in dieser Phase gut gelungen, und was fiel mir schwer?
- Mit welchen Menschen hatte ich in dieser Phase zu tun, und was haben Sie mir bedeutet?
- Welche Fähigkeiten habe ich in den verschiedenen Phasen meines Arbeitslebens entwickelt?

3 Was waren die charakteristischen Themen Ihres Arbeitslebens? Erläutern Sie diese kurz wie in Aufgabe 19.

4 Untersuchen Sie, ob und in welchem Umfang Ihre Themen und das Lebensthema aus Aufgabe 19 Ihre Arbeit und Ihre berufliche Situation beeinflusst haben.

Methodische Hinweise

Zu 1: Beispiele eines solchen Kurswechsels oder einer Veränderung können sein:
- vom Mitarbeiter zum Chef werden;
- von einer Stabs- in eine Linienfunktion wechseln;
- von der Industrie ins Gesundheitswesen;
- von der Automatisierung zur Personalarbeit;
- vom Zentrum an die Peripherie, d.h. von starker Bindung an die Organisation, im Zentrum der Aktivitäten stehend, zu einer lockereren Bindung, mehr distanziert.

Zu 2: Auch Menschen, die es Ihnen schwer gemacht haben, sogar die, mit denen Sie Konflikte hatten, können großen Einfluss auf Ihr Leben gehabt haben. Diese können bei Ihnen die Entwicklung von Fähigkeiten in Gang gesetzt haben, die Sie sonst nicht entwickelt hätten.

Zu 3: Themen aus Ihrem Arbeitsleben können Fragen oder Aufgaben sein, mit denen Sie sich während Ihrer Arbeit längere Zeit auseinandergesetzt haben. Etwa: das Aufbauen einer Managementausbildung, die Einführung der Automatisierung, die Pflege von Todkranken.

Durch weitere Überlegungen können Sie noch tiefer auf den Grund gehen: Was war dabei essentiell für mich, worum ging es mir eigentlich?

Sie können sich auch überlegen, was für Sie bei dieser Aufgabe oder Frage schwierig war und ob diese Schwierigkeiten später, an anderem Ort und in anderer Weise, noch einmal aufgetaucht sind.

Die Themen, auf die Sie stoßen, könnten mehr den Charakter eines Ideals oder eines Leitgedankens haben, z.B. Menschen stärker in die Gestaltung Ihrer Lebens- und Arbeitsumgebung einzubeziehen, für eine bessere Umwelt zu arbeiten oder für eine integrierte Krankenpflege. Versuchen Sie diese Ideale noch enger mit Ihrer Person zu verknüpfen, indem Sie darüber nachdenken, was das eigentliche Thema war und wie dieses in Ihrem Leben immer noch eine Rolle spielt.

Zu 4: Wie die Themen aus Aufgabe 19 mit dem Arbeitsleben zusammenhängen, ist von Mensch zu Mensch anders. Ihre Themen können z.B. überhaupt keinen Bezug zu Ihrer beruflichen Situation haben oder sich nur indirekt darauf beziehen, sich aber gerade hauptsächlich im Arbeitsleben zeigen.

Im Gespräch

Falls Sie diese Aufgabe gemeinsam besprechen, erzählt jeder der Reihe nach, was er oder sie herausgefunden hat. Versuchen Sie dabei so konkret wie möglich zu sein. Konzentrieren Sie sich so stark wie möglich auf die Arbeitssituation (eine gewisse Überschneidung mit Aufgabe 19 wird dabei sicherlich nicht zu vermeiden sein) und beantworten Sie folgende Fragen:

- Wann tauchte das Thema in Ihrem Arbeitsleben auf und wo?
- Wie gingen und wie gehen Sie damit um?
- Wie (stark) war oder ist Ihre Bindung zu diesem Thema?
- Welche Rolle spielte und spielt das Thema in Ihrem Leben und IhrerArbeit?

Die anderen achten auf:

- andere Themen, die durch die genannten Themen anklingen;
- das Leitthema im Arbeitsleben des Erzählenden
- das Charakteristische seiner Beziehung zu den Themen;
- die Bedeutung, die das (Leit-)Thema für die Zukunft des Erzählenden hat.

Nachdem dies alles dem Erzähler »zurückgespiegelt« wurde, wählt dieser ein oder zwei Reaktionen aus, die ihn überrascht oder getroffen haben und auf die er näher eingehen möchte.

Abrundung

Am Ende fasst jede ihre Schlussfolgerungen an Hand folgender Fragen zusammen:

- Was sind im Augenblick die wichtigsten Themen in meinem Arbeitsleben?
- An welchen Themen möchte ich bewusst weiterarbeiten?
- Was ist für mich das Leitthema meines Arbeitslebens?

Teilen Sie Ihre Schlussfolgerungen den anderen mit und halten Sie diese in Ihrem Logbuch fest.

Unterstützende Übung: Wende

Für Sie selbst

Nehmen Sie ein DIN A3-Blatt Zeichenpapier und machen Sie es zum Quadrat, indem Sie einen Streifen abschneiden. Den abgeschnittenen Streifen können Sie als Schmierpapier verwenden. Legen Sie die Holzkohle und die drei Pastellkreiden (dunkelrot, ultramarinblau und hellgelb) bereit.

Setzen Sie sich bequem hin und entspannen Sie sich. Versuchen Sie ruhig zu atmen und atmen Sie vor allem gut aus.

1 Schwärzen Sie das Papier vom Rand her ein, aber lassen Sie in der Mitte einen hellen Fleck. Arbeiten Sie von außen nach innen, also vom gesamten Umriss her hin zur Blattmitte.
Arbeiten Sie in Schichten, damit die Intensität allmählich stärker wird und machen Sie, immer vom Rand her nach innen arbeitend, den Übergang vom Dunklen zum Hellen so stufenlos wie möglich. Je intensiver das Dunkel an der Außenkante ist (lassen Sie auf keinen Fall einen weißen Rand), desto heller leuchtet der Lichtfunke, den Sie im Mittelpunkt stehen lassen. Versuchen Sie das Licht soweit wie möglich zurückzudrängen. Fangen Sie mit Blau an, fügen Sie Schwarz hinzu und arbeiten Sie dann abwechselnd mit Schwarz und Blau.

2 Ändern Sie nun die Arbeitsrichtung: Arbeiten Sie von innen nach außen. Sie machen jetzt dasselbe Blatt immer strahlender und flammender und zwar so, dass es im Zentrum kräftiger ist als am äußeren Rand. Arbeiten Sie schrittweise, immer von innen nach außen und immer rundherum. Je intensiver das Licht und das Feuer innen ist, desto schwächer wird der dunkle Rest am äußeren Rand, den Sie zu erhalten versuchen. Versuchen Sie, das Licht und das Feuer möglichst intensiv zu machen und auszubreiten. Fangen Sie mit Gelb an, geben Sie dann Rot dazu und arbeiten Sie dann abwechselnd mit Rot und Gelb.

Methodische Hinweise

Sie arbeiten mit Pastellkreide, die leicht zerbröselt, vor allem die blaue Kreide. Wenn Sie die Papierbanderole abnehmen und mit der liegenden Kreide arbeiten, können Sie größere Flächen bearbeiten, der Stift wird jedoch schnell dünner.

Machen Sie sich von dem Gefühl frei, Sie müssten etwas Schönes gestalten; das ist nicht wichtig. Es geht um den inneren Prozess, den Sie in dieser Übung durchleben können. Dafür ist die angegebene Arbeitsweise wichtig.

Sie können eventuell unversehens einen Widerstand dagegen spüren, noch weiter ins Dunkle oder auch ins Licht und Feuer zu gehen. Hören Sie auf dieses Gefühl in sich; geben Sie nicht zu schnell auf, zwingen Sie sich aber auch nicht zum Weitermachen.

Im Gespräch

Jeder zeigt der Reihe nach seine Arbeit, die anderen charakterisieren sie. Darauf wird der Arbeitsprozess jedes einzelnen in folgenden Punkten nachbesprochen:

- Was bedeutete es für Sie, das Dunkel zu zeichnen, den Prozess umzukehren und das Licht zu zeichnen?
- Was für ein Verhältnis haben Sie zu Licht und Dunkelheit?
- Sagt das etwas darüber aus, wie Sie sich bisher in schwierigen Situationen verhalten haben?
- Was bringt diese Aufgabe für Ihre Frage?

Mit dieser Übung werden folgende Fertigkeiten oder innere Fähigkeiten angesprochen:

- sich mit einer Aufgabe »mitzubewegen« ;
- weiterzuarbeiten, ungeachtet innerer Reaktionen und anderer Ablenkungen;
- was entsteht, zuzulassen und darauf einzugehen;
- zu beobachten und zu unterscheiden, was um Sie herum (auf dem Papier) und was in Ihnen geschieht.

Beispiele für diese Übung: Abb. 4 (nach S. 48)

Abrundung

Am Ende notiert jede, was sie festhalten möchte.

Ihr Menschenbild?

»Das Leben muss rückwärts verstanden und vorwärts gelebt werden« – sagte Sören Kierkegaard, der Philosoph aus Kopenhagen im neunzehnten Jahrhundert. Rückwärts verstehen bedeutet, zurückblicken auf das Leben, das hinter einem liegt – mit all seinen Ereignissen, den Perioden, wiederkehrenden Themen usw. – und zu sehen, was für das eigene Leben kennzeichnend ist, was zu einem gehört und einen vermutlich auch die nächsten Jahre begleiten wird, wie z.B. das individuelle Lebensthema.

So zurückblickend kann sich einem die Frage nach dem Sinn all der Dinge stellen, die einen geformt haben. Was fängt man damit an? Bist du das jetzt oder hast du es erfasst? Und dahinter verbirgt sich die Frage nach der Freiheit. Wieviel Entscheidungsfreiheit hat man? Kann man sich aussuchen, in welche Richtung das Leben weitergeht?

Das hängt davon ab, wie man Menschen sieht, welches Menschenbild man hat.

Unserer Meinung nach ist es sinnvoll, sich darüber klar zu werden, wie man selbst auf Menschen blickt und welches Bild vom Menschen die Leute um einen herum haben. Man kann auch sein eigenes Menschenbild in Frage stellen und, falls erforderlich, ändern und weiterentwickeln. Es ist typisch für unsere Zeit, in der es kein allgemein akzeptiertes Menschenbild gibt, dass jeder sein eigenes Menschenbild findet – und es vielleicht immer wieder aufs neue finden muss.

Wir geben im Folgenden eine Reihe von Bildern wieder, die wir kennengelernt haben. So simpel sind sie meist allerdings nicht. Das Menschenbild, das Menschen in sich tragen, ist häufig komplex und setzt sich aus verschiedenen Teilaspekten zusammen.

Der Mensch ist im Grunde gut.

Der Mensch ist im Grunde schlecht.

Der Mensch ist wie eine Maschine (das Herz eine Pumpe, der Kopf ein Computer).

Der Mensch ist ein subtiles Gleichgewicht von physikalisch-chemischen Prozessen, Hormonen, Temperatur etc.

Der Mensch ist ein biologisches Wesen, das Ergebnis des DNS-Codes, der Vererbung etc.

Der Mensch ist aus Werten, Normen, Verhaltensmustern u.ä. zusammengesetzt, die aus Erziehung und Umgebung stammen.

Der Mensch ist eben so, wie er ist, er existiert eben.

Der Mensch ist ein geistiges Wesen, er hat teil an einer Welt, die für das normale Auge nicht sichtbar ist.

Ihr Menschenbild?

Der Mensch ist determiniert, er kann nur innerhalb enger Grenzen frei handeln.

Der Mensch hat einen eigenen, freien Willen; er kann entscheiden, wohin er gehen, wozu er sich entwickeln möchte.

Übungstip

Achten Sie eine Woche lang darauf, was Menschen über Menschen sagen – im Fernsehen, im Radio, in der Presse. Notieren Sie die Aussagen und charakterisieren Sie das Menschenbild, das sich darin ausdrückt.

Nach unserem Menschenbild ist der Mensch ein *Grenzgänger*, ein Wesen, das zwischen polaren Kräften lebt, die er in sich selbst vereinen kann.

– Er ist ein Grenzgänger in der Zeit, der zwischen Gestern und Morgen lebt, im Wechsel von Tag und Nacht, Hell und Dunkel.

– Er ist ein Grenzgänger im Raum dieser Welt, mit dem Kopf in den Wolken und den Füßen auf der Erde oder mit seinem Raumschiff zwischen Sonne und Erde. Er lebt auch zwischen Luftschlössern und irdischer Nüchternheit, zwischen Idealvorstellungen und der Realität, zwischen dem, wozu er glaubt, fähig zu sein und dem, was er wirklich tut.

– Er ist ein Grenzgänger in seiner Beziehung zu anderen Menschen und allem, was ihn umgibt, lebend zwischen dem, was er um sich herum wahrnimmt, spürt und was er in sich als Gedanken, Gefühle, Emotionen und Impulse erlebt.

Der Grenzgänger ist der Manager oder Steuermann, der seinen Weg in diesen verschiedenen Dimensionen oder Bereichen sucht, um sich weiterzuentwickeln.

Die Frage ist aber: Für welches Menschenbild entscheiden Sie sich?

Wer bin ich?

Es gibt Augenblicke im Leben, in denen man auf sich selbst zurückgeworfen wird und solche oder ähnliche Fragen auftauchen: »Wer bin ich eigentlich?«, »Was habe ich mit meinem Leben vor?«, »Was ist der Sinn meines Seins?« Diese Fragen können sich auch stellen, wenn man beim Arbeiten mit diesem Buch bewusst bei seinem Leben innehält.

Mit dem Aussprechen dieser Fragen weiß man sogleich, dass man in den meisten Fällen die Antwort schuldig bleiben wird, denn sie reichen über die Grenzen unseres normalen Bewusstseins hinaus. Diese Fragen beschäftigen bereits Tausende von Jahren die Menschheit. Alle möglichen Religionen und Weltanschauungen haben versucht, Antworten zu finden, aber der Mensch bleibt, um es mit Gabriel Marcel zu sagen, »sich selbst ein Rätsel«.

In Teil 2 dieses Buches finden Sie unter dem Titel »Wer bin ich?« ein Kapitel, in dem wir versuchen, etwas von unserer Weltanschauung zu zeigen, die von der Antroposophie inspiriert ist, aber auch von Autoren wie Carl Rogers, Viktor Frankl und Harry Mulisch. Im Anschluss folgt eine Zusammenfassung dieses Kapitels.

Der dreifache Mensch

Der Mensch ist ein Wesen, das auf verschiedenen Ebenen oder in verschiedenen Dimensionen zugleich lebt. Wir beschreiben den Menschen hier aus diesen drei Blickwinkeln.

Ich bin ein körperliches Wesen

Unsere Körper haben alle etwas Gemeinsames, aber gleichzeitig auch etwas höchst Eigenes. Diese Eigenheit zeigt sich am stärksten im Gesicht, kommt aber auch in Fingerabdrücken, im Gebiss, in den Organen etc. zum Ausdruck. Auch unsere Bewegungen sind sehr individualisiert.

Den größten Teil des eigenen Körpers kennt man nur von außen. In ihm laufen alle möglichen Prozesse ab, die man aus der Biologie oder der Medizin kennt, aber nicht aus »Innerem wissen«.

Indem ich das äußere Wissen von außen mit meinen eigenen inneren Erfahrungen verbinde, kann ich meinen eigenen Körper besser kennen lernen.

Ich bin ein Seelenwesen

Ich habe ein inneres Leben. Ich habe Gedanken, Ideen, Gefühle, Urteile, Wünsche etc. Noch stärker als mein Körper wird mein Seelenleben von der Wechselwirkung mit der Außenwelt geformt und gefärbt. Wenn das verloren geht, heißt es aufpassen. Wenn unsere Gedanken, Gefühle und Absichten nicht an die Außenwelt gekoppelt sind, können wir unrealistisch oder illusionär werden. In der Literatur nennt man dieses Phänomen »cocooning«: der Mensch, der in seiner eigenen Innenwelt, in einem »Kokon« eingeschlossen ist.

Wenn Menschen sich die Frage stellen: »Wer bin ich?«, interessiert sie dabei vor allem die Seele. Man fragt sich: »Wie ist eigentlich meine innere Struktur?«, »Weshalb reagiere ich so?«, »Wie erfahren mich andere?« Diese Fragen kommen meist aus dem Erleben der vielen Widersprüche in der Seele: irgendwo dazugehören wollen, aber auch seinen eigenen Weg finden wollen, Freude, die mit Kummer einhergeht, Freiheit, die immer nach einer Bindung verlangt etc.

Im Bereich des Seelischen sich selbst kennen zu lernen ist eigentlich nur im Gespräch möglich, in der Wechselwirkung mit dem anderen, obwohl individuelle Besinnung und Verarbeitung anschließend unentbehrlich sind.

Ich bin ein geistiges Wesen

Ich kann erleben, dass es in mir noch eine tiefere Dimension gibt als meinen Körper und meine eigene innere Welt. Obwohl mein Gefühlsleben dem Kern meiner Persönlichkeit sehr nahe kommt, ist dieser eigentliche Kern doch von einer anderen Kategorie. Es ist diese kleine, ungreifbare »Stelle« in mir, die unberührt bleibt, auch wenn das Leben äußerst schwierig wird; wenn die Gedanken zu einem großen Chaos zu werden scheinen, wenn die Gefühle einen zu überwältigen drohen und man sich ohnmächtig und apathisch fühlt. Das nennen wir unser »Ich«. Ich lerne mein Ich kennen, wenn ich gegen den Strom des Lebens schwimme. Wenn ich zum Beispiel fühle: »Jetzt muss ich etwas tun«, obwohl niemand das von mir erwartet und obwohl es vielleicht viel einfacher und vorteilhafter wäre, nichts zu tun. Aber ich tue es ohne Nachdenken. Ich stehe in dem Moment völlig allein und bin ruhig bei mir. Dann kann ich spüren: »Hier spricht mein Ich.«

Dieses Ich ist einzigartig. Es ist meine allerindividuellste Eigenheit. Es ist die Essenz dessen, der ich bin. Und es ist die Essenz, die mein Leben letztendlich lenkt. Das Ich ist im Prinzip Steuerkraft.

Durch die Erforschung der Vergangenheit, wie wir es hier getan haben, können wir uns stärker dieses Ichs bewusst werden. Durch dieses Ich können wir unser Leben besser in die eigene Hand nehmen, können wir uns selbst erziehen und sind wir weniger den Kräften unseres Körpers ausgeliefert oder den Einflüssen unserer Umgebung.

Das Ich ist von anderer Art als die beiden davor beschriebenen Dimensionen. Es kann nicht davon abgeleitet oder aus den beiden erklärt werden. Es ist eine dritte, separate Dimension unseres Wesens, die geistiger Natur ist, d.h. für unsere normalen Sinne nicht wahrnehmbar und mit unserem rationalen Denken nicht nachweisbar. Das Ich ist ein Teil einer geistigen Welt und mit ihr verbunden, einer Welt, die sich hinter der normalen, sichtbaren Welt verbirgt.

Durch unseren Körper sind wir mit der Erde verbunden. Nach dem Tod, wenn der Körper von der Seele und vom Ich verlassen ist, bleibt er auf der Erde zurück und wird wieder zu irdischem Staub. Mit unserem Ich sind wir ein Teil jener geistigen Welt, in die wir nach dem Tode zurückkehren

Der Mittelbereich zwischen dem irdischen Körper und dem geistigen Ich ist die Seele. Auf sie wirken die Kräfte des Körpers wie die des Geistes ein. Aber auch die Kräfte aus der Umgebung, vor allem die anderer Menschen. Inmitten dieser Kräfte entwickelt sich das ganze Leben lang die Seele. Nach dem Tod wird das Ergebnis dieser Entwicklung vom Ich in die geistige Welt mitgenommen.

Reinkarnation und Karma

Der Tod ist für uns kein definitiver Endpunkt, sondern ein Tor zu einer anderen Form des Lebens, eines Leben in der geistigen Welt. Dort werden die Ergebnisse des Lebens auf Erden verarbeitet. Wie Rudolf Steiner und andere Autoren

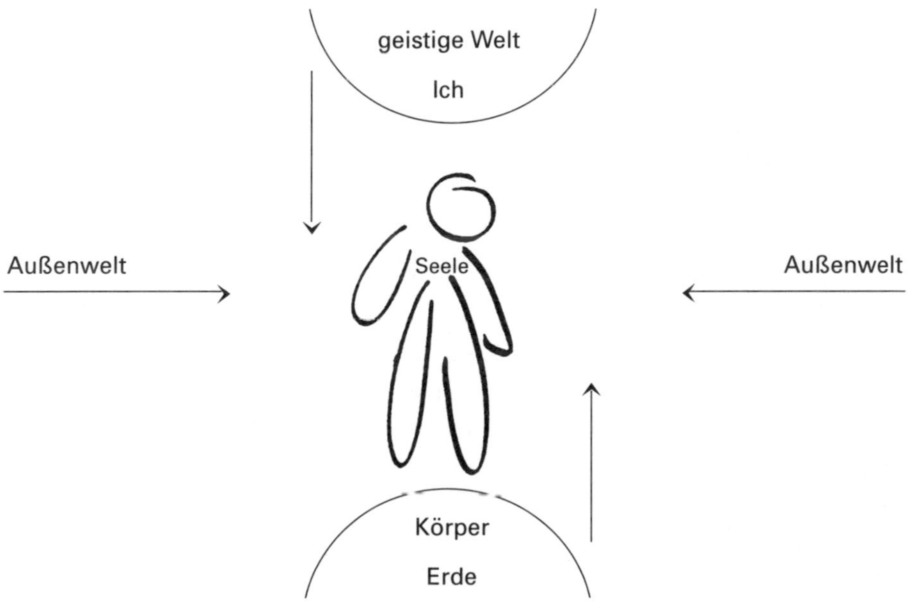

beschreiben, werden wir dann damit konfrontiert, wie wir uns in unserem Erdenleben gegenüber anderen verhalten haben. Wir erleben dann selbst die Freude und den Schmerz, die andere durch uns gefühlt haben. Auf diese Verarbeitungsphase folgt eine Periode, in der wir uns wieder auf ein nächstes Erdenleben vorbereiten.

Jedes Leben auf der Erde ist einseitig, weil man im Leben nicht alles zugleich sein kann: Chinese und Amerikaner, Zahnarzt und Politiker, Mann und Frau, armer Schlucker und Millionär. In jedem Leben entwickelt man bestimmte Seiten, andere bleiben unberührt.

Sobald man sich in der geistigen Welt auf eine neue Inkarnation vorbereitet, macht man sozusagen einen Entwurf für das nächste Leben im Hinblick darauf, wie man sich selbst entwickeln möchte. Gleichzeitig bezieht man dabei auch die Folgen vorangegangener Leben ein, z.B. sein »unfinished business« mit anderen Menschen, aber auch die in den früheren Leben entwickelten Denkschemata und Grundhaltungen, Dinge, die man vernachlässigt hat usw. Aus diesem Karma wählt man das aus, was man in den Plan für sein künftiges Leben einbauen wird.

Man selbst, aber auch andere (menschliche und übermenschliche) geistige Wesen arbeiten mit einer enormen Anspannung daran, damit man dann das Leben führen kann, für das man sich entscheidet, und auch noch seine Rolle im Leben anderer spielen kann. Um das zu bewerkstelligen, ist eine unvorstellbare kosmische Weisheit und Lenkung erforderlich.

In dem Augenblick, in dem wir auf der Erde geboren sind, haben wir das alles vergessen. Wir leben unser Leben, ohne uns des vorgeburtlichen Plans bewusst zu sein, unseres Aufenthalts in der geistigen Welt und der vorangegangenen irdischen Leben. Durch die Untersuchung seiner Biographie kann man dieser unbewussten Steuerung, die vom »Lebensplan« ausgeht, in gewissen Sinn auf die Spur kommen und den Sinn dessen erahnen, was in unserem Leben vor sich geht.

Dieser Beitrag soll Sie nicht zum Phantasieren über frühere Leben verführen. Wir wollten durch die Erläuterung unserer Vision unterstreichen, wie tief die Frage »Wer bin ich?« eigentlich geht. Außerdem gibt diese Vision zumindest uns, den Autoren, die Überzeugung, dass das Leben von Menschen, wie schwer es manchmal auch sein mag, nicht vergeblich ist.

Übungstip

Wählen Sie eine Person aus Ihrer nächsten Umgebung und folgen Sie Ihr drei Wochen lang. Versuchen Sie ihn in drei Bereichen zu beobachten: dem Körper, der Seele und dem Geist bzw. dem inneren ›Steuermann‹. Und notieren Sie, was Ihnen auffällt.

Meine Inspirationsquellen

Aufgabe 21

Für Sie selbst

Inspiriert einen die Arbeit, dann ist man mit Leib und Seele dabei. Man hat viel mehr Energie, und die eigene Begeisterung überträgt sich auf andere. Man kann aus den unterschiedlichsten Gründen seine Inspiration verlieren. Der Fluss trocknet aus, und man weiß nicht, wie man ihn wieder zum Fließen bringen kann. Neue Quellen der Inspiration zu finden (oder alte wieder neu zu entdecken) unterstützt die Arbeit an einer neuen Zukunft.

Bereiten Sie sich auf eine maximal siebenminütige Präsentation zum Thema: »Was inspiriert mich?« vor. Tun Sie es in ihren eigenen Worten; übernehmen Sie keine schönen Sätze aus Büchern oder von anderen. Bleiben Sie nahe bei sich, und flüchten Sie nicht in die Abstraktion. Erzählen Sie »auswendig«. Sie können aber einen Notizzettel mit einigen Anhaltspunkten zu Hilfe nehmen.

Methodische Hinweise
Folgende vier Fragen können Ihnen helfen, herauszufinden, was Sie inspiriert.

Welche »Idole« gab oder gibt es in meinem Leben?
Dabei geht es um Menschen, die Sie erlebt haben und die etwas taten, was Sie bewundern und gern selbst tun möchten. Es kann ein ehemaliger Lehrer sein, ein Verwandter, ein Künstler, ein Sportler oder eine Sportlerin, die Sie kennen, etc. Wählen Sie einen aus und beschreiben Sie anhand eines oder zweier konkreter Beispiele, was Ihre Bewunderung für diese Person weckt (geweckt hat).

Wo sitzt mein »Nein«?
Wozu haben Sie in letzter Zeit, wenigstens im letzten Jahr, laut »nein« gesagt? Beschreiben Sie bildhaft eine oder zwei solcher Situationen. Das »Nein« kann ausgesprochen oder auch nur innerlich erlebt sein. Manchmal ergibt es sich direkt aus der Situation, manchmal erst etwas später. Versuchen Sie, Ihre Haltung in diesen Situationen auszudrücken. Indem Sie sich bewusst werden, was Sie absolut *nicht* wollten, kann das, was Sie für sich wollen, klarer werden.

Wovon werde ich getroffen?
Suchen Sie in Ihrer Erinnerung nach Momenten in Ihrem Leben, in denen Sie von etwas getroffen wurden. Getroffen werden bedeutet, dass in Ihnen etwas geweckt wird. Das kann von Ergriffenheit begleitet sein, aber auch von einer überwältigenden Begeisterung, die Sie am liebsten herausschreien möchten.

Beschreiben Sie einige dieser Momente so bildhaft wie

möglich und machen Sie klar, was Sie getroffen hat. Es kann etwas sein, was Sie beim Lesen eines Buches anrührte, beim Sehen eines Films, beim Musikhören, es kann ein Ereignis sein, ein Satz oder etwas, was Sie getan haben. (Ein Teilnehmer beschrieb einmal, dass er sich von einem vierzig Meter hohen Getreideaufzug »abseilte«, frei in der Luft hängend; ein anderer wurde durch das Hören einer bestimmten Passage aus dem Requiem von Mozart getroffen, als er unterwegs im Stau stand.)

Wenn Sie auf etwas stoßen, was im allgemeinen ein »bewegender Augenblick« im Leben ist, wie die Geburt eines Kindes, der Tod der Eltern oder des Partners, dann versuchen Sie ganz genau das *für Sie* spezifische Element darin zu zeigen.

Was ist mein »Traum«?

Wenn Sie einmal alle konkreten Umstände und Möglichkeiten außer acht lassen, was wären Sie dann am liebsten? Möchten Sie Popsängerin sein oder Dirigent, ein Hochseesegler allein auf dem Ozean oder ein Bergsteiger, der den Himalaya bezwingt? Oder Lehrerin, Arzt oder Schreiner?

Geben Sie sich nicht mit dem Nennen eines Berufs oder einer Funktion zufrieden, sondern beschreiben Sie die konkrete Situation, von der Sie träumen. Etwa beim Beispiel des Dirigenten:

»Ich stehe da, das gesamte Orchester vor mir und ein voller Saal hinter mir. Es ist totenstill, ich hebe den Taktstock, fühle eine unglaubliche Spannung. Dann setzen zart und leise die ersten Takte der Violinen ein.« Oder: »Das Konzert ist vorbei und der Applaus dröhnt durch den Saal. Ich drehe mich um und sehe einen Saal voller begeisterter Menschen.«

Beschäftigen Sie sich eine Weile mit den Antworten auf diese vier Fragen, und überlegen Sie, wovon Sie inspiriert werden. Bereiten Sie zum Schluss eine Präsentation vor, in der Sie die Antworten einarbeiten. Bedenken Sie, dass Sie bei Ihrer Präsentation nicht eine zuvor aufgeschriebene Geschichte vorlesen oder auswendig nacherzählen sollen. Notieren Sie lediglich ein paar Stichwörter und versuchen Sie damit das, was Sie inspiriert, wieder in Worte zu fassen.

Erläuterung: Inspiration im täglichen Leben (S. 128)

Im Gespräch

Jeder erzählt der Reihe nach seine Geschichte in maximal sieben Minuten. Die anderen achten beim Zuhören auf zwei Aspekte:

- In welchem Augenblick berührt mich die Geschichte? Und warum ist das so?
- Was inspiriert den Erzähler?

Wenn der Erzähler seine Darstellung beendet hat, äußern die Hörer die sie »bewegenden Momente« so konkret und exakt wie möglich.

Danach wird über das gesprochen, was den Erzähler inspiriert. Der Erzähler hört zunächst zu, ohne sich einzumischen. Erst wenn die Zuhörer in etwa ihre Überlegungen abgeschlossen haben, darf sich der Erzähler beteiligen. Dadurch entsteht eine größere Präzision und Tiefe.

Abrundung

Der Erzähler rundet diesen Teil des Gesprächs ab, indem er sagt, was er dabei erlebt und welchen Nutzen er daraus gezogen hat. Er schreibt auf, was er festhalten möchte.

Inspiration im täglichen Leben

Wenn einer fragt: »Was inspiriert dich in deiner Arbeit oder deinem Leben?«, hat man nicht immer sofort eine Antwort parat. »Inspiration ...«, überlegt man dann, »das ist etwas für Künstler und Erfinder, aber für mich?« Bei Inspiration denkt man unwillkürlich an eine Art geistigen Blitzeinschlag, einen spirituellen Funken, der Menschen die Fähigkeit zu außergewöhnlichen Dingen verleiht. Das ist einem bisher nicht widerfahren und deshalb scheint die Inspiration im eigenen Leben keine Rolle zu spielen.

Wenn man es jedoch nicht so aufbläst und ein wenig mehr im normalen Rahmen bleibt, kann die Sache anders aussehen. Dann hört man sich beispielsweise nach einem Interview im Fernsehen oder einem Vortrag sagen, es sei sehr inspirierend gewesen. Man möchte damit ausdrücken, dass es einen angesprochen hat, dass die Geschichte oder der Erzähler etwas in einem zum Klingen gebracht hat.

In der modernen Managementliteratur steht manchmal, Führungsleute müssten inspiriert sein, um ihre Leute in Bewegung zu bringen. D.h. dass diese Chefs nicht langweilig, unpersönlich und kühl sein sollen, sondern mitreißend, authentisch, begeisternd und persönlich von der Vision überzeugt, die sie verkünden. Leider wird meist nicht gleichzeitig verraten, wie man zum inspirierten Menschen wird. Die meisten Menschen und vielleicht auch die Verfasser dieser Handbücher halten es offenbar für eine Art Talent, das man im Erbgut mitbekommen hat oder das einem fehlt.

Wir meinen, jeder Mensch kann inspiriert werden. Es braucht allerdings Aufmerksamkeit und eine gewisse Übung, um mit Inspirationen umgehen und sie in seinem Leben wirksam werden zu lassen. Inspiration kann aus dem Elfenbeinturm des Künstlers auf den Erdboden zurückgebracht werden, zu etwas, was sich ganz einfach untersuchen, lernen und üben lässt. Befreit von jeder Mystifizierung kann Inspiration für jeden nützlich sein. Sie kann einem Leben Sinn und Ziel geben, einem helfen, eine Vision zu entwickeln, sein Handeln mit Geisteskraft zu durchdringen. Es kann einen als Person stärker und präsenter machen und Handeln und Sprechen stärker mit dem eigenen Selbst verflechten. Kurz gesagt, Inspiration ist geistige Nahrung.

Aber – diese Nahrung bekommt man nicht geschenkt. Sie verlangt Beweglichkeit, Übung und Anstrengung. Im Folgenden werden wir dies genauer herausarbeiten, indem wir den drei Fragen nachgehen:

- Woher kommt die Inspiration, was sind Quellen der Inspiration?
- Wie entwickelt und pflegt man seine Inspiration?
- Wie geht man mit seiner Inspiration im täglichen (Arbeits-) Leben um?

Woher kommt die Inspiration?

Inspiration kommt in erster Linie aus der Außenwelt. In der uns umgebenden Welt ist oder geschieht etwas, was uns innerlich anrührt. Was das ist, kann ganz verschieden sein, für einzelne Personen wie für bestimmte Momente im eigenen Lebenslauf gelten: ein Buch oder ein Film, eine Landschaft oder ein Kunstwerk, ein Popsänger oder ein Sternenhimmel. Im Prinzip kann uns alles aus der Außenwelt inspirieren, selbst negative Erfahrungen oder Vorkommnisse. Gleichzeitig steht jedoch Inspiration in engstem Zusammenhang mit unserer Innenwelt. Denn die Erscheinungen und Vorkommnisse aus der Außenwelt berühren unser Inneres; sie bringen es in Bewegung. Unter »Inspiration« sagt das Wörterbuch: 1. Erleuchtung, Eingebung; 2. Gedanke, schöpferischer Einfall. Dort wird also auch auf ein von außen kommendes Element hingewiesen, das unser Inneres »in Bewegung bringt«. Letzteres ist wirklich essentiell. Wir werden auch innerlich bewegt, wenn wir böse oder traurig sind. Nicht jede Emotion ist eine Inspiration. Das trifft erst zu, sobald man durch die Betroffenheit die Neigung verspürt, etwas tun zu wollen. Es entsteht ein Verlangen, etwas von uns selbst lebendig werden zu lassen.

Was sich so auf unsere Innenwelt auswirkt, kann aus verschiedenen Regionen der Außenwelt stammen.

Ideen

Ideen können uns innerlich treffen, etwa durch eine bestimmte Sicht auf Menschen, das Leben, den Unterricht oder die Krankenpflege, auf Organisation, Unternehmensführung etc.

Obwohl Ideen im allgemeinen vor allem das Denken ansprechen, wirken inspirierende Ideen auch stark auf unser Gefühl. Es ist eine ungeheure Erfahrung mitzuerleben, wie eine Idee oder eine Vorstellung einen innerlich Feuer und Flamme werden lässt. Welches Licht und welche Wärme dadurch in einem selbst entstehen können. Wir denken dabei zum Beispiel an die Idee des gewaltlosen Widerstands von Mahatma Ghandi und Martin Luther King, an die »Non-Directive-Therapy« von Carl Rogers, an Rudolfs Steiners Gedanken zur Weltentwicklung. Aber auch das Marketingkonzept von Pim Hasper oder Peter Senges' Sicht auf die »Learning Organization« kann eine derartige Wirkung haben.

Manchmal kann man mit einer Idee, die von außen kommt, so in Einklang sein, dass man sie am liebsten selbst erdacht hätte; sie kann einen jedoch auch auf eigene, neue Ideen bringen. Das geschieht vor allem, wenn wir in negativem Sinn getroffen, berührt werden, etwa durch faschistische oder reaktionäre Ideen. Wir wenden uns dann mit einem entschiedenen »Nein« ab, und es kann ein Gegenbild entstehen, mit dem wir uns besonders stark verbunden fühlen; etwa dass alle Menschen prinzipiell gleich sind.

Menschen

Wir können vom »Wesen« eines Menschen tief getroffen werden, also ungeachtet der Ideen, die er bringt. Durch das »Sein« eines Menschen wird dann etwas verkörpert, das uns besonders wertvoll ist. Menschen können Werte repräsentieren wie etwa Authentizität, Mut, Treue, Einfachheit, Ausdauer etc. Das kann einen derart berühren, dass der Wunsch aufkommt: »So möchte ich gern sein«, und man sich motiviert fühlt, ebenfalls Mut, Treue etc. zu zeigen. Die meisten Menschen haben das bestimmt ein oder mehrere Male in ihrem Leben erlebt. Häufig haben wir, unbewusst, bestimmte Züge dieser Vorbilder angenommen.

Außer durch das, was andere sind, können wir von ihren Handlungen getroffen werden: etwa ein Instrument zu spielen, einen Berg zu besteigen, ein Handwerk auszuüben oder eine sportliche Leistung zu erbringen.

Die Natur

Viele Menschen kennen die Erfahrung, innerlich von Phänomenen und Ereignissen in der Natur bewegt zu werden. Eine Landschaft oder ein Sonnenuntergang, eine wild schäumende See oder ein tobendes Gewitter, es kann der Urwald sein voller Leben und Töne oder die weite Verlassenheit einer Wüste. Es können Prozesse von Geburt und Erblühen sein wie im Frühling, oder Prozesse des Absterbens und Vergehens wie im Herbst.

Viele erfahren die Inspiration aus der Natur als eine Art Befreiung. Befreiung aus der Kleinheit und Enge des Alltags und als Wunsch, sich auf das Wesentliche zu konzentrieren. Auch der eigene Körper kann als Teil der Natur gesehen werden. Ihn zu erleben, kann Quelle der Inspiration werden. Jemand sagte uns beispielsweise einmal: »Meine Ideale stecken nicht in meinem Kopf sondern in meinen Beinen.« Er war Niederlassungsleiter eines großen multinationalen Unternehmens, in dem es häufig hektisch zuging. Er berichtete, dass er oft nachts, bei starkem Wind, auf dem Meer surfte. Der Wind, das Wasser, der Nachthimmel mit den dahinjagenden Wolken und vor allem die Erfahrung des eigenen Körpers, der trotz der Gewalt der Elemente aufrecht blieb, das alles gab ihm einen enormen Kick, machte kreative Kräfte frei und gab ihm die Energie, auch in seiner Alltagsarbeit auf den Beinen zu bleiben.

Dinge

Wir können auch von Dingen, die Menschen gemacht haben, berührt werden. Auch hier gibt es wieder eine Vielzahl von Möglichkeiten, variierend von genial gebauten Autos bis zum simplen Wäschezwicker, von einem Gemälde bis zu einem modischen Kleidungsstück, einer mittelalterlichen Kathedrale bis zum modernen Computer und vieles mehr.

Oft ist es eine Mischung aus Schönheit und Perfektion, die uns trifft. Das ist dann fast physisch spürbar. Oft haben wir die Neigung, Dinge zu berühren, anzufassen. Dann kann das Getroffensein zu dem Wunsch führen, das bewunderte Produkt tatsächlich oder symbolisch zu besitzen. Wir schaffen es an, sammeln Modelle (z.B. Modelleisenbahnen oder Matchboxautos) kaufen Reproduktionen oder machen selbst ein Foto. Es kann sogar zu einer Art Sammelleidenschaft werden. Dann geht es jedoch kaum mehr um Inspiration. Für die Inspiration ist es geradezu erforderlich, vom Besitzdenken abzurücken, um die Begeisterung für die Idee, die diesem Stück zugrundeliegt, für seine Schönheit oder meisterhafte Ausführung lebendig zu erhalten.

Soweit die Regionen der Außenwelt, aus der unsere Inspirationen meist stammen. Begebenheiten und Phänomene aus der Umwelt wecken etwas in uns, erwecken es zum Leben. Und es ist kein Zufall, dass gerade *dieses* Phänomen eine derartige Wirkung auf uns hat und kein anderes. Natürlich gibt es Dinge, die jeden von uns mehr oder weniger berühren, wie die Geburt eines Kindes oder der Tod eines Geliebten. Abgesehen davon gibt es aber noch anderes, das nur einen ganz allein trifft. Vielleicht waren viele andere beim gleichen Ereignis dabei, haben es aber nicht beachtet, obwohl es einen selbst so stark berührt hat. Gerade diese Augenblicke sind höchst persönlich. Sie haben mit einem selbst zu tun. In ihnen zeigt sich eine Verbindung der Inspiration mit dem eigenen Lebensthema. Man erlebt etwas in der Außenwelt, das mit dem zu tun hat, warum man hier auf Erden ist.

Wie entwickelt und pflegt man seine Inspiration?

Es ist ein Merkmal unserer Zeit, dass das, was uns anspricht, schnell wieder verfliegt. Was uns heute anrührt, ist morgen schon vergessen, weil wieder etwas anderes »in« ist. In den letzten Jahren wurde auf Kongressen und Symposien beispielsweise eine bunte Palette neuer, mitreißender Visionen und Ideen zu Management und Organisation präsentiert. Die große Begeisterung steckte viele an, aber schnell übernahm die nächste mitreißende Vision den Platz der vorherigen. Auch in anderen Bereichen geschieht heutzutage so viel, dass wir davon wie betäubt werden und uns nichts mehr berühren kann, oder dass wir uns immer wieder begeistern lassen, ohne unter die Oberfläche zu dringen.

Soll etwas aus der Außenwelt Kommendes von bleibendem Wert sein und als Inspirationsquelle dienen können, müssen wir es uns zu eigen machen.

Wie man das schafft, ist sehr verschieden, abhängig vom eigenen Wesen und dem, was aus der Außenwelt auf einen zukommt. Es gibt trotzdem ein paar allgemeine Hinweise, die man beherzigen kann.

Die erste Aufgabe besteht oft schon darin, den Moment der Betroffenheit festzuhalten, ihn nicht entgleiten zu lassen. Die Außenwelt lenkt uns rasch von unseren ganz persönlichen Erlebnissen ab. Manche Menschen nutzen ein kleines Notizbuch, um solche Momente festzuhalten. Sie tragen es immer bei sich, daheim, am Arbeitsplatz, im Urlaub. Manchmal wird es wochenlang nicht benutzt, aber sie sind wieselflink darauf bedacht, eine kurze Notiz zu schreiben, sobald etwas das Aufschreiben lohnt. Es kann auch hilfreich sein, eine Passage in einem Buch anzustreichen oder ein Zettelchen zwischen zwei Seiten zu legen, um Wesentliches festzuhalten.

Der nächste Schritt ist, tatsächlich damit anzufangen. Die Kunst besteht darin, es innerlich aus eigener Kraft auflodern zu lassen. Die Begeisterung des Neubeginns wurde einem von der Außenwelt geschenkt. Jetzt versucht man sie selbst anzufachen.

Ein Teilnehmer berichtete z.B. einmal: »Ich lese ein Buch, und plötzlich gibt es eine Passage, die mich ungeheuer anspricht. Dort steht etwas, von dem ich denke: Das genau ist es, man kann es nicht besser ausdrücken. Ich markiere dann die Passage, und nach ein paar Tagen denke ich: Na, das soll alles gewesen sein? Warum hat mich das vor ein paar Tagen so begeistert? Aber dann fange ich an, damit zu arbeiten und versuche, ihm selbst noch einmal Leben einzublasen. Gelingt es, dann wird vielleicht etwas daraus. Aber oft wird auch nicht's daraus, dann lasse ich es eben.«

Eine Möglichkeit, einem Text Leben einzuhauchen, ist, ihn in eigene Worten zu fassen, ihn zu notieren. Manche verwenden dazu eine Art Tagebuch, in das sie ihre Erkenntnisse notieren. Andere schreiben Briefe an real existierende oder einen gedachten Leser, der einem aufmerksam zuhört. Manche Menschen können ihre Inspirationen in einen Artikel oder in ein Buch einfließen lassen.

Aber es gibt noch weitere Möglichkeiten der Beschäftigung. Ein Teilnehmer sagte einmal: »Inspiration ist Zeitverschwendung.« Er wollte damit ausdrücken, dass bei ihm das innere Verarbeiten so ablief, dass er sich dabei mit scheinbaren Kinkerlitzchen beschäftigte. Den Schreibtisch aufräumen, Kaffee kochen, sich hinsetzen und etwas notieren, einen Einkauf erledigen etc. Aber währenddessen setzte er sich dabei unablässig mit dem Thema auseinander, das ihn faszinierte.

Manche tun das auch beim Spazierengehen, an einem bestimmten Ort in der Natur zu sinnieren. Wieder andere werden zur Arbeit mit Farbe oder Ton animiert und machen sich so ihre Inspirationen zu eigen.

Das Gespräch mit anderen ist auch eine Möglichkeit, die eigene Inspiration zu vertiefen und zu erweitern. Sie können sie z.B. bitten, sich zu einer von Ihnen vorgetragenen Vision zu äußern. Indem Sie auf ihre Fragen eingehen, zwingen Sie sich zu größerer Klarheit. Man kann auch um Hinweise bitten, welchen Aspekt der Vision man weiterentwickeln könnte. Man braucht nicht allen Tips nachzugehen, die man bekommt, sondern die auswählen, die einen am meisten ansprechen.

Früher waren Glaube und Religion für viele Menschen eine Quelle der Inspiration. Das können sie auch heute noch sein. Aber für Glauben, Religion und Weltanschauung muss man sich heutzutage ausdrücklich entscheiden und ein eigenes, subjektives Verhältnis dazu entwickeln, sollen sie eine wirkliche Quelle der Inspiration sein.

Wie gehen Sie im täglichen (Arbeits-) Leben mit Ihren Inspirationen um?
Meist ist es unfruchtbar, der Wirklichkeit alle möglichen Modelle, Ideen und Meinungen aufzuzwingen. Man spricht dann vom »Einführen« einer Vision in die Alltagspraxis. Und das misslingt manches Mal. Nichts tut sich, die Wirklichkeit bleibt, wie sie war, oder es treten allerlei unbeabsichtigte Nebeneffekte auf. Sehr viele Ideale, Modelle, Systeme und Konzeptionen erleiden dadurch Schiffbruch. Davon können viele Manager und deren Mitarbeiter ein Lied singen. In dieser Situation macht man anderen leicht den Vorwurf der mangelnden Unterstützung und Unwilligkeit – manchmal auch zu Recht –, aber man erkennt nicht, dass man selbst die »Wirklichkeit zu wenig liebt« und zu sehr an den eigenen Ideen klebt. Das macht einen blind in Bezug auf das, was in der Wirklichkeit vor sich geht, welche Kräfte beteiligt sind, und was im jeweiligen Fall der nächstmögliche Schritt sein könnte.

Es ist sehr wichtig, zwischen dem Entwickeln und Pflegen seiner Inspirationsquellen und dem aktiven Umsetzen in die Realität zu unterscheiden. Die Pflege der Inspirationen, wie wir es weiter oben beschrieben haben, ist ein besonderes Arbeitsfeld, das man gewissermaßen vergessen muss, sobald man in der Realität zu handeln beginnt.

Um das mit Effekt tun zu können, muss man sich auf die Wirklichkeit konzentrieren, sich mit ihr verbinden durch die Wahrnehmung und Charakterisierung konkreter Phänomene und konkreter Menschen. Mit anderen Worten, man richtet sich nicht auf seine eigene Innenwelt, sondern auf die Außenwelt.

Aber wenn man seine Inspirationen nicht unmittelbar umsetzen kann, was nützt es einem? Hat das unermüdliche Pflegen von Inspirationen dann trotzdem einen Sinn?

Das hat es ganz gewiss! Denn indem man einerseits seine Inspirationen entwickelt und pflegt und sich andererseits mit der Wirklichkeit verbindet, weckt die Wirklichkeit in einem die Inspirationen, oder mit anderen Worten: die Wirklichkeit selbst erweckt sie in einem zum Leben. Man erkennt seine Vision, Konzeption oder Idee in der alltäglichen Wirklichkeit.

Dann kann es langsam in einem zu strömen beginnen, man begeistert sich, bleibt aber zugleich mit der Realität, in der man steht, verbunden und verstrickt sich nicht in den Gedanken und Ideen, die man anderswo, unabhängig von dieser konkreten Situation, entwickelt hat. Dadurch wird das eigene Handeln um sehr vieles fruchtbarer als beim Versuch, die Wirklichkeit von seinen Ideen aus zu manipulieren.

In ein Bild umgesetzt:

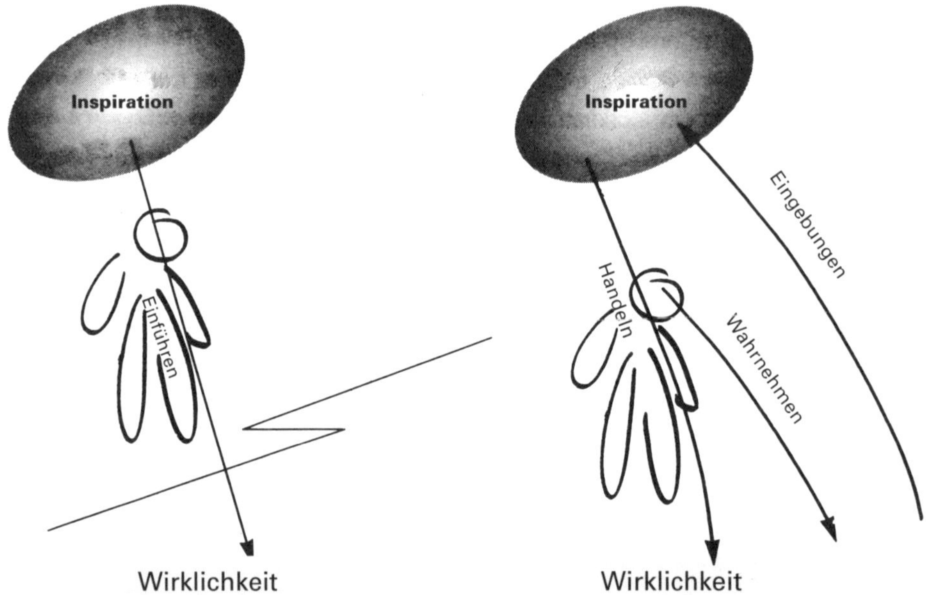

Übungstip

Wählen Sie zwei oder drei Menschen aus Ihrem Arbeitsbereich, von denen Sie glauben, dass sie etwas ausstrahlen. Versuchen Sie, ohne sie direkt danach zu fragen, durch reines Beobachten und Zuhören herauszufinden, was diese Menschen inspiriert.

Viele von uns kennen das aus eigener Erfahrung, etwa wenn wir eine Einführung geben oder einen Vortrag halten müssen: Man bereitet sich gründlich vor. Aber steht man erst vor der Gruppe und trägt genau das vor, was man vorbereitet hat, mit oder ohne Folien, bleibt die Geschichte für die Hörer oft leblos und einschläfernd. Man ist dann derart auf den Inhalt fixiert, dass man nicht mehr auf die Gruppe achtet. Wenn man es schafft, seine Vorbereitung für kurze Zeit völlig zu vergessen, sich wirklich auf die Menschen zu konzentrieren, die vor einem sitzen, indem man ihren Fragen zuhört und fühlt, was sie beschäftigt, dann kann es zu strömen anfangen. Alles Mögliche aus der Vorbereitung fällt einem wieder ein, und man hält einen inspirierten Vortrag, der in genau diesem Augenblick entsteht. Dazu ist diese gründliche Vorbereitung unentbehrlich. Wenn man sich schlecht vorbereitet oder seine Inspirationsquellen nicht gut gepflegt hat, kann man in der realen Situation seine Inspiration völlig verlieren und zum Spielball der Kräfte werden, die in ihr aktiv sind.

Inspiration im täglichen Leben

So betrachtet kann uns die Orientierung auf die Wirklichkeit des Kunden helfen, in der täglichen Arbeit inspiriert zu sein und zu bleiben. So untentbehrlich bei einer mündlichen Darstellung die Vorbereitung ist, so unentbehrlich ist auch die ständige Entwicklung und Vertiefung des »Fachs«. Doch im Kontakt mit dem Kunden müssen wir uns ganz auf ihn konzentrieren. Gelingt das, dann dürfen wir die Erwartung hegen, dass die Inspiration, das zu tun, was notwendig ist, sich von selbst einstellt.

Aufgabe 22

Grundwerte

Werte spielen in unserem Leben eine wichtige Rolle. Oft steuern sie unbewusst unser Denken, Fühlen und Handeln. In kritischen Momenten kann man von der Kraft überwältigt werden, mit der sie der eigenen (Re-)Aktion Farbe und Inhalt geben. »Ausgemacht ist ausgemacht!« ruft man, wenn eine Viertelstunde nach der verabredeteten Zeit immer noch kein Anruf kam und ein anderer vorschlägt, man könne doch auch selbst anrufen. Oder »So geht man nicht mit Menschen um«, wenn jemand autoritär angeschnauzt wird. Wenn man mit den Werten, die man hegt, bewusst umgeht, hat man einen festeren Stand.

Für Sie selbst

Dieser Teil der Aufgabe hat vier Schritte:

1 Erstellen Sie eine Liste von Werten, geordnet nach Wichtigkeit. Um was geht es Ihnen im Leben? Was ist essentiell oder wertvoll für Sie?

2 Versuchen Sie einmal unbefangen, mit wachen Augen, zu sehen, was in der Welt vor sich geht, indem Sie die Berichterstattung in der Zeitung, im Fernsehen oder in anderen Quellen verfolgen. Notieren Sie es, wenn Sie etwas positiv wie negativ berührt. Einige der Berichte könnten Sie schockieren, oder empören, oder auch ungeheuer traurig machen. Suchen Sie dann ganz konkret nach dem Auslöser. Und fassen Sie auch den Kern Ihrer Reaktion in Worte.

3 Blicken Sie auf Ereignisse in Ihrem Leben zurück, im privaten wie im beruflichen Bereich, in dem sich für Sie existentielle Fragen gestellt haben. Was ging damals vor sich?
Was wurde, nach Ihrem Gefühl, mit Füßen getreten? Was hat Sie begeistert?

4 Schreiben Sie nun eine kleine Geschichte, nicht länger als eine halbe DIN A4-Seite, in der Sie beschreiben, was für Sie das Wesentlichste an der Zukunft ist. Bereiten Sie sich darauf vor, es frei – also ohne Unterlagen und ohne Auswendiglernen – nachzuerzählen.
Machen Sie schließlich eine Stichwortliste von höchstens zehn wichtigen Werten.

Methodische Hinweise

Die ersten drei Schritte sind die drei Eingänge, die vielleicht zu demselben Ergebnis führen. Versuchen Sie diese unabhängig von einander zu erarbeiten, das bietet die größte Chance für Überraschungen.

Zu Schritt 1: Schreiben Sie die Werte auf, die Ihnen spontan in den Sinn kommen. Ordnen Sie diese erst anschließend nach Wichtigkeit.

Zu Schritt 2: Neben Zeitung und Fernsehen gibt es natürlich weitere Informationsquellen. Entscheiden Sie sich für eine naheliegende Quelle.

Zu Schritt 4: Sie können an Ihre eigene Zukunft denken, die Ihres Wohnorts, Ihrer Kinder etc.

Im Gespräch

Reihum erzählt zunächst jeder seine Geschichte und zeigt danach seine Liste mit Stichwörtern. Die anderen helfen den Erzählenden bei der genaueren Spezifizierung des Wesentlichen.

Danach wird darüber gesprochen, welche Rolle die Grundwerte in der aktuellen Arbeitssituation der oder des Betreffenden spielen.

Er bzw. sie nennt ein paar konkrete Anlässe. Die anderen helfen ihm oder ihr, so bildhaft wie möglich zu beschreiben.

Abrundung

Es kann vorkommen, dass Sie die Liste Ihrer wichtigsten Werte nach dem Gespräch ändern möchten. Notieren Sie diese neue Liste in Stichwörtern in Ihrem Logbuch, zusammen mit dem, was Sie sonst noch aus dem Gespräch festhalten möchten.

Abschnitt 5

Sich darüber klarer zu werden, was zu einem gehört, ist ein guter Auftakt für die Suche nach Zielen und Wegen in die Zukunft. Durch das Entwerfen von Zukunftsbildern oder Szenarien finden Sie heraus, was Ihnen wirklich am Herzen liegt.

Was will ich?

Aufgaben

23 Was empfinde ich, wenn ich an meine Zukunft denke?
24 Bisheriger Ertrag
25 Szenarien
26 Fragen aus meiner Umgebung
27 Noch einmal: Szenarien
28 Bisheriger Ertrag
29 Noch einmal: meine Frage

Erläuterungen

Meine zentrale Frage für die Zukunft
Untersuchung der Zukunft
Im Gespräch über Szenarien

Unterstützende Übung

Bewegliche Vorstellung

Aufgabe 23

Was empfinde ich, wenn ich an meine Zukunft denke?

In welche Stimmung geraten Sie bei der Vorstellung Ihres zukünftigen Berufslebens? Werden Sie neugierig, begeistert, fühlen Sie eine Herausforderung? Bleiben Sie neutral (»Ich warte mal ab, was kommt«)? Fühlen sie sich unsicher, vielleicht bedrückt? Oder bekommen Sie Angst und schrecken davor zurück, sich die Zukunft vorzustellen? Kurz: Welche Gefühle färben Ihre Einstellung zur Zukunft?

Für Sie selbst

Bringen Sie die Stimmung zum Ausdruck, die in Ihnen aufsteigt, wenn Sie an Ihr zukünftiges Berufsleben denken. Tun Sie es mit Farbe und Bewegung auf Papier.

Methodische Hinweise

Nehmen Sie ein Blatt Zeichenpapier (Sie können auch in Ihrem Logbuch arbeiten), die Pastellkreiden und die Zeichenkohle.

Bevor Sie anfangen, konzentrieren Sie sich auf das Gefühl, das in Ihnen aufsteigt, wenn Sie an Ihre Zukunft denken. Lassen Sie sich Zeit. Gehen Sie nicht über unangenehme Gefühle hinweg.

Denken Sie beim Ausführen der Aufgabe nicht zu viel nach. Vertrauen Sie Ihren Händen und Ihrer spontanen Farbwahl. Lassen Sie zu, was kommt. Arbeiten Sie nicht auf ein vorher geplantes Ergebnis hin und vermeiden Sie Darstellungen.

Im Gespräch

Jeder zeigt abwechselnd sein Stimmungsbild, ohne Erläuterung darüber, wie es entstanden ist, was er davon hält, was es bedeutet usw. Die anderen betrachten und charakterisieren es.

Erläuterung: Arbeiten mit Farbe (S. 39)

Nachdem der Zeichner auf die Charakterisierungen reagiert hat, sprechen alle darüber, was im Stimmungsbild mehr auf die momentane Stimmung oder die aktuelle Situation hinweist oder was mehr mit der Grundeinstellung zum Leben zu tun hat.

Abrundung

Am Ende schreibt jeder auf, was er bzw. sie noch festhalten möchte.

Bisheriger Ertrag

Für Sie selbst

Sammeln Sie die wichtigsten Ergebnisse Ihrer Untersuchung mit Hilfe von Schema 1 am Ende dieses Buches. Kopieren Sie das ausgefüllte Schema für Ihre Gesprächspartner.

Methodische Hinweise
Die meisten Punkte aus dem Schema sprechen für sich. Zu einigen geben wir hier noch eine kurze Erläuterung.

Fähigkeiten können in drei Bereichen liegen: auf der Ebene des Denkens und Wissens, der zwischenmenschlichen und körperlichen Ebene oder der Geschicklichkeit.

Bedürfnisse:
Bei Bedürfnissen auf *geistigem* Gebiet können Sie an Ihre Interessen denken. Beispiele für Interessen rund um die Arbeit: die Entwicklung interaktiver Computersysteme, Zusammenarbeit zwischen Pflegepersonal und Ärzten, die Folgen von Sanierungsprozessen für Mensch und Organisation usw. Beispiele aus dem Privatleben: die Geschichte der Kelten, Reparatur und Bau alter Holzsegelschiffe, das Zusammenleben von Menschen verschiedener Religionszugehörigkeit, die Route der Zugvögel durch Deutschland, Gärtnern usw.

Zentrale Frage für die Zukunft:
Genau wie bei der Untersuchung der Vergangenheit brauchen Sie beim Untersuchen der Zukunft eine Ausgangsfrage. Das ist Ihre zentrale Frage für die Zukunft.

Aufgabe 24

Unternehmendes Leben hat damit zu tun, Initiativen zu ergreifen, damit in der Welt etwas realisiert wird. Unternehmendes Leben hat auch damit zu tun, sich selbst Lernaufgaben zu stellen. In beiden Fällen muss man sich mit den erzielten Ergebnissen beschäftigen. Anschließend kann man sich den nächsten Herausforderungen stellen.

Erläuterung:
Meine zentrale Frage für die Zukunft (S. 143)

Im Gespräch

Jeder erläutert der Reihe nach sein bzw. ihr Schema. Die anderen können aufgrund dessen, was die Betreffenden erlebt haben, Anmerkungen machen und Fragen stellen. Diese werten für sich die Beiträge und ergänzen gegebenenfalls ihr Schema.

Abrundung

Schließlich notiert jeder, was er oder sie festhalten möchte.

Meine zentrale Frage für die Zukunft

In »Leben mit Fragen« (S. 23) haben wir die Frage nach dem »Motor der persönlichen Entwicklung« gestellt. Damit meinten wir echte Fragen, die einen beunruhigen und die ständig wieder auftauchen. Diese Fragen entstehen, weil man zwischen dem, was man eigentlich möchte und dem, wie man tatsächlich lebt und arbeitet, eine Kluft spürt. Indem man sich dieses unbehagliche Gefühl und die Frage, die sich daraus ergibt, bewusst macht, kann man gezielt Beruf und Leben betrachten. Aber dieses »Bewusstmachen« geht nicht mit einem Mal. Auf der Suche nach den Hintergründen und Ursachen für dieses Gefühl entdeckt man, dass die Frage von Zeit zu Zeit neu formuliert werden muss. So lernt man in Beruf und Leben immer besser, das Wesentliche vom Unwesentlichen zu trennen und allmählich die zentrale Frage für die eigene Zukunft zu formulieren. Wir sprechen hier absichtlich von *der* zentralen Frage. Indem man nach einer einzigen Frage sucht, zwingt man sich dazu, die wesentlichste Frage aufzuspüren, oder zumindest die Frage, an der man *jetzt* bewusst arbeiten möchte.

Solche Fragen können beispielsweise lauten:
- Wie kann ich lernen, Person und Sache zu trennen?
- Wie vermeide ich es, immer wieder in Situationen zu kommen, in denen ich eigentlich nicht sein möchte?
- Wie lerne ich mit meinen eigenen Ängsten und den Ängsten anderer umzugehen?
- Was muss ich in mir mobilisieren, um die Erneuerung in der Organisation umzusetzen?
- Wie reagiere ich ruhiger auf formale Hierarchie?
- Wie kann ich meine Kraft fruchtbar einsetzen, ohne die Initiative anderer zu ersticken?

Man bedenke, dass man das volle Gewicht derartiger Fragen nur spürt, wenn es sich tatsächlich um die eigenen Fragen handelt. Nur Menschen, die den Träger der Frage von ganz nah erleben, können dieses Gewicht nachfühlen.

Um seine persönlichen Möglichkeiten für die Zukunft abzutasten, ist es wichtig, diese zentrale Frage gut zu wählen und zu formulieren. Aber wie findet man zu ihr? Es gibt drei Wege dorthin: den des Archäologen, des Historikers und den Weg des Parzival.

Der Weg des Archäologen

Es ist wie mit der Suche nach Troja, der Stadt des berühmten Pferdes, der Stadt Hektors und Priamus'. Der Archäologe legt Stadt für Stadt frei, gräbt immer tiefer. Bis er sagt: Ich habe das alte Troja gefunden. Dann kommt ein anderer, der noch tiefer gräbt, bis das echte Troja gefunden ist. Aber jeder Archäologe bzw. Ausgräber entscheidet für sich: *Das* ist Troja.

Die Suche nach der eigenen zentrale Frage ist wie ein innerliches Graben nach der Frage, die einen wirklich umtreibt. Es ist ein Immer-tiefer-Sinken zum Wesenskern, um den es geht. Man kann mit der Frage anfangen, die am nächsten unter der Oberfläche liegt: »Was soll der nächste Schritt in meiner Laufbahn sein?« Von dort gräbt man weiter und kommt auf immer tiefere Fragen wie:

- »Was sind meine Stärken und was die Schwächen?«
- »Möchte ich diese Arbeit weiter tun oder gibt es andere Möglichkeiten?«
- »Was ist der Sinn dieser Arbeit, was finde ich sinnvoll zu tun?«
- »Um was geht es mir eigentlich in meinem Leben, was ist das zentrale Thema, dem ich bei allem, was ich tue, ständig begegne?«

Die Frage, worum es eigentlich geht, ist in einer tieferen Lage des Seins verankert als die Frage, was man kann und was nicht. Nach dem Sinn zu suchen, kann ein Kampf sein, bei dem man sich selbst begegnet. Vielleicht verfällt man in Trübsinn wegen seiner Schwächen, oder man bricht in Jubel aus über die Möglichkeiten, die man sieht. Oder man wird wütend, traurig oder verzweifelt wegen der Sinnlosigkeit seiner Stelle – die man dennoch nicht aufgeben kann; denn, »Wer nicht arbeitet, wird auch nicht essen«. Oder man kämpft gegen seinen unverbesserlichen Optimismus, der einem vorgaukelt, es würde sich schon wieder alles zum Guten wenden. Wie ein Archäologe gräbt man in seiner Seele, und nur jeder für sich allein kann sagen: »Dies ist jetzt wirklich meine zentrale Frage«.

Der Weg des Historikers

Man kann auch wie ein Historiker vorgehen, der sich durch die Vergangenheit bewegt und erforscht, in welcher Weise Handel getrieben wurde. Was waren die Handelsrouten? Welche Transportmöglichkeiten gab es? Welche Produkte wurden woher geholt und wohin in der Welt gebracht? Gab es Tauschhandel, wurde Geld benutzt oder ein anderes Zahlungsmittel? Wie war das z.B. bei den Phöniziern, oder bei Marco Polo, bei der Vereinigten Ostindischen Compagnie, bei den Dampfsegelschiffen, den Mammuttankern oder dem heutigen Luftfrachtverkehr? Wie sah die Kommunikation aus, die Finanzierung etc.? Welche Fragen hatten die Unternehmer, Händler und Fuhrleute? Waren es seit eh und je immer dieselben Probleme? Oder findet sich vielleicht auch in der Geschichte eine zentrale, immer wiederkehrende Frage, die die Betroffenen beschäftigt und die sich immer wieder in neuer Gestalt zeigt? Oder hat sich der Charakter einiger Probleme im Lauf der Zeit grundsätzlich gewandelt?

Auf die gleiche Weise kann man, forschend in der eigenen Lebensgeschichte, versuchen, seine zentrale Frage zu finden: Was hat mich gestern beschäftigt, letztes Jahr, oder kurz nach meinem Einstieg ins Berufsleben? Heute, mit über fünfzig, stelle ich mir beispielsweise die Frage, was der Sinn der Arbeit ist, die ich schon gut zwanzig Jahre lang mache. Was bedeutet sie mir eigentlich? Hat mich diese Frage auch schon am Anfang meiner Karriere bewegt? Oder ging es mir damals eher um die Chancen, mich zu entfalten und weiterzuentwickeln? Damals Ende der sechziger, Anfang der siebziger Jahre, gab es ziemlich viele. Anders als heute. Damals war es zwar auch eine essentielle Frage, welche Arbeit ich haben würde. Aber es war doch anders. Mit achtundzwanzig lag das Leben noch vor mir, jetzt, mit fünfzig, frage ich mich, was ich »noch« tun soll. Damals, war meine wichtigste Überlegung, ob es *sinnvoll* für mich war (d.h. eigentlich, ob ich dazu Lust hatte), dies oder jenes zu tun. Heute frage ich mich außerdem, was der Sinn meiner Arbeit für die Organisation ist, für die ich arbeite, oder für die Gesellschaft, in der ich lebe. Und vor zehn Jahren, was hat mich damals beschäftigt? Mein Partner, unsere Kinder, ihre Schule, unser Haus, die Karriere von uns beiden. Alles spielte sich in diesem kleinen Kreis ab, und ich hatte das Bedürfnis, den Trott zu durchbrechen. Gab es nichts Neues unter der Sonne, etwas, das wirklich sinnvoll war?

Die Frage, die einen nicht loslässt, ist an das Lebensalter gebunden und auch an die Zeit, in der man lebt. Man nehme nur die Vorruhestandsregelung und die Pensionierung. Angesichts der heutigen Diskussion scheint es immer aktueller zu werden, dass man bis weit über siebzig hinaus noch wird arbeiten müssen, um sein Brot zu verdienen. Vor ungefähr zehn Jahren war es nur eine Idee, ein intuitives Vorgefühl, dass die damals Fünfzigjährigen mit fünfundsechzig nicht mehr in den Ruhestand würden gehen können. Jede Zeit, jedes Lebensalter hat seine eigenen Fragen. Was aber war mein ganzes Leben lang meine zentrale, die Kernfrage? Wie zeigt sie sich immer wieder anders? Und wie heute?

Der Weg Parzivals

Der dritte Weg, zu seiner zentralen Frage zu kommen, ist wie der Parzivals (*par ce val* – durch das Tal). Es ist gewiss kein bequemer Weg. Parzival ist der Held aus dem mittelalterlichen Epos, der jung, unerfahren und übermütig in den berühmten Kreis von Rittern um König Artus drängt. Später kommt er, im Besitz eines umfangreichen Wissens um die höfischen Sitten, aber immer noch naiv, was die wesentlicheren Bereiche des Seins angeht, in die Gralsburg. Er nimmt dort am heiligen Mysterium des Gral teil und ist Zeuge des Leidens von Amfortas, dem Schloßherren. Er versäumt es jedoch, auch nur eine Frage zu stellen. Als er am nächsten Tag, ohne eine Menschenseele zu treffen, die Burg verlässt, ruft ihm ein Schildknappe nach: »Du Tor, verwünscht sei dein Schweigen. Hättest du nur den Mund aufgetan und den König um den Grund seiner Leiden gefragt, wäre uns allen großes Heil widerfahren.« Seine Nichte Sigune, der er erzählt, was ihm widerfahren ist, überschüttet ihn mit Vorwürfen und will nichts mehr von ihm wissen. Er muss auch seinen Freundeskreis verlassen, die Ritterschar um König

Artus, als dort sein Versagen in der Gralsburg bekannt wird. Er hat nicht getan, was man von ihm erwartet hatte, was implizit gefordert wurde. Von diesem Augenblick an irrt er, gottverlassen und verstört durch die Welt. Bis er auf dem absoluten Tiefpunkt seines Lebens an einem Karfreitag dem Eremiten Trevrizent sein Herz ausschüttet. Durch ihn kann er sich wieder anderen öffnen und, nach der Rückkehr in die Gralsburg, die Frage stellen, um die es geht: »Oheim, was bedrückt Euch?« Damit erlöst er Amfortas und wird selbst zum Hüter des Grals. Der Weg Parzivals ist kein unbekannter Weg. Es ist der Weg des Handelns. Parzival ist der Mensch, der sich unerfahren aufmacht, aus den eigenen Impulsen heraus handelt und sich an der Welt stößt, weil er nicht sieht, was nötig wäre, sich darauf verzweifelt abwendet und erst zur Einkehr kommt, als er am Boden liegt. Das »erst wägen, dann wagen« ist ihm fremd. Zur Einkehr kommt es nicht selten durch die Hilfe eines anderen, der zuhört und in der Lage ist, ohne Verurteilung zu »spiegeln«. Durch dieses Spiegeln ergibt sich ein Urteil aus der Sache selbst. Dadurch reift die Fähigkeit, der Welt bewusster, mitfühlender zu begegnen und die Not anderer zu sehen, das, was andere von einem wollen.

Oft sind es die erlebten Enttäuschungen, die Zusammenstöße und die Vorwürfe, die einem schmerzlich klar machen, was man nicht kann oder was man versäumt hat. Eine derartige Krisensituation kann sich ganz unterschiedlich äußern: bei einem Beurteilungsgespräch, durch Übergangenwerden in der Beförderungsrunde, oder beim Vorstellungsgespräch für eine neue Stelle. Es kann beim Scheitern an einer Aufgabe sein, wenn einen der Partner verlässt oder in anderen Situationen. Durch seine mangelnde Selbsterkenntnis leidet man darunter, lehnt sich dagegen auf und möchte das Scheitern allem und jedem außer sich selbst zuschreiben. Diese Schmerzpunkte in der Berührung mit anderen können einen auf die Spur dessen bringen, was man eigentlich lernen muss.

Übungstip

Wählen Sie aus den letzten Monaten drei Momente, in denen Sie gefühlsmäßig mit jemandem oder etwas aus Ihrem Arbeitsbereich zusammengestoßen sind. Beschreiben Sie diese Situationen bildhaft, charakterisieren Sie diese, und ziehen Sie daraus die Frage, die für Sie wesentlich ist.

Zusammengefasst gibt es drei Wege, seine zentrale Frage zu finden:
- indem man in die tieferen Schichten in sich selbst gräbt;
- indem man auf sein Leben zurückblickt, auf das, was einen immer wieder beschäftigt;
- indem man herausfindet, wohin einen die Beine tragen, wo man sich den Kopf anstößt, und indem man in der Konfrontation mit der Welt seine tieferen Impulse entdeckt.

Unterstützende Übung: Bewegliche Vorstellung

Für Sie selbst

Nehmen Sie einen ungeformten Klumpen Ton (ungefähr ein Sechstel eines Brots aus feinem Schamottton) und eine ca. 40 x 50 cm große Spanplatte als Arbeitsunterlage. Legen Sie alles vor sich hin und lesen Sie den folgenden Text.

Bei dieser Übung sollen Sie dreimal nacheinander etwas anderes gestalten; dabei stellen Sie sich immer zuerst bildlich vor, wie das Ergebnis aussehen soll. Beim Gestalten verwenden Sie immer *allen* Ton, der vor Ihnen liegt. Sie gehen wie folgt vor:

1 Stellen Sie sich eine »offene Kugel« vor. Seien Sie in Ihrer Vorstellung so konkret wie möglich und versuchen Sie dabei die Menge Ton vor Ihnen einzukalkulieren. Eine Kugel ist eine Kugel, aber eine »offene Kugel« kann völlig verschieden gestaltet werden. Entscheiden Sie sich für eine Form. Behalten Sie Ihre Vorstellung im Gedächtnis (keine Papierskizze machen) und kneten Sie den Ton, bis Ihre Vorstellung Gestalt angenommen hat. Tun Sie das so exakt wie möglich.

2 Kneten Sie Ihre Arbeit wieder zu einem Klumpen Ton um. Stellen Sie sich jetzt einen offenen Kubus vor. Der Aspekt der Offenheit soll durch einen kleineren Kubus, als Loch oder Höhlung, im großen Kubus ausgespart werden. Stellen Sie sich das so konkret wie möglich vor und verwenden Sie wieder allen Ton, der Ihnen zur Verfügung steht. Auch diese Aufgabe kann auf vielerlei Weisen ausgeführt werden.
Merken Sie sich Ihre Vorstellung und kneten Sie den Ton, bis Sie Ihre Vorstellung so exakt wie möglich umgesetzt haben.

3 Vernichten Sie Ihre Arbeit wieder, bis ein roher Tonklumpen vor Ihnen liegt.
Stellen Sie sich jetzt ein Paar Flügel vor, die sich öffnen. Es

gibt viele Arten von Flügeln: von Schwalben, Schwänen, Schmetterlingen, einem Käfer etc. Entscheiden Sie auch, ob Sie die Flügel eher stilisiert oder mehr realistisch gestalten möchten. Machen Sie Ihre Vorstellung so konkret wie möglich.
Merken Sie sich Ihre Vorstellung gut und kneten Sie den Ton, bis Ihre Idee so exakt wie möglich Form angenommen hat.

Methodische Hinweise
Sie können am besten arbeiten, indem Sie den Ton einmal gut durchkneten, bevor Sie mit der ersten Aufgabe anfangen. Wenn der Ton zu trocken ist, lässt er sich nur schwer formen. Er wird geschmeidiger, wenn man ein wenig Wasser hineinknetet. Wenn Sie ihn zu feucht machen, verliert er seine Festigkeit. Oft genügt es, sich die Hände anzufeuchten.

Achten Sie auch darauf, nicht zu zarte Formen oder zu dünne Wände zu gestalten, sonst sinkt Ihre Arbeit in sich zusammen.

Im Gespräch

Jeder beschreibt reihum seine Arbeitsweise. Sie können das nach Belieben durch Fotos des Zwischenergebnisses unterstützen: Kugel und Kubus. Nehmen Sie Ihr fertiges Endprodukt mit zur Gesprächsrunde.

Die anderen charakterisieren anschließend diesen Arbeitsprozess.

Methodische Hinweise
Sie können die Übung natürlich gemeinsam ausführen. Das hat den Vorteil, dass jeder die Zwischenergebnisse der anderen sehen kann und man leichter miteinander über den Arbeitsprozess sprechen kann.

Der Erzählende geht bei der Beschreibung seines Arbeitsprozesses auf folgende Punkte ein:
- Wie erging es Ihnen, als Sie sich eine Vorstellung machten? Konnten Sie diesen Prozess steuern?
- Was geschah mit dieser Idee, während sie in den Ton umgesetzt wurde? Konnten Sie die Idee lebendig darstellen?

- Wie ging es mit dem Kneten? Ist es gelungen den Ton so zu formen, wie Sie es sich vorgestellt hatten?
- Wie haben Sie auf das Zerstören Ihres Arbeitsergebnisses reagiert?
- Sagt Ihnen letzteres etwas darüber aus, wie Sie sich in Ihrer Arbeitssituation verhalten?
- Haben Sie die Aufgabe ausgeführt? Haben Sie sich an den skizzierten Arbeitsablauf gehalten?
- Was bringt Ihnen das alles für Ihre Frage, die sich auf die Zukunft bezieht?

Folgende Fertigkeiten oder inneren Fähigkeiten werden angesprochen:
- sich eine konkrete Vorstellung zu machen;
- an einer gewonnenen Vorstellung festzuhalten und sie in Ton umzusetzen;
- sich mit einer Idee mitzubewegen und sie wieder loszulassen;
- sich der Veränderung einer Aufgabe anzupassen.

Abrundung

Jeder schreibt zum Schluss auf, was er bzw. sie festhalten möchte.

NB: Bei der folgenden unterstützenden Übung brauchen Sie wieder Ton. Nachdem Sie den übriggebliebenen Ton zuvor mit Wasser besprenkelt haben, heben Sie ihn in einem zugebundenen Müllsack auf.

Beispiele für diese Übung:
Abb. 51a und b
(nach S. 176)

Aufgabe 25

Szenarien

Es gehört zum Menschsein, aus Angst oder Sehnsucht von der Zukunft zu träumen, sich mit ihr zu beschäftigen, seiner Phantasie ihren Lauf zu lassen. Indem man sich aktiv konkrete Vorstellungen von seiner Zukunft macht (Szenarios), tastet man ab, was zu einem gehört, was einen anspricht, was man will oder womit man sich verbinden möchte.

Erläuterung: Untersuchung der Zukunft (S. 153)

Für Sie selbst

Ordnen Sie, ausgehend von der Frage, die Sie in Ihrer letzten Aufgabe gestaltet haben, die verschiedenen Möglichkeiten, die Sie für Ihre Zukunft sehen. Versuchen Sie, fünf bis zehn davon aufzuschreiben. Wählen Sie daraus drei Möglichkeiten, die Sie einer genaueren Untersuchung für wert erachten. Arbeiten Sie jede davon zu einem Zukunftsbild oder »Szenario« aus.

»Szenario 1«
Entscheiden Sie sich für eine der Möglichkeiten, die Sie für sich sehen, und arbeiten Sie diese so konkret wie möglich zu einem Bild Ihrer Arbeit und Ihres Lebens in drei Jahren aus:
- Stellen Sie einen Arbeitstag und eine Arbeitswoche dar;
- Beschreiben Sie die Situation in Ihrem Privatleben (sozial und materiell);
- Geben Sie an, welche Themen Sie dann in Bezug auf Ihre eigene Entwicklung beschäftigen.

Sie können diese Fragen nach Belieben ergänzen.

»Szenario 2«
Löschen Sie Szenario 1 aus Ihren Gedanken und wählen Sie eine andere Möglichkeit für die Zukunft. Folgen Sie derselben Vorgehensweise wie beim Erstellen von Szenario 1.

Denken Sie sich gut in diese Möglichkeit ein und sorgen Sie dafür, so wenige Elemente wie möglich aus Szenario 1 in das neue Szenario mithineinzunehmen.

»Szenario 3«
Löschen Sie auch Szenario 2 aus Ihrem Gedächtnis und wählen Sie eine dritte Möglichkeit für die Zukunft, die sich klar von den beiden vorigen unterscheidet. Folgen Sie wieder der Vorgehensweise von Szenario 1.

Beschreiben Sie diese zukünftige Situation genauso sorgfältig wie die vorigen Szenarien. Schließlich löschen Sie auch dieses Szenario aus Ihrem Gedächtnis.

Methodische Hinweise

In dieser Übung kreieren Sie Ihre Zukunft mit Hilfe eines

konkreten Phantasiebilds. Das ist eine schöpferische Tätigkeit, kreatives Arbeiten mit Ihrem Vorstellungsvermögen. Sie schaffen in Ihren Gedanken ein Zukunftsbild. Es ist auch eine Übung in beweglichem Denken. Sie löschen ein Szenario aus Ihren Gedanken, um wieder ein neues zu schaffen.

Es geht um Ihr inneres Handeln. Indem Sie sich zwingen, so konkret wie möglich zu sein, aktivieren Sie Ihren Willen. Sie werden merken, dass allerlei Versuchungen Sie ankommen, sich nicht auf diese Aufgabe einzulassen. Fußangeln sind Gedanken wie:

- »Es ist ja doch nicht realisierbar.«
- »Szenario 1 ist das schönste, oder das realistischste usw. – warum sollte ich mich also noch mit zwei weiteren beschäftigen?«
- »Was hat das denn für Sinn, die Zukunft ist doch immer noch in Nebel gehüllt.«
- »Man darf sich nicht mit der Zukunft beschäftigen.«

Die Szenarien sind nicht dazu gedacht, realisiert zu werden, sondern als Hilfsmittel, die Zukunft abzutasten. In Wirklichkeit ist die Zukunft immer anders. Indem man sich Szenarien ausdenkt, findet man jedoch heraus, was für einen selbst wertvoll und wichtig ist, was für das Handeln Zeichen setzt.

Es empfiehlt sich, die gesamte Aufgabe erst einmal durchzuspielen, ohne Notizen. Danach rufen Sie sich aus jedem Szenario die wichtigsten Fakten ins Gedächtnis und notieren diese in Ihr Logbuch.

Im Gespräch

Bei jedem Teilnehmer läuft das Gespräch folgendermaßen ab:

- Der Erzähler stellt sein erstes Szenario in Worten dar, so bildhaft wie möglich. Die anderen hören zu und machen eventuell kurze Notizen.
- Nachdem das Szenario erzählt ist, können konkrete Fragen gestellt werden, die zu größerer Bildhaftigkeit beitragen. Der Zuhörer kann den Erzähler bitten, einen anderen Aspekt einzubringen, von dem er spürt, dass er für den Erzähler wichtig sein könnte.

- Darauf folgt eine kurze Stille, in der die Zuhörer ihre Charakterisierungen des vorgetragenen Szenarios und andere mögliche Einfälle notieren können. Man tauscht sich also noch nicht aus.
- Diese Vorgehensweise wird bei jedem der folgenden beiden Szenarien wiederholt.
- Schließlich charakterisiert jeder für sich das Ganze und entscheidet, was dringend auszutauschen oder zu besprechen wäre.
- Danach werden die wichtigsten Charakterisierungen vorgelesen und besprochen.

Erläuterung: Im Gespräch über Szenarien (S. 166)

Abrundung

Am Ende schreibt jeder auf, was er er für sich wichtig findet.

Untersuchung der Zukunft

Arbeiten mit Szenarien

Die Fragen um Arbeit und Leben, die Menschen beschäftigen, hängen mit der Vergangenheit wie mit der Zukunft zusammen. Bei Fragen in Bezug auf der Vergangenheit geht es um Erkenntnis, um Hintergründe und Zusammenhänge bestimmter Ereignisse in Ihrem Leben. Bei Fragen in Bezug auf die Zukunft geht es um bestimmte Entscheidungen, die getroffen werden, in Ihrem Berufsleben etwa, ob Sie sich spezialisieren oder Ihr Arbeitsgebiet erweitern.

Die Vergangenheit ist ein Stück Leben, das hinter einem liegt. Man kann sich Tatsachen, Ereignisse und Erfahrungen ins Gedächtnis rufen. Sie liefern einem mögliches Untersuchungsmaterial.

Die Zukunft bietet viel weniger Anhaltspunkte. Außer den Gesetzmäßigkeiten der physischen Welt, den sogenannten Naturgesetzen, gibt es nur wenige »harte Fakten«. Wir können davon ausgehen, dass die Sonne auch nächste Woche wieder aufgehen wird und dass die physikalischen Gesetze dann immer noch gelten werden. Eine derartige Gewissheit gibt es nicht, wenn es um Vereinbarungen zwischen Menschen geht. Wir versuchen mit Hilfe von Verträgen und Regeln die Unsicherheiten der Zukunft so weit wie möglich zu reduzieren. Viele haben jedoch in letzter Zeit schmerzhaft spüren müssen, dass nicht einmal die Vereinbarungen, die in der Sozialgesetzgebung festgelegt wurden, auf Dauer Sicherheit bieten. Die Sonne kann nicht angehalten werden, aber das Gesetz zur Unfallversicherung kann durchaus einschneidend verändert oder die Vorruhestandsregelung abgeschafft werden.

Die Zukunft ist ein ungewisses Terrain. In der Geschichte der Menschheit wurde immer wieder versucht, die Zukunft zu beherrschen. Traumdeuter analysierten Träume und sagten so die Zukunft voraus. Sie wurde auch an den Naturerscheinungen abgelesen: am Vogelflug, aus dem Rauschen des Windes, der Strömung des Wassers. Und es gab bestimmte Orte, Quellen oder Bäume, wo Götter Eingeweihten die Bilder der Zukunft, in Form von Visionen, einhauchten. Die prophezeite Zukunft wurde häufig als unausweichlich betrachtet, wie man in der griechischen Sage von Odysseus ablesen kann: Gerade weil er versuchte, dem prophezeiten Schicksal zu entkommen, erfüllte es sich.

Der moderne Mensch ist geneigt, angesichts dieser alten Praktiken mit den Achseln zu zucken und sie ins Reich der Fabel zu verweisen. Das Vorhersagen der Zukunft ist zur Kirmesattraktion geworden. Das muss nicht heißen, dass uns die Zukunft kalt lässt. Heutzutage wird höchst ernsthaft versucht, die Zukunft unter Zuhilfenahme rationaler Methoden und Techniken zu erkunden, wie z.B. durch Kartieren von Trends, Berechnen künftiger Konsequenzen, Erstellen strategischer Pläne und Ähnliches.

Gleichzeitig wächst die Skepsis gegenüber dieser rationalen Vorgehensweise und halten immer mehr Menschen die Möglichkeit, die Zukunft beherrschen zu können, für eine Illusion. Die großen Umbrüche in der Welt in den achtziger Jahren – die auch für die meisten Führungskräfte in Politik und Industrie unerwartet kamen –, aber auch die chaotischen Zustände in den Jahren davor haben den Glauben an eine vorhersehbare und daher auch beherrschbare Welt ins Wanken gebracht.

Nicht nur auf gesellschaftlicher Ebene oder dem Gebiet der Organisation, auch auf der Mikroebene des persönlichen Lebens bleibt es schwierig, eine Haltung zur Zukunft zu finden. Trotzdem ist es für jeden Menschen wichtig, der sein Leben bewusster steuern möchte.

Wie gehen Menschen mit ihrer Zukunft um?

Abwarten

Es gibt Menschen, die glauben, man müsse einfach abwarten, was die Zukunft bringt. Für frühere Generationen war diese Haltung meist völlig selbstverständlich. Ausdrücke wie »Man muss das Leben so nehmen, wie es kommt«, »Der Mensch denkt, Gott lenkt« zeugen heute noch davon. Man betrachtete den eigenen Lebenslauf als von außen her bestimmt. In Wirklichkeit war die eigene Gestaltungsmöglichkeit sehr gering, wenn es auch in all den Jahrhunderten immer wieder Menschen gab, die doch eine gewisse Form der Selbstbestimmung praktizieren.

Auch heute gibt es Menschen, die sich abwartend verhalten. Sie glauben, es habe wenig Sinn alle möglichen Pläne zu schmieden, weil es im Leben doch anders kommt, als man es sich vorgestellt hat. Man geht z.B. morgens zur Arbeit und nimmt sich für den Tag alles Mögliche vor. Aber bereits vom ersten Augenblick an durchkreuzen einem die unmöglichsten Zufälle diese Pläne. Und wenn man abends nach Hause geht, wird einem klar, dass man den ganzen Tag herumgehetzt ist, jedoch nichts von dem erledigt hat, was man sich vorgenommen hatte. Noch häufiger trifft es zu, wenn Haltung oder Benehmen verändert werden sollen. Innerhalb kürzester Zeit reagiert man wieder wie seit eh und je.

Diese und ähnliche Erfahrungen, wie etwa das Schicksal vieler guter Vorsätze am Silvesterabend, bringen Menschen dazu, sich der Zukunft gegenüber abwartend zu verhalten. Sie wollen sich keine Schuldgefühle und Frustrationen wegen nicht realisierter Vorhaben und Pläne aufhalsen. Natürlich kann man auch vor der Verantwortung zurückschrecken, die eigene Entscheidungen mit sich bringen. Entscheidungen haben nun einmal Konsequenzen, für einen selbst wie für diejenigen, mit denen man im Beruf oder privat zu tun hat.

Aus einer abwartenden Einstellung zur Zukunft spricht auch eine gewisse Lebensweisheit. Es wird erkannt, dass im Leben Kräfte wirken, die nicht alle gekannt, geschweige denn beherrscht werden können. Eine solche Haltung hat jedoch auch negative Seiten. Die Gefahr ist groß, Chancen und Möglichkeiten, die in der Zukunft verborgen liegen, zu »verschlafen« und immer wieder das Gefühl zu haben, zu spät zu kommen.

Übrigens ist für den modernen Menschen eine abwartende Haltung nicht mehr so selbstverständlich; sie doch zu praktizieren, kommt einem Rudern gegen den Strom des Zeitgeists gleich. Wenn man sich jedoch bewusst für eine solche Haltung entscheidet, wird das Abwarten weniger ziellos. Dann bleibt man dem Leben gegenüber wach, lässt es sich entwickeln und sich von ihm zu Alternativen oder zu Taten inspirieren.

Pläne

In unserer Zeit, wo aktives Handeln, Eigeninitiative und Unabhängigkeit favorisiert werden, gehen viele Menschen in einer fast umgekehrten Weise mit der Zukunft um. Sie gehen davon aus, die Zukunft sei planbar, beherrschbar und folglich steuerbar. Diese Haltung tritt in zahlreichen Varianten auf, die allesamt Elemente in sich tragen wie z.B. das Analysieren von Trends in seiner Umgebung und dem eigenen Leben bis heute, das Aufzählen der eigenen Stärken und Schwächen, das Setzen von Zielen und das Erstellen von Plänen der einzelnen Schritte.

So sagt beispielsweise Peter X, ein sechsundreißigjähriger Controller und Leiter der Abteilung Automatisierung in einem multinationalen Unternehmen:

»Ich mache mir über die Zukunft keine Sorgen. Wenn man ein bisschen die Augen offenhält und sich selbst in der Hand hat, kann wenig passieren. Schau mal, ich bin jetzt sechsunddreißig und bin hier« (er zeigt auf ein Dreieck im Organisationsplan). »In zwei oder drei Jahren kann ich diesen Karrieresprung machen« (zeigt auf ein höheres Dreieck in der Nähe der Unternehmensleitung). »Dort bleibe ich sitzen, bis ich vier- oder fünfundvierzig bin, und dann lasse ich mich in eine Stabsfunktion in der Abteilung Personal & Organisation versetzen« (zeigt wieder auf ein Dreieck, aber jetzt ein bisschen tiefer). »Denn, weißt du, dann muss der Druck ein bisschen nachlassen. Um mich herum klappen die Leute zwischen fünfundvierzig und fünfzig alle zusammen: durch Überarbeitung, Herzinfarkt oder noch Schlimmeres. Ich will mit fünfundvierzig nicht auf dem Abstellgleis sein. Ich werde weniger verdienen, aber das ist egal. Die Hypothek ist dann abbezahlt, die Kinder sind schon beinahe aus dem Haus ...«

Peter X ist überzeugt, dass man wissen muss, was man will und seine Zukunft planen muss, denn die eigene Zukunft kann man beeinflussen. Viele denken so wie er. Abwarten und zusehen, was das Leben so bringt, ist das allerletzte, was sie möchten.

Diese Einstellung findet sich auch, wenn es um eine eher innere Entwicklung geht. So sagte neulich ein junger Manager:

»In einem Beurteilungsgespräch wurde mir klar, dass meine Fähigkeit zu Kontakten nur gering entwickelt ist. Das geht natürlich nicht in meiner Funktion, daran will ich unbedingt arbeiten. Ich habe übrigens auch in meinem Privatleben gemerkt, dass ich das brauche. Ich suche jetzt ein Programm, in dem zuerst eine Analyse der Ursachen meines Scheiterns erstellt wird, und danach wünsche ich mir ein gezieltes Training, um diese Fehlhaltungen abzubauen. In einem Jahr will ich so weit sein, dass meine Umgebung deutliche Verbesserungen erkennt.«

In dieser Einstellung zur Zukunft stecken zahlreiche positive Aspekte: Verantwortung für das eigene Leben übernehmen, sich Ziele setzen und dafür sorgen, dass man sie erreicht, sich in acht nehmen vor Rückschlägen und Abweichungen vom selbstentworfenen Plan, Initiativen ergreifen usw. Wir finden diese Haltung vor allem bei Menschen, denen es äußerlich betrachtet gut geht. Dass sie »wissen, was sie wollen« und ihre Fähigkeit, sich selbst Ziele zu setzen, ist etwas, auf das viele andere neidisch sind. Aber obwohl diese erfolgreichen Menschen den Eindruck erwecken, ihre Entwicklung mit großer Entschlossenheit selbst zu steuern, werden ihre Ziele und Wege doch häufig von Normen und Erwartungen der Außenwelt bestimmt.

Wenn man sich in authentischen Augenblicken fragt, ob die Wünsche und Erwartungen der Außenwelt wirklich mit den eigenen Lebenszielen harmonieren, wird es viel schwerer, klare und konkrete Ziele und Wege zu formulieren. Durch zuviel Planung kann man sich außerdem leicht auf seine Vorstellungen von der eigenen Zukunft fixieren. Dadurch verstellt man sich den Blick auf die verschiedensten Chancen und Möglichkeiten, die sich einem im wirklichen Leben bieten. Baut man bewusst Momente der Besinnung ein und übt man sich im Zulassen von Überraschungen, wird diese planende Haltung weniger zwanghaft und man wagt wieder ein wenig mehr, sich dem Leben anzuvertrauen.

Zukunft und Wille

Es ist auffallend, dass beim Planen der Zukunft das Denken vorherrscht. Mit viel rationalem Messen und Wägen wird die Zukunft entworfen, werden Ziele gesetzt, Strategien entwickelt, Schritte geplant. Man glaubt zu wissen, was man will. Aber so einfach liegen die Dinge nicht. Im Leben wirkt nämlich auch ein starker unbewusster Wille. Dieser unbewusste Wille ist für die eigene Zukunft wichtiger als das Denken. Um sein Leben bewusst steuern zu können, muss man etwas über diese unbewusste Willensrichtung in sich herausfinden. Dann kann man einen Mittelweg zwischen Abwarten und Planen suchen.

Den Weg durchs Leben geht man zum einen mit den Menschen und Umständen, die man vorfindet, und zum anderen mit dem inneren Wirken des unbewussten Willens. Viele Menschen haben durch die Verhältnisse der modernen

Welt ihre eigene biographische Spur verloren. Sie führen ein Leben, das nicht mehr mit dem übereinstimmt, was sie eigentlich hier auf Erden vorhatten. Das kann sich in einem Gefühl der Sinnlosigkeit äußern, darin, keinen Draht mehr zur Welt um sich herum zu haben, in Depressionen, Wut, Irritation, ständiger Unruhe, Entschlusslosigkeit und ähnlichem mehr. Die Komplexität und die große Dynamik unseres heutigen Lebens verwirren den Menschen und stellen hohe Anforderungen an die Flexibilität jedes einzelnen. Ein Gefühl der Orientierungslosigkeit kann sich schnell einstellen. Nicht umsonst steht in zahlreichen Trainings das »Zu-sich-selbst-Kommen« oder das »Sich-selbst-Sein oder -Werden« im Mittelpunkt. Den eigenen Lebenslauf zu untersuchen, ist eine der Methoden, die Verbindung zu sich selbst, den Mitmenschen und seinen eigenen Lebensbedingungen wieder zu aktivieren.

Die Szenario-Methode

In diesem Workshop wird eine Methode angewandt, sich an das heranzutasten, was man in der Zukunft eigentlich tun möchte, die wir »Szenario-Methode« nennen. Diese Methode steht zwischen Planen und Abwarten und enthält noch ein drittes Element.

Unter »Szenario« verstehen wir eine gestaltende bildhafte Beschreibung von etwas, das sich möglicherweise in der Zukunft ereignen wird. Dieses Zukunftsbild kann sich auf die *Situation* beziehen, in der man zu einer bestimmten Zeit einmal arbeiten und leben wird, oder auf den *Weg* dorthin, also auf alle Aktionen, mit denen man diese angepeilte Situation realisieren möchte.

Zur Unterscheidung dieser beiden Aspekte nennen wir das Bild der möglichen zukünftigen Situation »Szenario« und das Bild des Weges dorthin »Schritt-Szenario«. Beide werden behandelt.

Szenarien

Von seiner zentralen Frage für die Zukunft ausgehend fängt man damit an, verschiedene Zukunftsmöglichkeiten aufzuzählen. Daraus sollen anschließend die drei reizvollsten Möglichkeiten ausgewählt werden. Man könnte sich etwa für Folgendes entscheiden:

- »Ich arbeite weiterhin in meinem gegenwärtigen Arbeitsbereich und auch im gleichen Unternehmen, in dem ich heute bin. Ich beantrage aber eine Versetzung vom Labor zur Produktionseinheit, um dort praktischer und stärker ergebnisorientiert arbeiten zu können.«
- »Ich höre mit meiner jetzigen Arbeit auf, mache meine abgebrochene Ausbildung am Konservatorium fertig und werde dann Musiklehrer.«
- »Zusammen mit einem Freund eröffne ich eine kleine technische Beratungsfirma in unserem Fachgebiet.«

Wenn man sich drei derartige Zukunftsmöglichkeiten vornimmt, haben wahrscheinlich alle drei neben verlockenden auch bedrohliche Seiten. Man neigt dann leicht dazu, abzuwägen, hin- und herzuüberlegen, zu rechnen und die Vor- und Nachteile jeder Möglichkeit zu vergleichen. Darin kann man sich leicht verstricken und sich immer handlungsunfähiger fühlen. Durch das Erstellen von Szenarien vermeidet man diese Fallgrube.

Die Arbeitsweise ist folgende. Man stellt sich auf die erste Möglichkeit ein und versucht sich die Situation vorzustellen, die entsteht, wenn diese Möglichkeit realisiert wird. Man stellt sich beispielsweise vor, es sei ein Jahr nach dato. Man arbeitet dann in der Produktionseinheit; diese Situation wird beschrieben: Welche Arbeit verrichtet man an einem bestimmten Tag (also keine abstrakte Aufgaben-/Funktionsbeschreibung)? Wie sieht der Arbeitsplatz oder die Arbeitsumgebung aus: Maschinen, Tische, Geräte, Wände, Farben, Gerüche, Lärm, Licht, Luft, Menschen? Mit welchen Problemen beschäftigt man sich? Wann sieht man den Chef? Wie sieht er aus, worüber redet er mit Ihnen?

Die angeführten Fragen sind Beispiele. Es geht darum, sich selbst ein Bild zu machen. Beim Gestalten dieses Bildes können andere durch Fragen helfen, dürfen sich aber nicht inhaltlich einmischen. Solche Fragen können durchaus auf Lücken hinweisen, auf wichtige Aspekte, die man übersehen hat, weil sie zu fremd oder auch zu bedrohlich sind, um sie sich vorzustellen. Die Frage eines anderen kann einem die »Augen öffnen«. Das Endergebnis ist ein lebendiges Bild ohne Abstraktionen, ohne Erläuterung von Hintergründen oder Beweggründen. Es ist ein klares und konkretes Bild, von dem ein Zuhörer sagen kann: »Ja, ich sehe es vor mir.«

Wenn das erste Szenario so aufgebaut ist, muss es wieder aus dem Gedächtnis gelöscht werden. Man lässt es bewusst los, um Platz für das nächste zu schaffen. Jetzt wird das Szenario ausgehend von Möglichkeit zwei ausgearbeitet. Das geschieht wieder genauso sorgfältig und präzise wie beim ersten Mal. Auch dieses streicht man wieder aus dem Gedächtnis, bevor man sich dem dritten Szenario zuwendet. Auch das dritte wird schließlich gelöscht.

Damit endet der erste Teil. Wie der nächste Schritt aussieht, hängt von den Ergebnissen ab, die diese Übung bisher erbracht hat. Das kann sein:

a Es ist einem klar geworden, welche der drei Szenarien man umsetzen möchte. Dafür gibt es meist keine Begründung, sondern es geschieht aus dem Bauch heraus: »Ja, mir war plötzlich sonnenklar, dass ich das tun muss.« In diesem Fall ist der nächste Schritt das Erstellen von Szenarien des Weges über den man von der heutigen zur künftigen Situation gehen muss: die sogenannten Schritt-Szenarien.

b Beim Arbeiten an den drei Szenarien kann sich herausstellen, dass es noch ein viertes gibt, an das man zunächst überhaupt noch nicht gedacht hatte und von dem man fühlt: Das könnte vielleicht das Richtige sein. In diesem Fall erstellt man ein viertes und notfalls noch ein fünftes Szenario. Das führt zu einer Entscheidung, nach der man (wie bei a) für das Schritt-Szenario bereit ist.

c Wenn sich nicht sofort ein bestimmtes Szenario aufdrängt, kann man versuchen, aus den drei erstellten Szenarien wesentliche Elemente herauszuarbeiten. Im Gespräch über die Szenarien werden diese dann jedes für sich und zusammen charakterisiert. Dadurch können charakteristische Merkmale aller Szenarien sichtbar werden, beispielsweise:

- Man arbeitet allein. Es gibt zwar Menschen um einen, aber die machen etwas anderes, unabhängig von einem.
- Man hat Menschen um sich, die einen zur Konfrontation zwingen.
- Man sucht sich überschaubare Situationen.
- Man wird ständig von Menschen herausgefordert.
- Man bleibt auch in der neuen Situation man selbst.

Solcherart sind die Dinge, auf die man bei der Gestaltung seiner Zukunft ein waches Auge haben sollte. Wir nennen das die »erfolgversprechenden Bereiche«.

Schritt-Szenarien

Viele Wege führen nach Rom. Daher wird es auch häufiger verschiedene Wege geben, um zur gewünschten künftigen Situation zu kommen. Durch das Erstellen von Schritt-Szenarien soll eine Übersicht der verschiedenen Wege erreicht werden.

Logischerweise wird jeder Schritt vom Ergebnis der vorangegangenen Schritte mitbestimmt. Daher kann man beim Erstellen von Schritt-Szenarien auch nicht weiter gehen als die ersten drei oder vier Schritte. Diese müssen jedoch konkret ausgearbeitet werden und dürfen nicht länger deswegen offen bleiben, weil sie vom ersten Schritt abhängig sind. Indem man sich auch den zweiten und dritten Schritt vorstellt, gewinnt man innerlich Kraft, auch bei enttäuschenden Ergebnissen weiterzumachen.

Es ist ratsam, nicht sofort mit dem Ausarbeiten der Schritte anzufangen, sondern sich zunächst eine Übersicht der Bereiche zu verschaffen, um die man sich kümmern muss. Man behält das angepeilte Endresultat im Auge, die gewünschte künftige Situation und überlegt, um welche Bereiche es sich handelt. Es können Informationen sein, Menschen, eine Ausbildung, die richtige Situation, Finanzierungen etc.

Danach versetzt man sich wieder in die aktuelle Situation und denkt sich mindestens drei verschiedenen Routen aus, die von hier zur gewünschten Zukunft führen. Daraufhin erstellt man für jede Route ein Szenario, mit sehr konkreten Angaben, was man Schritt für Schritt tun wird. Wie bereits gesagt, beschränkt man sich dabei auf die ersten drei Schritte. Genau wie die vorherigen Szenarien löscht man jedes Schritt-Szenario nach der Ausarbeitung aus dem Gedächtnis. Es empfiehlt sich, noch ein viertes Schritt-Szenario für den Fall zu erstellen, dass alles schief geht: Was wird man tun, wenn anschließend bei der Ausführung kein einziger Schritt auf dem Weg zum gewählten Szenario gelingt?

Dieser Teil der Untersuchung endet mit der Entscheidung für eines der drei Schritt-Szenarien. Sollte diese Wahl nicht möglich sein, können sich im Gespräch die erfolgversprechenden Bereiche zeigen, die in den Schritt-Szenarien verborgen sind.

Ein Ergebnis gibt es immer, dass man sich nämlich durch diese Anstrengung quasi innerlich »streckt« und nicht an einer einzig möglichen Lösung hängen bleibt.

Erfahrungen mit der Szenario-Methode

Es dauert eine Weile, bis die meisten begreifen, was das Erstellen von Szenarien bedeutet. In erster Linie interpretieren sie die Aufgabe einfach als eine Aufzählung einer Reihe von Alternativen, die dann begründet oder erläutert werden müssen. Wenn klar wird, dass es um konkrete Bilder geht, erhebt sich häufig Widerstand: »Das ist doch egal, was im Arbeitszimmer auf dem Fußboden liegt oder welche Kleidung mein Chef anhat?«

Wenn man sich aber darauf einlässt und diese Widerstände überwunden werden können, entsteht oft eine Art Begeisterung. Es macht Spaß, obwohl es schwerfällt.

Sobald das erste Szenario erstellt ist, haben viele dazu so eine enge Bindung entwickelt, dass manch einer sagt: »Ich muss nicht mehr weitermachen; ich habe mich schon entschieden: Dies will ich!« Sie haben sich gewissermaßen in das Szenario verliebt. Wir fordern Sie dennoch dazu auf, sich von diesem Szenario zu lösen und ein zweites zu erstellen. Denn wesentlicher Teil unserer Arbeitsweise ist gerade die Erstellung *verschiedener* Szenarien. Weiter fällt auf, dass einige Menschen mit wenig Sorgfalt und zu schnell anfangen. Sie möchten am liebsten acht oder zehn Szenarien schreiben und springen vom einen zum anderen. Dadurch nehmen sie sich die Möglichkeit, innezuhalten und auszuprobieren. Indem man ein Bild sorgfältig aufbaut, geht man mit ihm eine Verbindung ein. Und das ist notwendig, um innerlich wahrnehmen zu können, ob in diesem Bild etwas steckt, was man wirklich möchte oder was einen vielleicht überrascht. Das Keimhafte kommt in einer flüchtigen Begegnung nicht zum Tragen. Rennt man daran vorbei, spürt man lediglich Sympathie oder Antipathie. Und das wusste man ja schon vorher.

Deshalb ist es wichtig, dass alle Beteiligten hohe Anforderungen an Sorgfalt und Präzision stellen. Wenn man es nicht so genau nimmt, verliert die Übung an Wert.

Es kommt ziemlich oft vor, dass Teilnehmer schließlich in eine andere Stimmung kommen, nachdem sie ernsthaft an den Szenarien gearbeitet haben. Es ist eine Stimmung, die sich am besten in Worten ausdrücken lässt wie Selbstvertrauen, Mut zur Aussprache, Lust und Mut, etwas zu unternehmen.

Wesen und Ziel der Szenario-Methode

Die Szenarien werden nicht in erster Linie erstellt, um sie zu realisieren. Sie werden erstellt, um sich an das heranzutasten, was man in Zukunft wirklich möchte. Wie ein Regisseur bestimmte Szenen verschieden spielen lässt, um herauszufinden, was er eigentlich sucht, kann die Szenarioübung helfen, sich seiner verborgenen Wünsche für die Zukunft bewusster zu werden.

Zum Erstellen von Szenarien braucht man den Willen. Das Szenario kann nur dann einen bildhaften Charakter bekommen, wenn man sich wirklich darauf einlässt und mit vollem Einsatz daran arbeitet.

Ist das nicht der Fall, kann man zwar eine Reihe abstrakter Ideen und Vorstellungen zur Sprache bringen, aber für den Zuhörer entsteht kein Bild. Beim Erstellen eines Szenarios ist man schöpferisch tätig, und ohne den Willen kann nichts geschaffen werden.

Der Widerstand, der gelegentlich gegen das bildhafte Beschreiben spürbar wird, muss als Problem des Willens gesehen werden: als Widerstand gegen das Sichtbarmachen der Konsequenzen von Entscheidungen.

Man kann sich für ein favorisiertes Szenario entscheiden, es muss aber nicht sein. Man kann auch nach dem Erstellen der Szenarien Schluss machen und trifft dann keine Entscheidung (was hier beschrieben wird, gilt übrigens auch für die Schritt-Szenarien). Der geweckte Wille äußert sich darin, Chancen und Möglichkeiten besser zu erkennen, die in konkreten Situationen stecken, und das, was dort von einem verlangt wird. Indem man sich nicht auf ein einziges bestimmtes Zukunftsbild festlegt, sondern mit verschiedenen Szenarien arbeitet, öffnet man sich der Wirklichkeit, in der man lebt, und den »Chancen«, die darin verborgen sind. Man wird freier gegenüber seiner Vergangenheit und offener für die Zukunft.

Bei dem gesamten Prozess darf die Wirkung des »Überschlafens« nicht unterschätzt werden. Deshalb sollten beim Erstellen der verschiedenen Szenarien zwischen den einzelnen Szenarien – und auf jeden Fall, ehe man sich für ein favorisiertes Szenario entscheidet – einige Nächte liegen. Zum Entstehen von Selbstvertrauen, Lust und Mut, wieder neu anzufangen, ist die Wirkung der Nacht unentbehrlich. Überschlafen Sie die Sache erst einmal ...

Übungstip

Erstellen Sie drei Szenarien für ein Fest zu Ihren Ehren. Gehen Sie dafür vom immer gleichen Anlass aus (Geburtstag, Jubiläum oder Ähnliches)

Zum Schluss

Wie verhält sich diese Art von Untersuchung der Zukunft zu den früher dargestellten Haltungen des ruhigen Abwartens und der gezielten Planung? Manche sagen: »Es liegt dazwischen«, und in gewisser Weise ist das auch so. Die vorgestellte Methode verbindet eigene Aktivität, Initiative und Verantwortung mit der Offenheit für das, was aus der eigenen Umgebung an Fragen, Inspirationen und Möglichkeiten auf einen zukommt. Soweit trifft das »Zwischendrin« zu.

Die Methode bringt aber noch ein zusätzliches Element, nämlich den Appell an das eigene Ich über den Willen. Beim Erstellen der Szenarien muss das Ich aktiv werden. Es geht nicht von allein, und kein anderer kann es für einen tun. So wirkt die Methode auch als Schule fürs Leben.

Im Gepräch über Szenarien

»Was siehst du«, sagte der Regisseur.
»Den Park«, war die Antwort.
»Aber du kannst nicht den ganzen Park auf einmal sehen. Du musst dich auf eine bestimmte Stelle beschränken. Was siehst du direkt vor dir?«
»Ein Gitter.«
»Was für ein Gitter?«
Leo schwieg, also fuhr der Regisseur fort.
»Woraus ist das Gitter gemacht? Aus welchem Material?« ... »Gusseisen.«
»Beschreibe es. Wie sieht es aus?«

Konstantin Stanislawski

Der Regisseur versetzt die Schauspieler in denkbare Situationen und hilft ihnen, diese konkret zu beschreiben. Die Situation gibt es nicht, sie muss geschaffen werden, mit dem was wir »konkrete Phantasie« nennen. Der Regisseur versucht durch Fragenstellen den Schauspieler in der Situation zu halten, die dieser vor sich sieht. Was »siehst« du? Er fragt nach Wahrnehmungen. Später fragt er auch nach Handlungen. So macht er die Situation für den Schauspieler lebendig, damit dieser wirkliche, starke innere Erlebnisse fühlt.

Bei der Untersuchung der Zukunft mit Hilfe von Szenarien, von denkbaren Zukunftssituationen, geht es nicht so sehr um die Erlebnisse selbst, sondern darum, seinen Willen über die Erlebnisse hinaus abzutasten*. Die Szenarien müssen dazu von der gleichen bildhaften, konkreten Qualität sein, wie die, nach denen der zitierte Regisseur fragt**.

Im Folgenden geben wir einige Hinweise für das Gespräch über Szenarien.

Erzählen

Es ist wichtig, dass der Erzählende seine Szenarien so *bildhaft* wie möglich erzählt. Je konkreter die Szenarien erzählt werden, desto realistischer werden Abneigung oder Sehnsüchte des Erzählenden geweckt. Außerdem reizen Abstraktionen, Überlegungen, Aufzählungen, Hintergrundinformationen und dergleichen zu allerlei Fragen und kosten dadurch viel Zeit. Die Kunst des Erzählens besteht darin, diese Dinge wegzulassen und das Szenario in einigen typischen Bildern zu skizzieren. Ohne gründliche Vorbereitung gelingt es meist nicht.

Weiter ist es notwendig, die Szenarien nicht vorzulesen oder auswendig »vorzutragen«, sondern *von neuem zu erzählen,* notfalls mit einem Spickzettel, auf dem einige Schlüsselworte stehen. Das führt oft zu einem überraschenden Ergebnis: man hört sich selbst neue Dinge sagen, oder sie klingen auf einmal

* vgl. dazu: Erläuterung – Untersuchung der Zukunft (S. 153)
** vgl. dazu: Erläuterung – Bildhaftes Beschreiben (S. 28)

durch den Kontext, in dem sie ausgesprochen werden, anders. So entsteht die größte Lebendigkeit und damit die beste Chance auf ein gutes Feedback der Gruppe.

Zuhören

Die Aufgabe der Zuhörer ist es, die Verbindung des oder der Vortragenden zu seinen bzw. ihren Szenarien abzutasten, zu schmecken, sich einzufühlen. Möchte er dieses Szenario wirklich? Welche Teile aus diesem Szenario will sie und welche nicht? Dabei sind – neben all dem, was in »Das Gespräch« (S. 110) gesagt wurde – zwei Fragen wichtig:

- Wie konkret sind die Szenarien herausgearbeitet? Manch einem gelingt trotz heftiger Bemühungen das Konkretisieren nicht. Anderen fällt es leicht, aber sie geben sich zu wenig Mühe. Nicht konkretisieren zu wollen oder zu können, kann mit einem Zurückschrecken vor den Konsequenzen eines Szenarios oder vor den trockenen Details zu tun haben. Denn auch eine wunderbare Sehnsucht kann durch Konkretisieren ernüchtert werden.
- Wie stark engagiert sich die jeweilige Person für ihr Szenario? Wo ist ihr Platz im Spektrum zwischen »Flattern« und »Fixieren«?

Mit Flattern meinen wir die Mühelosigkeit, mit der ein Szenario nach dem anderen produziert wird. Es hat zwar eine große Beweglichkeit und die verschiedenen Möglichkeiten werden mühelos in ein Bild umgesetzt, aber die Art des Vorgehens weckt den Verdacht, dass der oder die Betreffende nicht ganz bei der Sache ist. Es erscheint wie ein Spiel um des Spiels willen oder um der ernsthaften Fragestellung aus dem Weg zu gehen oder wie ein Spiel mit allen möglichen Wünschen. Wie auch immer, der Wille der betreffenden Person wird davon nicht berührt.

Fixieren bedeutet das Gegenteil. Die Zukunft ist bereits festgelegt, die Richtung ist völlig eindeutig. Die betreffende Person weiß, was sie will und ist höchstens bereit, einige kleine, unwichtige Details zu ändern. Aber die Deutlichkeit hat etwas Krampfhaftes und lässt wenig Raum für Überraschungen – obwohl man die Zukunft weder vorhersagen noch planen oder alles dem Plan entsprechend ausführen kann. Eine andere Form der Fixierung ist das Hängenbleiben an Details. Alles ist so minutiös konkretisiert, dass kein Freiraum mehr bleibt.

Helfen

Nach jedem Szenario können, vor dem Charakterisieren, Fragen gestellt werden. Dabei soll das Szenario durch Fragen konkretisiert werden, die seinen Bildcharakter stärker herausarbeiten. Beispielsweise:

- »Was tun Sie, wenn Sie diese Projekte koordinieren?«
- »Beschreiben Sie doch ein paar Kunden aus Ihrer Beratungsfirma.«
- »Wenn Sie sich in dieses Szenario hineinversetzen, was sehen Sie dann?«

Nicht sinnvoll sind rein informative Fragen, Fragen, die das skizzierte Bild nicht klären, sondern unnütz ausweiten. Etwa:
- »Wie wird dann die Organisationsstruktur aussehen?«
- »Wie soll die Finanzierung geregelt werden?«

Im allgemeinen ist es ratsam, mit seinen Fragen so nahe wie möglich am Material der erzählenden Person zu bleiben.

Unterstützende Fragen kommen aus dem Interesse an der Person und nicht aus einer kritischen Haltung. Kritische Fragen können sein:
- »Glauben Sie, dass es in Ihrer Position realistisch ist, sich selbständig zu machen?«
- »Sind Sie sich klar darüber, was Sie aufgeben, wenn Sie diese Sache anfangen?«

Nachdem die Fragen, die das Bild erhellen sollen, gestellt und beantwortet sind, sollte eine kurze Pause eingelegt werden, bevor die erzählende Person mit dem nächsten Szenario fortfährt. Während dieses Augenblicks der Stille kann jeder Zuhörer das Szenario und die Art, wie es erzählt wurde, auf sich einwirken lassen. Dabei muss man nicht rational analytisch vorgehen, sondern kann ruhig abwarten, was sich in einem zu diesem Szenario äußert. Während man sich das Gehörte noch einmal durch den Kopf gehen lässt, versucht man auf das zu achten, was in einem aufkommt. Es muss nichts Tiefsinniges sein, auch scheinbar unwichtige Eindrücke können sich später als wertvoll herausstellen. Nach dem Notieren einiger Stichworte kann man sich erneut dem nächsten Szenario der erzählenden Person öffnen. Das Gespräch ist nach dem dritten Szenario eingeplant.

Es ist selbstverständlich, dass diejenige Person, die das Szenario einbringt, Mittelpunkt des Gesprächs ist. Das heißt nicht, dass die anderen Teilnehmerinnen nicht miteinander ins Gespräch kommen dürfen, im Gegenteil, gerade das macht das Gespräch lebendig und faszinierend. Man kann sich gegenseitig Fragen zu einer Charakterisierung oder Bemerkung stellen (»Wo hörst du das heraus?«) oder dazu ermutigen, den ein oder anderen Punkt zu vertiefen (»Kannst du das noch ein wenig ausarbeiten?«). Die Gefahr besteht lediglich darin, dass diese Gespräche der Gruppe unabhängig von der erzählenden Person eine Eigendynamik bekommen können. Sie muss einbezogen und interessiert bleiben können.

Übungstip

Bitten Sie jemanden aus Ihrer Umgebung, sich eine künftige Situation vorzustellen, z.B. den Urlaub, Ferien oder ein Fest. Helfen Sie dieser Person durch Ihre Fragen konkret zu beschreiben, was sie sieht und tut.

Zum Schluss

Es ist kaum möglich allgemein zu beschreiben, was der Ertrag des Gesprächs über die Szenarien sein sollte. Das ist natürlich von Person zu Person verschieden. Der einen gibt das Gespräch eine Frage mit, die für sie wesentlich ist oder den konkreten Rat eines Gesprächspartners, der andere entschließt sich, angeregt durch das Gespräch, noch ein oder zwei neue Szenarien zu erstellen. Das Gespräch kann einen auch klarer erkennen lassen, wo die eigenen Vorlieben liegen oder wie man sich im allgemeinen zur Zukunft verhält.

Nicht nur die erzählende Person, auch die Zuhörer-Helfer können etwas aus dem Gespräch mitnehmen. Indem man sich auf die Lebensfragen anderer einlässt, kann man sich selbst auch ein wenig besser kennen lernen.

Fragen aus meiner Umgebung Aufgabe 26

Für Sie selbst

Die Keime für die Zukunft sind in jedem Leben immer anwesend. Zum einen im individuellen Leitmotiv. Es wirkt dann von innen heraus, etwa in der persönlichen Inspiration, in den Grundwerten usw. Zum anderen wirkt die Zukunft auch wie ein Leitstern für das, was einem von außen angetragen wird, in den Möglichkeiten, die einem andere bieten. Teil der gebotenen Möglichkeiten sind auch die Fragen, die einem gestellt werden. Oft lässt man sie achtlos liegen.

1 Besinnen Sie sich auf Fragen, die Ihnen in letzter Zeit gestellt wurden – Bitten, etwas zu tun, an Ihrem Arbeitsplatz wie im Privatleben – und auf die Sie nicht eingegangen sind. Was haben Sie nicht beachtet, zu dem Sie explizit oder implizit aufgefordert wurden? Sollten Sie in dieser Richtung wenig oder nichts finden, dann beraten Sie sich mit den Menschen aus Ihrer nächsten Umgebung. Vielleicht haben sie derartige Fragen durchaus gehört oder gar selbst gestellt. Notieren Sie in Ihr Logbuch, was Sie gefunden haben.

2 Versuchen Sie sich so konkret wie möglich vorzustellen, in welche Situationen Sie durch das Eingehen auf diese Fragen gekommen wären.

3 Nehmen Sie sich in den nächsten drei Wochen jeden Abend Zeit, kurz den Tag Revue passieren zu lassen. Gab es Momente, in denen andere Sie um etwas gebeten haben, auf das Sie nicht eingegangen sind? Machen Sie darüber Aufzeichnungen in Ihr Logbuch.

Methodische Hinweise

Indem Sie sich bewusst überlegen, auf welche Fragen Sie nicht eingegangen sind, werden Sie stärker auf die Impulse Ihrer Umgebung achten. Viele Fragen oder Bitten werden einem direkt oder indirekt gestellt, zum Beispiel: »Wäre das nichts für dich?« oder: »Daran sollte man eigentlich etwas ändern, meinst du nicht auch?« Auch nonverbal werden Fragen gestellt, etwa durch die fragend hochgezogenen Augenbrauen eines Kollegen während der letzten Versammlung zu einem hin, als der Vorsitzende gefragt hatte: »Wer übernimmt das?« Und schließlich können Fragen auch implizit gestellt werden, indem sich aus der Situation ergibt, dass etwas geschehen sollte. Z.B.: Man sitzt in einer Versammlung, sieht, dass bei der Behandlung einer Frage ungeschickt vorgegangen wird. Wieder einmal wird das Wesentliche, um das es geht, nicht aufgenommen. Der Verantwortliche versagt. Und man bekommt das Gefühl: »So geht es nicht weiter. Muss ich es eigentlich nicht selbst in die Hand nehmen?«

Im Gespräch

Jeder Beteiligte trägt, was er gefunden hat, so bildhaft wie möglich vor. Es wird sowohl die *Frage* wie die *Situation* beschrieben, in der die Frage gestellt wurde. Auch *wer* die Frage gestellt hat und *wie* ist wichtig. Die anderen hören zu und charakterisieren.

Im anschließenden Gespräch wird auf die Möglichkeiten eingegangen, die in den Fragen vorhanden waren, auf deren Bedeutung für die erzählende Person.

Abrundung

Jeder schreibt auf, was er oder sie festhalten möchte. Überlegen Sie auch, ob es Ihnen vielleicht Ideen für neue Szenarien gebracht hat. (Diese können bei der nächsten Aufgabe ausgearbeitet werden.)

Noch einmal: Szenarien

Aufgabe 27

Mit dem Erstellen von Szenarien so lange weitermachen, bis man innerlich zur Ruhe gekommen ist, bis man die Richtung kennt, in die man weitergehen möchte. Dazu muss man abwägen, wie lange man noch in Bewegung bleiben muss, indem man z.B. ein Szenario schreibt, das absolut nicht naheliegend ist, und wann die Entscheidung ansteht: »Jetzt ist es genug.«

Für Sie selbst

Falls Sie diese Aufgabe durchnehmen, erstellen Sie eine neue Liste von Möglichkeiten, unter Berücksichtigung dessen, was Sie in Aufgabe 25 und 26 herausgefunden oder was Ihnen andere vorgeschlagen haben. Wählen Sie auf jeden Fall ein Szenario, das nicht so naheliegend ist. Arbeiten Sie mit einem oder mehreren neuen Szenarien.

Im Gespräch

Jeder stellt abwechselnd seine Szenarien vor, nach demselben Muster wie bei Aufgabe 25. Jetzt sollten Sie besonders darauf achten, ob der Erzähler die Anregungen aus der Besprechung dieser Aufgabe aufgenommen hat. Ist er in Bewegung gekommen, hat seine Verbindung zu seinen Szenarien zugenommen usw.?

Abrundung

Jeder gibt an, welches Szenario ihm nun am liebsten ist und welche Aspekte er noch ausarbeiten oder untersuchen möchte. Gegebenenfalls wird noch einmal kurz darüber gesprochen. Schließlich schreibt jeder auf, was er festhalten möchte.

Schlafen Sie noch eine Nacht über Ihre Entscheidung und warten Sie ab, ob sie standhält.

Aufgabe 28

Bisheriger Ertrag

Learning by doing. Durch die regelmäßige Beschäftigung mit den Ergebnissen Ihrer Aktivitäten wird der Lernprozess beschleunigt.

Für Sie selbst

Nehmen Sie sich das Material vor, das Sie seit Aufgabe 25 gesammelt haben und stellen Sie sich die Frage, was Ihnen das alles gebracht hat. Was waren die Resultate Ihrer Untersuchung? Achten Sie u.a. auf folgende Aspekte:

Entdeckung
Sie haben etwas Neues erfahren, das festgehalten werden sollte.

Bewusstwerden
Sie sind sich über etwas klar(er) geworden, was schon länger in Ihnen geschlummert hat.

Bestätigung
Sie wurden in etwas bestätigt, was Sie bereits wussten, fühlten oder konnten.

Fragen
Sie haben andere oder neue Fragen gefunden.

Im Gespräch

Falls Sie diese Aufgabe gemeinsam besprechen, erzählt jeder der Reihe nach, was er herausgefunden hat. Die Zuhörer ergänzen das Gehörte.

Abrundung

Jeder schreibt auf, was er oder sie festhalten möchte.

Noch einmal: meine Frage

Aufgabe 29

Ein Problem, mit dem Sie kämpfen, kann sich im Lauf der Zeit ändern. Man sollte das nicht unbemerkt geschehen lassen, sondern seine Fragen rechtzeitig neu gewichten oder noch einmal formulieren.

Für Sie selbst

1 Nachdem Sie Ihre Ergebnisse von Aufgabe 28 gesammelt haben, formulieren Sie die auf Ihren Lebenslauf und Ihre berufliche Situation bezogene Frage noch einmal neu. Überlegen Sie, weshalb Sie die Untersuchung fortsetzen wollen und welche Resultate Sie sich *jetzt* davon versprechen. Formulieren Sie das in *einer einzigen* Frage. Bei der Formulierung sollten Sie folgende Kriterien berücksichtigen:

- in einem kurzen Satz
- der das Wort »ich« enthält
- mit einem Fragezeichen am Ende
- und auf das gerichtet, was Sie in der Zukunft wollen.

2 Vergleichen Sie die neu formulierte Frage mit der ursprünglichen. Was ist daran anders? Was hat zu der neuen Frage geführt?

Im Gespräch

Der eine erzählt, die anderen hören zu und charakterisieren. Die Zuhörer können dem Erzähler helfen, konkrete Beispiele zu finden, in denen die Frage vorkommt.

Abrundung

Jeder schreibt auf, was er festhalten möchte und modifiziert gegebenenfalls seine Frage.

Abschnitt 6

Was werde ich jetzt tun?

Nach der Erkundung der Zukunft und dem, was Sie dort in die Tat umsetzen wollen, geht es jetzt um die Frage, in welcher Weise Sie das tun wollen. Damit Ihre Entscheidung für Sie auch konkret wird, arbeiten Sie mit einem definitiven Szenario. Es dient als Wegweiser, um in Bewegung zu kommen. Am Ende dieses Abschnitts verfügen Sie über einen »Schritte–Plan«: Vereinbarungen, die Sie mit sich über konkrete Handlungen getroffen haben.

Aufgaben

Erläuterungen

Unterstützende Übung

Aufgabe 30

Endgültiges Szenario

Beim Erstellen von Szenarien können einem bestimmte Aspekte das Gefühl geben: »Ja, das ist es, das ist die Richtung, in die ich gehen möchte.« Diese Aspekte eines Szenarios nennen wir »erfolgversprechende Bereiche«. Die Stimmung ist oft widersprüchlich. Man kann froh sein und gleichzeitig ängstlich, oder wissen, was man möchte und doch auch unsicher sein, ob es auch tatsächlich zutrifft. Dennoch sollte man sich mit diesen erfolgversprechenden Bereichen verbinden.

Für Sie selbst

Blicken Sie zurück auf die Szenarien, die Sie bisher gemacht haben und erstellen Sie eine Liste der »erfolgversprechenden« Aspekte, die Sie gefunden haben. Wägen Sie diese ab und erstellen Sie ein definitives Szenario der Situation, in der Sie in drei Jahren leben wollen.

Methodische Hinweise

Erfolgversprechende Bereiche sind Teile aus den Szenarien, von denen Sie, vielleicht nach dem Austausch mit den Gesprächspartnern, das Gefühl haben: »Das spricht mich an«, »Mir ist klar geworden, dass das wichtig für mich ist« oder »Dafür kann ich mich erwärmen«. Beispielsweise kann es sein, dass in all Ihren Szenarien etwas anklingt, was sich jetzt in aller Deutlichkeit gezeigt hat und für Sie sehr wertvoll ist. Oder Sie haben in einem Szenario so klar und überzeugend über einen Teilbereich gesprochen, dass die anderen zu Ihnen sagen: »Dort liegt dein Herz und deine Kraft.«

Erfolgversprechend sind also alle Aspekte, die eine reale Möglichkeit der Umsetzung bieten. Erstellen Sie auf der Basis dieser erfolgversprechenden Bereiche ein neues (definitives) Szenario.

Im Gespräch

Erläuterung:
Unternehmen
Lebenslauf (S. 178)

Es ist besser, diese Aufgabe erst zu besprechen, nachdem Sie Aufgabe 31, Rückblick auf Entscheidungen, ausgeführt haben. Es kann sein, dass Sie Ihr definitives Szenario nach Aufgabe 31 noch anpassen möchten. Bei Aufgabe 32 können Sie den anderen berichten, wie es aussieht.

Abrundung

Schreiben Sie auf, was Sie durch diese Aufgabe über sich selbst erfahren haben. Wie sind Sie beispielsweise zur Entscheidung für das definitive Szenario gekommen?

Rückblick auf Entscheidungen

Aufgabe 31

An seiner Zukunft zu arbeiten, heißt, sich entscheiden. Aber worin besteht Ihre eigene Art, Entscheidungen zu treffen? Wie haben Sie es bisher in Ihrem Leben damit gehalten? Was ist dafür charakteristisch? Und möchten Sie diese Art beibehalten oder etwas anders machen?

Für Sie selbst

Rekapitulieren Sie eine Reihe wichtiger Entscheidungen, die Sie in der Vergangenheit getroffen haben. Beschreiben Sie, wie Sie zu Ihrem heutigen *Beruf* gekommen sind, Ihrer heutigen *privaten Situation* und Ihrem heutigen *Entwicklungsthema*.

Wann war das? Was geschah dabei: in Ihnen, mit Ihnen, in Ihrem Umfeld? Wovon haben Sie sich leiten lassen? Beschreiben Sie dies bildhaft. Betrachten Sie nun diese Bilder und überlegen Sie, was für diese Entwicklung charakteristisch war.

Wenn Sie möchten, können Sie die Aufgabe vertiefen, indem Sie aus jedem der drei angeführten Bereiche einige wichtige Entscheidungsmomente auswählen. Beschreiben Sie diese genauso, wie oben angegeben, und charakterisieren sie.

Schließlich nehmen Sie sich alles vor, was Sie gesammelt haben und ziehen Sie Schlüsse daraus, wie Sie offenbar zu Entscheidungen kommen.

Methodische Hinweise

Hier geht es um drei wichtige Lebensbereiche des Menschen: Arbeitsleben, Privatleben und Entwicklungsleben.

- *Beruf*: Unter Ihrem heutigen Beruf verstehen wir das, was Sie tun und nicht das, wofür Sie ausgebildet wurden. Es kann sein, dass Sie immer denselben Beruf ausgeübt (eventuell in verschiedenen Funktionen und Organisationen) oder dass Sie mehrfach den Beruf gewechselt haben. Die Situation, in der Sie zur Wahl Ihres heutigen Berufs gekommen sind, kann also länger oder weniger lang her sein.
- *Private Situation*: In erster Linie geht es hier um Ihre heutige Lebenssituation: Familie, Partner, Wohnsituation u.ä. Sie können es nach Belieben erweitern um Freundschaften, Mitgliedschaft in Clubs oder Vereinen, oder anderes.

- *Entwicklungsthema*: Es kann sein, dass Ihnen zunächst nichts einfällt, weil Sie bei diesem Wort an etwas Schwerwiegendes denken. Aber unter dieses Gebiet fallen auch gewisse Freizeitaktivitäten oder Hobbies, wenn sie nicht nur rein der Entspannung dienen, sondern Sie sich dadurch selbst weiterentwickeln wollen. Das kann Musik, Sport, Gartenarbeit, Fotografieren, Geschichten erzählen, die russische Sprache und Literatur oder vieles andere sein.
  Es kann auch um ernstere Themen gehen, die intimer sind, etwa wie man mit Unsicherheit umgeht, andere zu ihrem Recht kommen lässt, besser zusammenarbeitet oder kommuniziert. Entwicklungsthemen stehen meist im Zusammenhang mit der beruflichen und privaten Situation. Wenn es mehrere Themen gibt, sollte das jüngste bzw. gerade aktuelle gewählt werden. Bei zwei sehr unterschiedlichen Themen eben beide.

Wir unterstellen, dass Sie die Basistechniken des bildhaften Beschreibens inzwischen gut beherrschen. Lesen Sie gegebenenfalls noch einmal die entsprechenden Kapitel nach (S. 28 und 41).

Bei dieser Aufgabe sollen Sie herausfinden, was Ihre Entscheidung ausgelöst hat. Von welcher Überzeugung oder welchem Gedanken, welchem Motiv oder Ereignis haben Sie sich beim Entscheidungsprozess leiten lassen?

Beispiele aus den genannten drei Bereichen können sein:

- »Jan war für mich eine Autorität. Ich tat, was er sagte.«
- »Mit meinen Freunden konnte meine Mutter früher nie viel anfangen. Aber Michael mochte sie sehr gern.«
- »Mich hat in der Fotografie das Arbeiten mit Hell und Dunkel fasziniert.«

Abb. 5a Unterstützende Übung: Bewegliche Vorstellung

Abb. 5b Unterstützende Übung: Bewegliche Vorstellung

Abb. 6a Unterstützende Übung: Entwerfen

Abb. 6b Unterstützende Übung: Entwerfen

Im Gespräch

Jeder Erzähler beschreibt bildhaft, wie er zu seiner heutigen beruflichen und privaten Situation sowie seinem Entwicklungsthema gekommen ist. Eventuell ergänzt er das noch durch ein anderes wichtiges Entscheidungsmoment aus einem oder jedem der drei Bereiche.

Die anderen hören zu und charakterisieren. Der Erzähler vergleicht ihre Charakterisierungen mit seinen eigenen; anschließend kann ein kurzes Gespräch folgen. Der Erzähler rundet es ab, indem er seine Schlussfolgerungen darlegt, auf die die anderen, falls sie es wünschen, reagieren können.

Abrundung

Zum Schluss schreibt jeder auf, was ihm bzw. ihr festzuhalten wichtig scheint.

Unternehmen Lebenslauf

Denke erst und handle dann,
und handelnd denk noch dran.
Guido Gezelle

In der Endphase dieses Workshops muss man die beschützende Sphäre der Besinnung verlassen und den ersten Schritt auf dem Weg tun, sein Leben »unternehmerisch« selbst in die Hand zu nehmen. Man kann nicht endlos in seinem Besinnungsraum zurück- und vorausschauen. Nein, man muss an die Öffentlichkeit gehen mit dem, was man dort in sich gefunden hat. Reflektion und Untersuchung werden jetzt mit konkretem Handeln verbunden: man »denkt handelnd« .

Wenn man leben will, muss man Entscheidungen treffen und wieder in Gang kommen, also Risiken eingehen, denn es ist unmöglich, alles vorherzusehen. Das nennen wir *unternehmen*. Dabei wird man von einer Reihe *Lebensfähigkeiten*, »liefeskills« unterstützt, die in den Aufgaben und Übungen dieses Buches regelmäßig behandelt wurden. Eine wesentlicher Nährboden für das unternehmende Lebens ist schließlich eine ständige *innere Schulung* oder ein Training. Alle drei Aspekte werden im Folgenden behandelt.

Unternehmen

Wenn wir von »unternehmen« und »unternehmend sein« sprechen, meinen wir nicht Unternehmertum im wirtschaftlichen Sinn. Es geht uns um Menschen, die unternehmend, voller Unternehmungsgeist in ihrer Arbeit und im Leben stehen. Was sind ihre Merkmale?

Initiativ werden

Unternehmende Menschen sind von sich aus aktiv, und was sie in die Hand nehmen, dem geben sie auch Gestalt. Der eine tut das eher stetig und beinahe unbeachtet, ein anderer impulsiv, mit großem Einsatz und deutlich erkennbar. Jeder hat seinen eigenen Stil. Menschen, die nicht lang stillsitzen können, fallen einem schnell auf. Sie sind mit der einen Sache noch nicht fertig und schon wird das nächste Projekt erdacht und angeschoben. Es sind richtige Tatmenschen. Die mit ihnen zu tun haben, seufzen manchmal: »Kannst du nicht endlich einmal ruhig ...?« »Ja«, sagen die Tatmenschen, »solange sich was tut!« Weniger sichtbar sind die Menschen, die über einen langen Zeitraum eine Initiative beharrlich Schritt für Schritt auf den Weg bringen. Nach außen ist das oft wenig sichtbar, und man hört den Seufzer: »Wenn du nur endlich mal was unternehmen würdest!« »Ja«, sagen dann die Beharrlichen, »aber dann im richtigen Augenblick.« Bei ihnen kommt jedoch auch der Moment, in dem ihnen die Lust vergeht und sie wieder etwas Neues unternehmen wollen.

Schon bei kleinen Kindern sind diese verschiedenen Stile zu erkennen. Dieser individuelle Stil unternehmerisch zu sein, kann durch Ernährung, Erziehung und Erfahrungen verstärkt, aber auch abgeschwächt werden. Wie diese sozialen Einflüsse auch immer sind, bis ca. vierzig trägt und schiebt einen im allgemeinen jugendliche Vitalität und körperliche Energie voran. Diese Vitalität hilft einem gesunden Menschen über die Veränderungen hinweg, die jeder Übergang in eine neue Lebensphase von ihm verlangt.

In der zweiten Lebenshälfte schlägt das früher oder später um. Die körperliche Vitalität nimmt ab und an ihre Stelle muss eine geistige Vitalität treten, eine Energie, die aus einer geistigen Aktivität gespeist wird. Das geht nicht von selbst. Es verlangt vom Ich einen bewussten Einsatz. Je früher im Leben der Strom der körperlichen Energie dünner wird, desto früher wird auch vom Ich dieser Einsatz verlangt. Und umgekehrt: Je länger die körperliche Energie wirkt, desto länger kann auch der Schritt hinausgeschoben werden, das Ich bewusst einzuschalten. Man kann jedoch im allgemeinen davon ausgehen, dass nach dem fünfunddreißigsten Lebensjahr Erneuerung mehr und mehr *erworben* werden muss. Das heißt: Dann muss man bewusst Initiativen ergreifen und unternehmend werden.

Übungstip

Verfolgen Sie regelmäßig, beispielsweise jeden Monat, welche Initiativen Sie ergriffen haben.

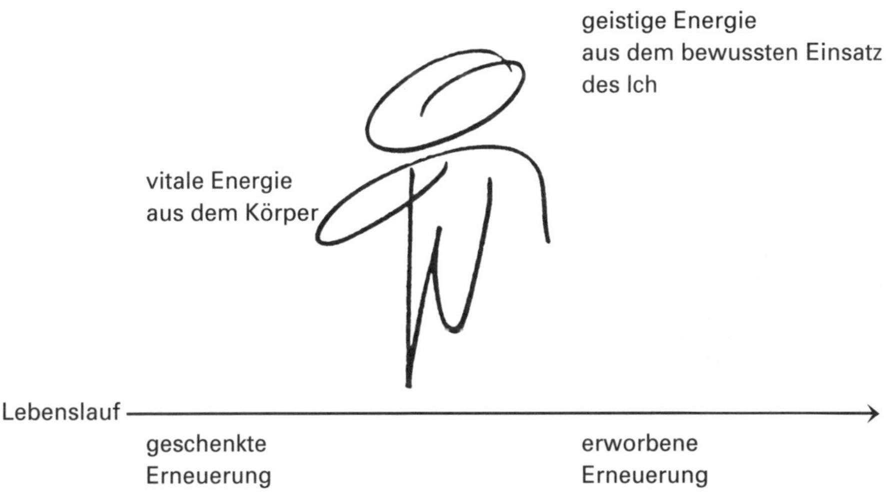

Risiken eingehen

Unternehmen bringt Risiken mit sich. Wenn man zuerst genau wissen will, ob der Schritt der richtige ist, lässt man in neun von zehn Fällen diesen Schritt sein. Unser Wissen und Denken steht mit der Vergangenheit in Verbindung. Verlässt man sich allein darauf, zieht man die Vergangenheit mit in die Zukunft. Durch Nachdenken die Zukunft zu gestalten, funktioniert nicht. Man kann nie im Voraus genau bedenken, was alles passieren könnte. Es bleibt immer eine Restmenge von Zufällen. Man steht dann vor der Entscheidung, »auf gut Glück« weiterzumachen. Aber ein unternehmender Mensch spielt nicht Roulette, er vertraut auf Gefühl und Intuition. In ihnen spricht sich die Zukunft aus. Es sind Signale des eigenen Willens. Es braucht »Mumm«, seiner Intuition zu vertrauen, sich von dem Gefühl leiten zu lassen, »das wird schon das Richtige sein«, wenn man damit keine Erfahrung hat. Zukunftsorientiertes Handeln verlangt, dass man auf seinen Willen vertraut.

Ob es dabei um die Anlage der »Magnetschwebebahn Berlin-Hamburg« geht oder um den nächsten wesentlichen Schritt im eigenen Leben, es ist natürlich sinnvoll, sich seine Überlegungen zu machen, Szenarien zu erstellen. Aber beim Übergang zum Handeln kommt der Moment, in dem man sich auf seine Intuition verlassen muss, wie unsicher man auch sein mag. Man tut dann, was man als richtig empfindet und beobachtet, was dann passiert. Wie wird der Schritt, den man tut, von anderen aufgenommen? Kommt praktische Unterstützung in Form guter Informationsquellen, Namen von Menschen, die einem weiterhelfen können, Ideen, Mittel? Dadurch wird einem eine Antwort signalisiert, im Sinn von »mach ruhig weiter«. Das Leben signalisiert immer, ob die Richtung stimmt. Am wichtigsten ist es, in Bewegung zu kommen und für Signale bereit zu sein. Achten Sie nicht nur auf Rückschläge, geben Sie sich aber auch nicht nur mit Rückenwind zufrieden. Seien Sie unternehmend, halten Sie den Kurs und lassen sich von den Signalen leiten, die Sie bekommen.

Übungstip

Horchen Sie in sich hinein, was Sie wollen, und fühlen Sie danach einen für Sie ungewöhnlichen Schritt aus. Versuchen Sie dann unbefangen zu beobachten, wie dieser Schritt von anderen aufgenommen wird.

Offen sein für Fragen anderer

Zu den Signalen aus der Umgebung gehören auch die Fragen, die einem gestellt werden. Unternehmen heißt auch, dass man sich über das Wertvolle im Klaren ist, was man in sich trägt, was man zu bieten hat, und gleichzeitig ein waches Auge behält für die Marktlücke, für das, was andere wollen und brauchen. Man arbeitet nie für sich allein, sondern für andere. In der Arbeit richtet man sich auf die Außenwelt, auf die impliziten und expliziten Anforderungen, die an einen gestellt werden.

Die Art des Appells kann sehr subtil sein. Manche Menschen skizzieren z.B. eine Problemsituation, halten sich aber mit der direkten Frage an Sie zurück, um zu sehen, ob Sie die Problemsituation anspricht. Es geht darum, die Fragen, die es im eigenen Umfeld gibt und die einen berühren, wahrzunehmen, sie hören zu können. Danach liegt es an Ihnen, auf diese Frage einzugehen oder es sein zu lassen.

Übungstip

Notieren Sie einmal eine gewisse Zeit, welche Fragen man Ihnen explizit und implizit stellt. In welcher Situatuion und in welcher Form werden sie gestellt, und wie haben Sie sich, nun im Rückblick, dazu verhalten?

Zu einem unternehmenden Leben gehört aber auch, sich mit anderen mitbewegen zu können, ihnen zu vertrauen und abzuwarten, wohin einen das führt. Damit arbeitet man gleichzeitig am Aufbau, Entwickeln und Pflegen seines Netzwerks.

Sich auf Aufgaben einlassen können

Man muss nicht jede Frage aufgreifen. Ein bewusster Mensch hat die Freiheit der Wahl. Ein unternehmender Mensch verpflichtet sich nicht, weil »es nun einmal sein muss« oder weil »das von mir erwartet wird«. Er lässt sich ein aus einer persönlich erlebten, tieferen Sinngebung. Solch eine Verbindung hat mit Hingabe zu tun, nicht sklavisch oder machtlos, sondern aus dem Willen heraus, das aktiv einzusetzen, was man entwickelt hat. Vor allem in der zweiten Lebenshälfte steckt die eigene Entwicklung im Einsatz für etwas, was einen nicht selbst betrifft, und mit dem man aus freiem Willen eine Verbindung eingeht. Es ist eine Übung in »nicht mein Wille« – mein penetranter Wille, die Tatsache, dass ich es unbedingt will – »sondern Dein Wille geschehe«: das, was in der Situation gewollt wird. Man kann das als etwas erleben, was auf einen zukommt, von außen. Dem Gehör schenken heißt nicht, sich selbst verleugnen, denn was da auf einen zukommt, hat mit der eigenen Person zu tun. Dem Gehör schenken heißt, sich dem verpflichten, wozu man auf Erden ist. Wozu man auf Erden ist, findet man heraus, indem man sich anderen zuwendet.

Übungstip

Versuchen Sie eine Woche lang auf Menschen und Situationen zu achten, auf die Sie meist ablehnend reagieren. Halten Sie sich in drei Fällen bewusst mit Ihrer Ablehnung zurück und versuchen Sie, Interesse für diese Menschen oder Situationen aufzubringen.

Entscheiden ist eine Lebensnotwendigkeit. In einer Situation zu stecken und es gleichzeitig nicht zu wollen, weil das organisatorische Chaos, der Chef, der Umgangsstil, das Einkommen, der ganze »Mist« einem nicht gefällt, macht krank. Nicht dort sein zu wollen und trotzdem nicht weggehen zu wollen, weil es vermutlich überall dasselbe ist, macht krank. Es ist besser zu überlegen, was einen noch an diesem Ort hält – vielleicht nur das Geld – und sich aus diesem Wissen für die »Mist«-Situation zu entscheiden. Das heißt »sich damit verbinden«, sich einlassen, wie schwierig die Situation auch ist. Vielleicht ist das wichtigste Kennzeichen des Unternehmend-im-Leben-Stehens, sich mit der Welt um einen verbinden zu können. Das fordert gleichzeitig eine innere Pflege seiner eigenen Inspirationsquellen (Vgl. »Inspiration«, S. 128).

Fähigkeiten für das Leben

Die oben angeführten charakteristischen Fähigkeiten eines unternehmenden Menschen kann man erlernen. Unsere Übungstips sind Handreichungen dafür. Aber es ist noch schöner, wenn jeder eigene Übungen findet. Es gibt viele Fähigkeiten, und für jede Fähigkeit sind wiederum viele Übungen denkbar. Da heißt es wählen. Außer den oben erwähnten wurden im Buch auch eine Reihe allgemeiner Fähigkeiten vorgestellt, wie man mit seinem Leben umgehen, ständig daraus lernen kann – *lifeskills* in den Worten Barrie Hopsons. Wir stellen jetzt einige davon vor.

Leben mit Fragen

Das Leben mit einer Frage beginnt damit, seine Unzufriedenheit mit Beruf oder Leben ernst zu nehmen, als ein Signal, dass »etwas nicht stimmt«. Darauf sollte man diese Unzufriedenheit in eine Frage formulieren, im Hinblick auf die Haltung und Handlungsweise in der Zukunft. Nachdem die Frage aufgeschrieben ist, sucht man eine konkrete Situation aus der jüngsten Zeit, in der diese Frage eine Rolle spielte. Beschreiben Sie diese bildhaft, und charakterisieren Sie die Situation und Ihr Verhalten. Das nennen wir Verankern der Fragestellung in der Welt um einen herum. Versuchen Sie sich vorzustellen, wie die Situation nach einiger Zeit aussehen wird, wenn Sie nichts gegen diese Unzufriedenheit tun. Beschreiben Sie die Situation bildhaft, charakterisieren Sie sie und beobachten Sie, wie es Sie beeinflusst, in welche Stimmung Sie kommen.

Die Kunst des Vorausschauens

Man fängt bei seiner Frage an. Von diesem Ausgangspunkt macht man sich ein Bild von einigen der künftigen Lebens- und Arbeitssituationen, d.h. man erstellt mit seiner konkreten Phantasie verschiedene Szenarien. Je stärker das Szenario die Qualität eines tatsächlich wahrgenommenen Bildes annimmt, desto wirklicher wird man darauf reagieren. Gehen Sie mit jedem der möglichen Szenarien eine Verbindung ein, als sei es real, und hören, fühlen, tasten Sie innerlich ab, wie sich Ihr Wille verhält, was Sie tatsächlich wollen und was nicht. Erstellen von Szenarien verlangt ein immer neues Sicheinlassen, eine innere Kreativität und schließlich Offenheit für die Art, wie man seelisch darauf reagiert.

Die Kunst des Zurückblickens

Auch hier beginnt man mit einer Frage. Von hier ausgehend geben Sie eine Übersicht über Ihr bisheriges Leben. Beschreiben Sie so bildhaft wie möglich, was Sie erlebt haben. Versuchen Sie, ungeachtet der Reaktionen, Gefühle und Emotionen, die in Ihnen hochsteigen werden, die Situationen so zu beschreiben, als würden Sie diese mit den Augen eines Unbeteiligten beobachten. Versuchen Sie zu charakterisieren, suchen Sie nach dem Wesentlichen, und versuchen Sie mit Verwunderung Ihr Leben zu betrachten. Man kann sich beispielsweise angewöhnen, am Abend auf den Tag zurückzublicken.

Die Auswirkungen des eigenen Handelns wahrnehmen

Ein spezieller Aspekt in der Rückschau ist das Wahrnehmen des eigenen Handelns und dessen Auswirkung auf andere. Was sind die Folgen meines Tuns? In den meisten Fällen wird es unbekannt bleiben, wenn man auch manchmal nach langer Zeit damit konfrontiert wird. Es ist leichter, sich seiner Gedanken oder Gefühle als der Folgen seines Handelns bewusst zu sein. Aber man kann lernen, diese Auswirkungen seines Handelns besser wahrzunehmen. Die Frage »Was setze ich eigentlich in Gang?« sollte immer lebendig sein. Nicht aus Schuldgefühl oder dem Bedürfnis nach Selbstbeweihräucherung, sondern aus Interesse an der Sache. Nachdem man die Konsequenzen seines Tuns nüchtern betrachtet hat, kann man sich entscheiden, ob man dahinter steht oder sein Verhalten ändert. Am besten ist es, wenn man die Auswirkungen seiner Taten schon beim Handeln voraussehen kann. Es ist jedoch auch am schwersten. Das spätere Reflektieren seines Tuns ist ein Hilfsmittel, bewusster handeln zu lernen.

Im Gespräch mit der eigenen Biographie

So ist man mit seinem Leben im Gespräch, mit der Biographie, die man mit eigener Hand geschrieben hat und immerzu schreibt: fragend, vorausschauend, zurückblickend und in der Situation wahrnehmend. Es ist ein Gespräch, in dem man aus seinen Erfahrungen und Erwartungen lernt.

Versuchen Sie keine Trennwände zwischen Vergangenheit, Gegenwart und Zukunft oder zwischen den Lebensphasen zu errichten durch Vorhaltungen wie: »Ältere Menschen verändern sich nicht mehr« oder: »Jüngere Leute machen es so, wie sie es eben verstehen, sie begreifen eigentlich noch nichts vom Leben«. Spielen ist nicht nur für Kinder da und Weisheit genausowenig das Monopol Recht alter Menschen.

Auch der Unterschied zwischen Lernen, Arbeiten und Leben muss nicht zu einer Trennung dieser drei Lebensgebiete führen. Im einen Bereich erworbene Erfahrungen und Fertigkeiten können in den anderen produktiv gemacht werden. Man lebt auch in seiner Arbeit und an seinem Privatleben muss man manchmal hart arbeiten. Und lernen kann man ebenfalls in den beiden anderen Gebieten.

Das Einbeziehen anderer Personen

Vieles schafft man allein. Letzten Endes muss man es auch selbst tun. Man sollte aber den Partner als Kameraden im »Gespräch mit seiner Biographie« nutzen, sich bei ihm ausweinen, sein Herz ausschütten, ihn jedoch vor allen Dingen bitten, einem zu helfen, aus den Erfahrungen zu lernen. Das ist ein Appell an die Nüchternheit, manchmal auch an das Zurückspiegeln von Wahrheiten, die man ungern hört oder sieht. Man sollte konkrete Aufgaben stellen wie: Stelle Fragen, die das Bild konkreter machen, oder charakterisiere, oder versuche herauszuhören, was ich wirklich will.

Innere Schulung

Die genannten Fertigkeiten des unternehmenden Menschen sind gewissermaßen »Lebenstechniken« (lifeskills). Aber wie setzt man das alles um? Die Absicht allein ist noch lange keine Garantie für das Tun. Alles Mögliche lenkt einen ab. Man braucht innere Kraft, um anzufangen und durchzuhalten. Wie kann man diese Kraft entwickeln?

Die nächsten grundlegenden Übungen unterstützen das zuvor Beschriebene. Sie haben einen etwas anderen Charakter, sind gedacht, sie in seinem Besinnungsraum, in seiner inneren Welt auszuführen, ohne dass andere es von einem verlangen. Es sind grundlegende Übungen, um den Willen, das Denken und Gefühl stärker zu machen. Diese Übungen müssen längere Zeit trainiert werden, ehe sie Früchte tragen. Die Resultate sind nicht direkt sichtbar, auch nicht für einen selbst. Aber nach einiger Zeit wird man die Wirkung merken können. Sie äußert sich in subtilen inneren Veränderungen.

Einige Übungen für diese innere Schulung sind:

Das Willenstraining

Nehmen Sie sich für jeden Tag zur selben Stunde eine völlig sinnlose Handlung vor. Etwas, um das einen keiner bittet und die ohne Folgen für die Umgebung ist. Beispielsweise mittags um 12 einen Knoten ins Taschentuch machen, seinen Ring dreimal nach rechts drehen, den Verschluss des Kugelschreibers ab- und wieder aufschrauben. Definieren Sie nicht nur den Anfang, sondern auch das Ende der Übung klar, z.B.: »Das mache ich ab morgen drei Wochen lang.« Und danach erneuert man die Vereinbarung.

Die Erfahrung zeigt, dass es einem nicht gelingt, sein Vorhaben exakt durchzuführen. Man vergisst es, wird abgelenkt. Der Sinn der Übung liegt auch nicht im Ergebnis. Sobald sie gelingt, auch vor dem Ende der Periode, die man mit sich selbst vereinbart hat, muss man sofort aufhören. Dann erschwert man sich die Aufgabe, z.B. indem man einen längeren Zeitraum vorgibt.

Die Schulung des Denkens

Wie lernt man sein Denken zu beherrschen? Normalerweise denkt »man« nicht, sondern denkt »es« in einem. Gedanken schießen einem durch den Kopf, schwirren umher, reißen einen mit sich. Wie kann man es schaffen, das zu denken, was man will?

Man nimmt einen einfachen Gegenstand wie eine Büroklammer, eine Münze oder einen Bleistift und denkt fünf Minuten in einer sinnvollen, selbstgewählten Weise darüber nach. Man konzentriert sich beispielsweise auf die Form des Gegenstands, auf seine Funktion, seine Herkunft, seine Geschichte. Man muss darauf achten, sich nicht ablenken zu lassen und darauf zu achten, dass alles, was man sich zu dem Gegenstand denkt, vorstellt und überlegt, von einem selbst bestimmt wird. Man denkt Schritt für Schritt.

Dabei wird sich herausstellen, dass es anfangs nicht einmal eine einzige Minute gelingt. In Windeseile schweifen die Gedanken in völlig andere Bereiche ab. Eine andere Falle stellt sich, wenn man schon ein paar Mal über den gleichen Gegenstand nachgedacht hat: dann schleicht sich Routine ein, und man merkt, dass man mechanisch alte Gedanken noch einmal denkt. Aber es ist gerade der Sinn dieser Übung, jedesmal völlig bei der Sache zu sein.

Auch bei dieser Übung ist nicht das Ergebnis wichtig, sondern das Tun. Durch regelmäßige Wiederholung diszipliniert man das Denken und weckt die Kraft des Interesses in sich.

Die Intensivierung des Gefühls

Die oben genannte innere Kraft des Interesses wächst, wenn die Gefühle intensiviert werden, ohne sie direkt zu äußern. Wir wollen nicht behaupten, es sei nicht wichtig, Gefühle zu äußern. Manchmal muss man sie sogar kennenlernen, um sich von ihrer Heftigkeit nicht überrumpeln zu lassen. Es erleichtert, aber sie sind dann auch verschwunden. Und das ist schade, denn Gefühle geben einem wertvolle Signale über die eigene Person und seine Umgebung. Man muss die Gefühle ernst nehmen, sie wahrnehmen, auf sie hören. Denn oft sind sie sehr flüchtig. Dann wieder sind sie derart heftig, dass es nicht einfach ist, in diesem Sturm den Kern des Gefühls zu entdecken. Man sollte sie durchleben und das Bedürfnis unterdrücken, sie zu äußern. Und schließlich versuchen, in sich Worte für sie zu finden, ihnen einen Namen zu geben.

Dadurch intensiviert man das Gefühl, und es wird zum Wahrnehmungsorgan und Signalgeber. Man kann lernen, seine Gefühle zu erleben und zuzulassen, ohne von ihnen überwältigt zu werden, wie eine Möwe auf den Wellen der Brandung sitzen bleiben kann, ohne von ihr überspült zu werden.

Das Positive finden

Um in schwierigen Erfahrungen nicht total von negativen Gefühlen überwältigt zu werden, muss man nach einem positiven Aspekt suchen. Möchte man beispielsweise in einem Konflikt den anderen am liebsten umbringen, sollte man bei ihm oder ihr nach etwas Positivem suchen. Niemand ist durch und durch schlecht. Dabei soll nicht nur das Schöne gesehen werden, ganz im Gegenteil. Das wäre genauso unrealistisch. Wenn man die Neigung fühlt, alles positiv zu finden, sollte man das weniger Schöne, das Negative suchen. Das fällt uns leichter als das Gegenteil. Deshalb ist diese Übung in bewusstem positiven Denken wichtig. Auch hier geht es wieder nicht um das Resultat, sondern um die wiederholte Bemühung.

Unterstützende Übung: Entwerfen

Für Sie selbst

Nehmen Sie ein Viertel des Tonbrotes, das Sie bei Ihrer letzten unterstützenden Übung benutzt haben und legen Sie es vor sich auf die Spanplatte. Legen Sie auch einen Bleistift, ein Lineal und ein Blatt Papier bereit. Krempeln Sie die Ärmel hoch und lesen Sie Folgendes:

1 Sie haben vermutlich noch viel zu viel Ton vor sich liegen. Brechen Sie davon soviel ab, wie Sie für eine Kugel brauchen, die Sie beinahe mit beiden Händen umspannen können, wenn Sie die Handflächen herumlegen. Mit dieser Menge Ton werden Sie arbeiten. Formen Sie jetzt eine massive Kugel, so vollkommen wie möglich.

2 Legen Sie die Kugel vor sich. Nehmen Sie Bleistift und Papier und entwerfen Sie mit geraden Linien und Ebenen eine dreidimensionale Figur, die Sie mit der vorgegebenen Menge Ton formen. Halten Sie dabei eine Arbeitszeit von 20 Minuten ein.

3 Führen Sie Ihren Entwurf so exakt wie möglich in Ton aus.

Methodische Hinweise

Arbeiten Sie ohne Hilfsmittel, nur mit den Händen.
Schritt 1 soll Sie mit dem Material vertraut machen, mit den (Un-)Möglichkeiten Ihrer Hände und der Zeit, die Sie für das gewünschte Ergebnis brauchen.

Schritt 2: Machen Sie einen realistischen Entwurf, bei dem Sie die Möglichkeiten des Tons einbeziehen, Ihr eigenes Können und die vorgegebene Zeit. Sie sollen bei der Ausführung Ihres Entwurfs allen Ton verwenden, der in der Kugel verarbeitet ist.

Arbeiten Sie auf der Spanplatte und gebrauchen Sie nur Ihre Hände.

Im Gespräch

Abwechselnd zeigt jeder seinen oder ihren Entwurf und das Endergebnis, die anderen charakterisieren es. Daraufhin werden folgende Punkte des Arbeitsprozesses besprochen:

- Was haben Sie beim Entwerfen und Realisieren Ihres Entwurfes empfunden? Dabei können Sie sich mit der Beziehung zwischen Entwurf und Produkt beschäftigen, mit seiner Stofflichkeit (matschig, trocken, etc.) und der Menge des Materials, Ihrem Geschick und dem Einhalten des vorgegebenen Zeitrahmens.
- Haben Sie die Aufgabe ausgeführt? Wie haben Sie gearbeitet?
- Sagt Ihnen das Vorhergehende etwas über Ihr Verhalten in Ihrer beruflichen Situation?
- Was bedeutet das für Ihre Frage bezogen auf die Zukunft? Folgende Fertigkeiten oder innere Fähigkeiten werden bei der Übung angesprochen:
- das Herstellen eines realistischen Entwurfs, im Hinblick auf Material, Ihr Geschick und die verfügbare Zeit;
- den Entwurf nicht zu verändern, während man daran arbeitet;
- sich mit einer Aufgabe mitbewegen.

Abrundung

Am Ende schreibt jeder auf, was er oder sie festhalten möchte.

Beispiele für diese Übung: Abb. 6a und b (nach S. 176)

Schritt-Szenarien

Aufgabe 32

Für Sie selbst

Stellen Sie sich ihr endgültiges Szenario vor. Überlegen Sie, was zwischen heute und in drei Jahren getan werden muss, um dieses Szenario zu realisieren. Im Folgenden nennen wir Ihnen dazu zwei Möglichkeiten. Notieren Sie Ihre wichtigsten Beobachtungen.

1 *Gebiete, für die Sie etwas tun müssen*
Versetzen Sie sich in die Situation in drei Jahren und blicken Sie von da aus zurück. Was haben Sie in diesen drei Jahren tun müssen, um die Situation zu schaffen, in die Sie sich nun hineinversetzt haben?

Methodische Hinweise
Angenommen, Ihr Szenario sieht so aus: »In drei Jahren, wenn ich 56 bin, habe ich keine Linienfunktion mehr, keine Managementverantwortung. Ich arbeite vier Tage in der Woche im selben Betrieb und habe dort eine Ausbildungs- und Mentorenfunktion, bei der ich meine Erfahrung mit den vorhandenen Produktionsprozessen des Unternehmens einbringen kann. Außerdem arbeite ich einen Tag auf dem Campingplatz, den ich zusammen mit meiner Frau betreibe. Es ist ein Platz für Stammkunden mit Wohnwagen.«

Nachdem Sie sich in diese Situation hineinversetzt haben, schauen Sie zurück. Die Bereiche, in denen Sie aktiv werden mussten, waren:
- die neue Leitung zu überzeugen, dass der Qualitätsrückgang in der Produktion aus mangelndem Erfahrungswissen herrührt (durch die Übernahme des Unternehmens, zuerst durch einen belgischen und kurz danach einen amerikanischen Konzern, sowie die Reorganisation und Beförderung von Mitarbeitern als Begleiterscheinung, wurden von den jungen Leuten, trotz besserer Ausbildung viele unnötige Fehler gemacht);
- die Leitung davon zu überzeugen, dass Ihnen Ihre Managementfunktion wegen des höheren Ausbildungsniveaus der neuen Mitarbeiter und sowie wegen der von der Unternehmensleitung stimulierten größeren Dynamik zu schwer wurde;

Mit einem definitiven Szenario legt man etwas fest, um so den nächsten Schritt tun zu können. Bleibt alles offen, kommt man nicht in Bewegung. Das endgültige Szenario definiert, wo man in drei Jahren stehen möchte. Aber wie kommt man dorthin? Es gibt viele Wege nach Rom, die durch ganz verschiedene Landschaften führen können. Welche Route möchte man nehmen? Für diese Entscheidung stellt man sich verschiedene Wege vor. Diese Überlegungen nennen wir »Schritt-Szenarien«.

- dass Sie gleichzeitig viele neue Mitarbeiter um Rat fragten und Sie diese – für den Betrieb neue – Funktion gern noch einige Jahre als Arbeitsplatz mit konkretem Aufgabenbereich ausüben würden und ein Arbeitsverhältnis von vier Tagen pro Woche dafür ausreichend wäre;
- gemeinsam mit Ihrer Frau die finanziellen Folgen des geringeren Einkommens überlegen;
- alle Genehmigungen zu beantragen und Vorkehrungen zu treffen, um mit dem Aufbau des Campingplatzes anfangen zu können;
- mit Ihrer Frau einen kleinen Campingplatz und einen großen Standwohnwagen kaufen, um darin zu wohnen;
- Ihr Haus verkaufen.

Irgendwann ist Ihre Phantasie erschöpft. Fahren Sie dann mit Teil 2 der Aufgabe fort. Während der Arbeit daran werden sie bestimmt noch auf neue Gebiete stoßen. Ergänzen Sie damit Ihre Liste und beobachten Sie, ob sich dadurch das Folgende ändert.

2 *Schritt-Szenarien*
Kehren Sie wieder in die Gegenwart zurück. Entwerfen Sie Szenarien von drei verschiedenen Wegen, auf denen Sie Ihre künftige Situation erreichen können. Skizzieren Sie grob den Weg und beschreiben Sie sehr konkret in chronologischer Reihenfolge die ersten drei Schritte, die Sie auf diesem Weg tun werden.

Methodische Hinweise

Sie sehen z.B. folgende drei Wege vor sich:

a »Ich frage zunächst verschiedene Mitarbeiter im Betrieb, wie diese die Aussichten meiner Idee einschätzen, und untersuche, worauf ich aufgrund meiner Stellung im Betrieb an meinem neuen Arbeitsplatz Anspruch habe.«

b »Ich gehe sofort zu meinem Chef und lege ihm meinen Plan vor.«

c »Wir besprechen zuerst zu Hause, ob wir unseren Traum von einem eigenen Campingplatz wirklich realisieren wollen.«

Es hat wenig Sinn, bei der Ausarbeitung dieser Wege mehr als drei Schritte weiter zu denken. Denn bei jedem

Schritt, den man tut, verändert sich die Situation und wird man die nächsten Schritte entsprechend anpassen müssen. Beschreiben Sie Ihre drei Schritte sehr konkret, mit dem Terminkalender in der Hand. Sie sollen »klein« und »einfach« sein. Bedenken Sie bei jedem Schritt:

- was Sie tun werden;
- wann, mit wem und wie;
- was Sie damit erreichen wollen;
- welche Auswirkungen es auf Sie und andere hat: Wie werden diese, wie werden Sie selbst reagieren?

Beispielsweise: »Meine ersten drei Schritte auf dem zweiten Weg (*b*) sind:

1 Ich gehe morgen zur Sekretärin des Chefs und bitte sie, mich anzurufen, sobald der Chef in der nächsten Woche einmal eine halbe Stunde Zeit hat und guter Laune ist; denn er ist ziemlich launisch. Sie wird positiv reagieren und fragen, ob sie den Chef darauf vorbereiten soll. Wenn es soweit ist, wird sie mich ankündigen und sagen, dass ich gern ein ruhiges Gespräch von höchstens einer halben Stunde hätte. Sie ist eine Frau, die mich immer ermutigt, das beruhigt. Meist kann ich hinterher noch kurz mit ihr reden.

2 Danach gehe ich zu meinem Kollegen aus der zweiten Produktionslinie, den der Chef aus einem anderen Betrieb mitgebracht hat und verabrede mit ihm noch in der gleichen Woche ein Gespräch, bei dem ich ihn in meine Pläne einweihe. Ich bitte ihn um Tips, wie ich dem Chef diese Pläne am besten vortragen kann. Er findet immer Zeit für neue Ideen und wird auch sagen, was er von meinem Plan hält. Ich erwarte ein positives Votum. Bei ihm muss ich ziemlich gut vorbereitet sein, aber, das muss ich beim Chef auch.

3 Ich habe das Gespräch mit dem Chef, in dem ich ihm meinen Plan vorstelle und ihn bitte, darüber nachzudenken. Gleichzeitig mache ich einen neuen Termin für die Woche darauf. Er wird dann direkt reagieren. Ich bin mir nicht sicher, ob er es positiv aufnehmen wird.
Wenn er ausgesprochen kritisch ist, ziehe ich mich normalerweise zurück. Diesmal aber nicht. Ich bitte auf jeden Fall um ein neues Gespräch.«

Konkretheit, Detailliertheit, Ihre Pläne mit dem Terminkalender daneben ausfüllen – das ist es, was man braucht, um zu testen, was man wirklich will. Denn das ist der Sinn der Übung. Dann stolpert man nicht in die Fallen der Unverbindlichkeit.

4 Machen Sie nach »Gebieten, für die Sie etwas tun müssen« und »Schritt-Szenarien«-Notizen zu dem, was Sie bei der Durchführung dieser Aufgabe erlebt haben. Etwa: Begeisterung oder Angst davor haben, Probleme, die Sie erkannt haben oder die sich gerade lösen, andere wichtige Gedanken, Gefühle, Vorhaben, die Ihnen eingefallen sind.

Im Gespräch

Reihum skizziert jeder sein endgültiges Szenario, die Bereiche, für die etwas getan werden muss, die Wege und konkreten Schritte. Erzählen Sie das so konkret wie möglich ohne alle möglichen Überlegungen, Beurteilungen oder Schlussfolgerungen.

Die anderen hören zu und charakterisieren. In diesem Stadium ist es für sie wichtig, das definitive Szenario des Planenden zu akzeptieren und vor allem auf den Realitätsgehalt der geplanten Schritte zu achten. Beziehen Sie dabei ein, was Sie über die Erzählerin und Ihre Situation wissen. Spielen Sie auch Advocatus diaboli, was Konkretheit und Details seiner Ideen, seiner Verbindlichkeit, seiner Selbsterkenntnis, seiner Einschätzung von Situationen angeht. Aber kommen Sie mit diesen kritischen Beiträgen erst *nach* dem Charakterisieren.

Das ist der Ausgangspunkt für ein Gespräch, in dem der Erzähler möglicherweise seine eigenen Einsichten aus der Vorbereitung einbringen kann. Die anderen können jetzt auch Ratschläge geben, etwas völlig anders zu machen, also sich für andere Wege oder andere Schritte zu entscheiden.

Abrundung

Zum Schluss schreibt jeder auf, was er oder sie festhalten möchte.

Was empfinde ich bei meinem ersten Schritt?

Aufgabe 33

Pläne machen ist eins, sie umsetzen etwas anderes. Wie lebensecht Szenarien auch immer erstellt werden, man arbeitet nur mit seiner Vorstellungskraft. Dafür muss man nicht aus dem Sessel aufstehen. Für ihre Realisierung muss man aufstehen und losgehen. Wie fühlt man sich dabei? Welche Stimmung kommt in Ihnen auf, wenn Sie daran denken, handeln zu müssen?

Für Sie selbst

Drücken Sie die Stimmung aus, die Sie bei dem Gedanken an konkrete Schritte fühlen, die für die Umsetzung Ihres Szenarios notwendig sind. Tun Sie das mit Farbe und Bewegung auf Papier.

Methodische Hinweise

Nehmen Sie ein Blatt Zeichenpapier oder eine Seite aus Ihrem Logbuch, die Pastellkreiden und die Holzkohle.

Bevor Sie anfangen, konzentrieren Sie sich auf das Gefühl, das Sie bei dem Gedanken an notwendiges Handeln befängt. Lassen Sie sich dafür Zeit.

Denken Sie bei der Ausführung dieser Aufgabe nicht zuviel nach. Vertrauen Sie Ihren Händen und Ihrer spontanen Farbwahl. Lassen Sie zu, was kommt, und vermeiden Sie konkrete Darstellungen.

Im Gespräch

Falls Sie diese Aufgabe gemeinsam besprechen, zeigt jeder reihum sein Stimmungsbild, ohne weitere Erläuterungen, wie es entstanden ist, was man davon hält, was es bedeutet. Die anderen betrachten und charakterisieren es. Nachdem der Zeichner auf die Charakterisierungen reagiert hat, wird darüber gesprochen, ob sein Stimmungsbild nur etwas über den Augenblick aussagt oder auch etwas von einer Grundstimmung seines Handelns widerspiegelt. Wie wirkt sich diese Grundstimmung auf sein Leben aus?

Abrundung

Am Ende schreibt jeder auf, was er bzw. sie noch festhalten möchte.

Aufgabe 34

Schritte-Plan

Man kommt nur in Bewegung, indem man einen Schritt tut. Sobald man ihn getan hat, reagieren die anderen darauf und die Perspektive ändert sich. Man steht immer wieder vor der Frage: Was ist mein nächster Schritt?

Für Sie selbst

Machen sie einen definitiven Plan der Einzelschritte für das gewählte Szenario. Beschreiben Sie darin die Bereiche, in denen etwas getan werden muss, skizzieren Sie grob den vorgesehenen Weg und so konkret wie möglich die ersten drei Schritte. Planen Sie den ersten Schritt im Anschluss an das Treffen, in dem Sie diese Aufgabe besprechen. Und notieren Sie die Schritte in Ihrem Terminkalender.

Methodische Hinweise

Nehmen Sie sich Ihre Schritt-Szenarien vor und wählen Sie eines aus. Sie können an dieser Stelle auch erfolgversprechende Bereiche suchen und daraus ein neues (endgültiges) Schritt-Szenario erstellen.

Je kleiner, konkreter und realistischer die Schritte sind, desto größer ist die Chance, sie auch tatsächlich zu tun. Daraus kann sich Vertrauen für die nächsten Schritte entwickeln. Das wichtigste ist, dass Sie in Bewegung kommen. Dann zeigt sich der Weg von selbst.

Erläuterung: Tips geben und bekommen (S. 195)

Im Gespräch

Jeder berichtet, was er oder sie mit sich selbst vereinbart hat. Die anderen unterstützen eventuell mit praktischen Tips.

Abrundung

Schließlich schreibt jeder auf, was er oder sie festhalten möchte und wozu er sich entschieden hat.

Danach vereinbaren Sie das letzte Treffen im Rahmen dieses Workshops, in dem Sie auf die unternommenen Aktionen/Schritte zurückschauen. Wir raten Ihnen aus unserer Erfahrung, dieses Treffen am besten ungefähr eine Woche nach dem dritten Schritt stattfinden zu lassen.

Tips geben und bekommen

Tips geben ist, ebenso wie das bildhafte Beschreiben und Charakterisieren, eine effektive Technik für Gespräche. Es ist etwas weniger ungebräuchlich als bildhaftes Beschreiben und Charakterisieren. Bei der Auswahl eines Menüs sagt manchmal ein Kellner: »Dann kann ich Ihnen empfehlen ...« oder: »Ich habe einen fruchtigen Rotwein, der ...«, wobei er Sie auf das aufmerksam macht, was vorrätig ist und hilft, eine Wahl zu treffen. Und auf eine Wahl folgt immer eine Handlung, in dem Fall das Essen und Trinken. Ein Tip hat mit Handeln zu tun, mit etwas, was man tun kann. Dabei besteht die Kunst darin, dem anderen so gut zuzuhören, dass der Tip zu den Wünschen des anderen passt, und dass er auch so gegeben wird, dass der andere sich nicht gezwungen fühlt, ihn anzunehmen. Wenn der Kellner aus Ungeduld, weil er z.B. viel zu tun hat, seinen Rat aufdrängt, ist man geneigt, ihn unbesehen abzulehnen. Oder Essen und Trinken schmecken einem nicht mehr richtig, wenn man sich zu leicht hat überreden lassen.

Dabei gibt einer den Tip und ein anderer bekommt ihn. Wie kommt der Geber zu einem Tip und der Empfänger dazu, den Tip anzunehmen? Was kann man tun, um den gegebenen Hinweis effektiver zu machen?

Wie findet man einen Tip?

»Du solltest mal ein bisschen mehr Sport treiben«, sagt ein Freund, wenn er einen keuchend die Treppe hochsteigen sieht. Und am Ton hört man, ob er es scherzhaft meint, eine flapsige Bemerkung macht oder ob es ihm ernst ist. Der Freund beobachtet, wie Sie sich bewegen und ihm kommt eine Idee. Das Finden eines Tips fängt mit Wahrnehmen an.

Bei den Aufgaben »Schritt-Szenarien« und »Schritte-Plan« konzentriert man sich auf das, was einem der andere erzählt. Durch die bildhafte Beschreibung sieht man vor sich, was er tun wird. Gleichzeitig beobachtet man, wie er es erzählt. Man macht sich ein Bild mit drei Aspekten:

- was der andere in nächster Zukunft vorhat;
- die Weise, wie er es jetzt präsentiert; und
- das Verhältnis zwischen den beiden.

Das ist die erste Phase beim Finden eines Tips.

Dann spürt man in sich, ob das Bild mit dem, was man bereits von seinem Gesprächspartner weiß und sich mit den eigenen Erfahrungen deckt. Dann spürt man, wo es hakt oder reibt und wo es klickt, übereinstimmt, mitklingt. Beim Versuch, das Bild von dem, was der andere vorhat, mit dem in Verbindung zu bringen, was einen selbst beschäftigt, kommt man innerlich in Bewegung. Während man sich in der ersten Phase der Gestaltung des Bildes auf den anderen richtet, orientiert man sich jetzt vorwiegend nach innen. Man hört auf sein Gefühl und fragt sich, was die Reibung oder das Klingen verursacht. Wenn man sich damit beschäftigt, bekommt man eine Eingebung, es wird einem klar, was der andere »eigentlich« tun sollte. Man merkt dabei, dass die Eingebung sozusagen von außen kommt, dass sie einem also tatsächlich eingegeben wird. Manche Menschen erleben das, als würde ihnen etwas ins Ohr geflüstert, sie hören eine Stimme. Anderen schießt ein Gedanke durch den Kopf.

Wir möchten hier zwei Sorten von Eingebungen vorstellen.
Während man seinem Gegenüber zuhört und sich selbst innerlich »abtastet«, können einen Eingebungen überkommen, die nichts mit der konkreten Situation zu tun haben, von der der Erzähler berichtet. Z.B.: »Er sollte eigentlich zu singen anfangen.« Wie kommt man nun auf so einen Tip? Plötzlich kann einen die Erkenntnis überfallen, wie sich der andere in seinem Leben ständig damit abrackert, das auszudrücken, was in ihm vorgeht. Und man hört ihn sagen, dass er an seinem Arbeitsplatz öfter sagen möchte, was er von allem hält. Er möchte auch einen Kurs machen. »Singen«, denkt man dann plötzlich, »in einem kleinen Chor, in dem er nicht in der Masse untergehen kann. Beim Singen muss man sein Gefühl ausdrücken und sich gleichzeitig genau auf die anderen konzentrieren. Man wird schnell unsicher. Aber selbst wenn man unsicher ist, darf man nicht schweigen, man muss seinen eigenen Part weitersingen. Prima, genau das Richtige für ihn.« Das alles saust in einem Gedankenblitz durch den Kopf und plötzlich hört man auch, dass der Betreffende eine schöne Stimme hat.

Diese Eingebung hängt nicht unmittelbar mit der Situation zusammen, die verändert werden soll, sondern sie unterstützt, was der andere lernen möchte.

Die andere Art der Eingebung ist an eine konkrete Situation gebunden. Die Erzählerin hat beispielsweise das Problem: »Wie mache ich mich besser bemerkbar?« Ihr gewähltes Szenario sieht so aus: »Innerhalb eines Jahres wird man in Sitzungen auf das hören, was ich dazu zu sagen habe.« Der gewählte Weg: »Einen Kurs ›Sprechen vor Publikum‹ besuchen, Kollegen finden, die mich unterstützen wollen und in Sitzungen praktische Erfahrungen sammeln.«

Beim Zuhören erinnern Sie sich an das, was sie erzählt hat. Wie sie von einer Sitzung zur nächsten rannte. Oft zwischendurch telefonierte, Vorlagen vorbereitete, Briefe und andere Verwaltungsangelegenheiten erledigte. Das hohe Tempo als Herausforderung ansah, sich aber gleichzeitig Ruhepausen wünschte. Dann denkt man: »Eigentlich sollte sie sich vor jeder Sitzung eine Viertelstunde nehmen, um sich vorzubereiten.«

Diese Eingebung hat konkret mit der Situation zu tun, die verändert werden soll. Ob sie fruchtbar ist, hängt davon ab, wie der Tip gegeben und wie er aufgenommen wird.

Wie man einen Tip gibt

Beim Aussprechen des Tips wendet man sich an die Person, die einem gegenübersitzt. Oft läuft der ganze Prozess so schnell ab, dass man gar nicht bemerkt, wie man sich zunächst der anderen Person zuwendet, zuhört, was sie zu sagen hat, dann mit sich selbst zu Rate geht, eine Eingebung bekommt und sich schließlich wieder nach außen wendet, indem man die Eingebung ausspricht. Bei der Geschwindigkeit verfällt man, aus dem Gefühl heraus, was gut für sie sein könnte, schnell auf allgemeine Ratschläge wie: »Du solltest ein bisschen mehr Ruhe in dein Leben einplanen«. Aber das Gefühlsleben kann verräterisch sein. Denn vielleicht erkennt man nicht, dass man eigentlich selbst Ruhe nötig hätte, dass es einem selbst den Atem nimmt, wenn man sich das Leben des anderen vorstellt. Reagiert man mehr aus seinem persönlichen Bedürfnis heraus, fühlt die Gesprächspartnerin bei diesem Ratschlag, dass man sie nicht verstanden hat. Es hat zu wenig mit ihr zu tun. Aber auch wenn die Einplanung von Ruhepausen eine gute Idee ist, hat die andere Person wegen des unspezifischen Charakters kaum etwas davon. Sie hat es natürlich schon öfter gehört, sie weiß es auch selbst, aber sie hat absolut keine Vorstellung, wie sie diesen Rat umsetzen soll.

Der Tip muss zum Gegenüber passen. Man muss sich so in die Situation hineinversetzen, dass man spürt, wo ihre Hemmschwellen und Möglichkeiten liegen. Um dann die allgemeine Eingebung so konkret wie möglich auszudrücken, dass sie am nächsten Tag in die Tat umgesetzt werden kann. Ein guter Tip ist gebrauchsfertig.

Beispielsweise: »Ich schlage dir Folgendes vor: Du nimmst dir drei Wochen lang, vor jeder Montagssitzung, eine Viertelstunde Zeit für dich und gehst allein, ohne Begleitung, einmal um den Block. In der Zeit bereitest du dich auf das vor, was du zu einem Tagesordnungspunkt zu sagen hast.«

Ein anderer kommt vielleicht auf die Idee: »Schau, dass du nächsten Donnerstag früher da bist und bitte den Vorsitzenden, der dich gut kennt, dich aufzufordern, deine Meinung zu äußern. Und du sagst ihm, was du üben möchtest.«

So bekommt der Tip wieder Bildcharakter. Was intuitiv gefühlt und zuerst in einer allgemeinen Form ausgedrückt wurde, wird bildhaft in eine konkrete Handlung in einer konkreten Situation übersetzt. Beim Geben eines Tips kehrt das bildhafte Beschreiben wieder.

Ein Tip muss nicht weltbewegend sein. Gerade im Kleinen, Konkreten liegt seine Kraft. Wenn der Tip wie ein Teil ins Puzzle passt, wird der andere unmittelbar in seinem Wollen angesprochen. »Will ich es oder will ich es nicht?«

Wie bekomme ich einen Tip?

Als erstes stellt sich jemand, der einen Tip bekommt, vor, was der Tip von ihm verlangt. Je konkreter der Tip ist, desto einfacher ist es für den Empfänger, sich vorzustellen, was er tun soll. Und sofort tauchen andere Fragen auf. Was ist damit gemeint? Wie fühlt man sich dabei? Kann ich damit etwas anfangen? Und was sind die Konsequenzen?

Der Empfänger muss die Möglichkeit haben, einen Tip zu verarbeiten, ihn zu seinem eigenen zu machen. Daher ist es – etwa in den Gesprächen im Rahmen dieses Workshops – nicht gut, die Tips schnell aufeinander folgen zu lassen. Dem Empfänger kann es helfen, sich die Tips zu notieren und erst später darauf zurückzukommen. Dann haben sich vielleicht auch ein paar primäre emotionale Reaktionen – meist Widerstände – gelegt, die einige Tips provoziert haben.

Eine primäre Reaktion ist beispielsweise, dass der Empfänger sich beleidigt fühlt, weil der Tip zu simpel ist. Er fühlt sich mit seinem Problem nicht ernst genommen. Eine andere Reaktion kann sein, dass ihm der Tip nicht gefällt, weil er etwas tun soll, vor dem er sich fürchtet. Als Empfänger muss man sich unabhängig von diesen Gefühlsreaktionen ein Bild machen.

Dann kommt die Entscheidung. Übernimmt man einen Tip, oder bringen einen bestimmte Hinweise auf eigene Einfälle? Bei dieser Entscheidung muss man nicht höflich oder nett sein. Es geht darum, ob man mit den Tips etwas anfangen kann oder will. Es kommt oft vor, dass die Tips zwar nicht buchstäblich übernommen werden, den Empfänger jedoch zu einer eigenen Variante anregen, die besser passt. Etwa:

»Die Idee mit dem Spaziergang gefällt mir, aber Dienstag passt es mir besser, und die Sitzung ist auch wichtiger.«

»Zum Sprechen aufgefordert zu werden, hilft schon, nur nicht vom Vorsitzenden. Aber ich kenne in der Sitzung einen Kollegen, den ich bitten kann. Er fordert auch andere öfter auf, etwas zu sagen. Dann ist es nicht so auffällig.«

»Und, ich werde eine Sitzung streichen. Es ist zu viel. Mittwochfrüh und Freitagnachmittag muss ich eigentlich nicht dabeisein. Da sind von unserer Abteilung immer zwei da. Ich werde das mit meinem Kollegen besprechen, vielleicht möchte er auch einmal nicht zur Sitzung gehen.«

Es kann sein, dass alle Tips als unbrauchbar und schon längst als nicht durchführbar abgelegt wurden. Ein bestürzender Augenblick. Alle Mühe des Tipgebers war umsonst. Aber vielleicht offenbart sich dadurch das wirkliche Problem des Empfängers in seiner ganzen Tragik.

Gelingt es dem Tipgeber aber, sich einzuleben und einen treffenden Tip zu finden, und sieht der Empfänger darin eine reale Möglichkeit zur Veränderung, dann flammt bei beiden Begeisterung auf.

Abschnitt 7

Ich lerne handelnd

Die Untersuchung in diesem Teil des Buches endet mit einer Arbeitsmethode, mit der Sie forschend, unternehmend und selbststeuernd weitermachen können.

Lernen durch Handeln

Früher oder später kommt man an den Punkt, in der die Untersuchung der eigenen Biographie nur durch konkrete Schritte in der Realität des Berufslebens vorankommt. Es muss etwas geschehen!

Für manche Menschen liegt hier eine Schwelle. Sie schrecken davor zurück, aktiv zu werden und neue, ungewisse Wege zu gehen. Andere begrüßen diesen Augenblick voller Begeisterung und fangen freudig an. Oft entscheiden die ersten Ergebnisse über Ermutigung oder Entmutigung und damit, ob man beim vorgenommenen Kurs bleibt oder ihn ändert.

Ganz anders als in der bisherigen Arbeit an der Biographie kann man bei diesem aktiven Handeln sich selbst begegnen und kennenlernen. Denn neben den handgreiflichen Ergebnissen können einem die konkreten Schritte wichtige Lernergebnisse bringen. Etwas, das von außen gesehen ein negatives Ergebnis ist, kann oft einen außergewöhnlich positiven Lerneffekt haben. Dieses »Lernen durch Handeln« oder »Lernen aus Erfahrung« wird manchmal auch »Learning by doing« oder »Action Learning« genannt.

Der Lernprozess durch »Action Learning« läuft anders ab als die Lernprozesse, die wir normalerweise kennen. Üblicherweise lernen wir zuerst und handeln hinterher. Hier ist es umgekehrt: Zuerst wird gehandelt und anschließend versucht, eine Lehre aus der gemachten Erfahrung zu ziehen. Diese letztere Form des Lernens ist weniger üblich und verlangt mehr von uns als das traditionelle Lernen. In Ausbildungen und Trainings werden die Lernsituationen von Fachleuten geplant und vorstrukturiert. Beim »Action Learning«, dem Lernen aus eigener Erfahrung, muss man das selbst tun. Wird es versäumt, macht man zwar Erfahrungen, lernt jedoch nichts daraus.

Der amerikanische Organisationsberater Chris Argyris kritisierte bereit in den sechziger Jahren die bekannte Redewendung: »Erfahrung ist der beste Lehrmeister«. Er stellte fest, dass viele Menschen trotz der unterschiedlichsten Erfahrungen dennoch weiter dieselben Fehler machen und ständig Dinge wiederholen, obwohl sie wissen, dass es so nicht funktioniert. Laut Argyris muss die Redewendung geändert werden in: »Erfahrung ist der beste Lehrmeister, wenn der Mensch imstande ist, wirklich etwas aus dem zu lernen, was er erlebt.« (Argyris 1964) Dann ist ein kontinuierlicher Prozess möglich, wie er im Folgenden dargestellt ist.

Wer aus Erfahrung lernen will, muss eine Reihe von Dingen beachten.

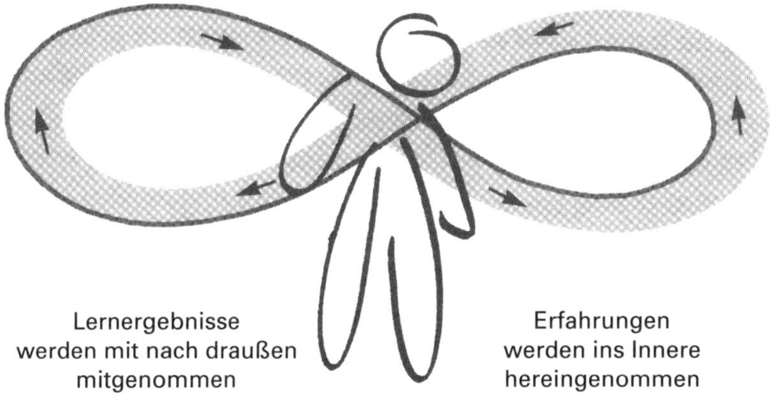

Eine Situation auswählen

Man muss entweder vorher oder hinterher eine Erfahrungssituation als eine Situation benennen, aus der man eine Lehre ziehen möchte.

Man wählt vorher eine bestimmte Situation, wenn man bewusst etwas ausprobieren oder untersuchen möchte, z.B. einen anderen Führungsstil, Menschen für eine Idee zu gewinnen oder sich aktiver einzubringen. Dann muss man Situationen schaffen oder suchen, in denen Experimente möglich sind. Für die letzte Phase der Biographiearbeit ist diese Art am geeignetsten.

Wenn in einer Situation etwas geschehen ist, wodurch Fragen offen bleiben, entscheidet man im nachhinein: Ihr Vorschlag wurde beispielsweise auseinandergenommen oder er erntete wider Erwarten Beifall, ein Gespräch verlief unbefriedigend, das Ergebnis eines Projektes fiel schlechter aus als erwartet.

Wenn man darauf verzichtet, eine Erfahrungssituation bewusst in eine Lernsituation zu verwandeln, lernt man höchstens unbewusst. Die Erfahrung kann einen vielleicht heftig treffen, aber sie bringt einen nicht gezielt weiter. Man geht nur von einer Erfahrung zur nächsten über. Wenn eine Erfahrung angenehm ist, wird man bei der nächsten Gelegenheit wieder genauso handeln. Ist sie unangenehm, dann wird man versuchen, derartige Situationen von nun an zu vermeiden. Das ist natürlich auch eine Form von Lernen. Wenn man Erfahrungssituationen jedoch ausdrücklich zu Lernsituationen umfunktioniert, verbessert sich das Lernergebnis und ist jetzt auch einfacher in anderen Situationen anzuwenden.

Eine Frage formulieren

Wir haben schon früher auf die Bedeutung des Lebens mit Fragen hingewiesen. Auch für das »Lernen durch Handeln« ist es wichtig, Erfahrungssituationen mit einer Untersuchungsfrage zu begegnen. Eine solche Frage kann man in einer Erfahrungssituation sowohl vorher als nachher formulieren, beispielsweise:

- Wie muss ich meine Mitarbeiter coachen, damit sie besser zusammenarbeiten?
- Warum ist heute Nachmittag niemand auf meinen Vorschlag eingegangen?

Derartige Fragen auszusprechen, gibt einem bei der Untersuchung der Situation innerlich Halt, es gibt dem Suchprozess eine Richtung.

Wenn die Frage vorher formuliert wird, wie die zitierte Frage bezüglich des Coachens, sucht man nach Situationen: Wo, wann und mit wem kann ich das ausprobieren? Die Frage bleibt während der gesamten Untersuchung Richtschnur. Man fragt sich immer wieder: Was bringt es mir für meine Frage?

Distanz gewinnen

Eine Frage formulieren ist eine erste Form der Distanzierung. Diese Distanz gewinnen ist eine der wichtigsten Voraussetzungen, um aus Erfahrung zu lernen. Ohne Distanzierung bleibt man in einer Stimmung, in seinem individuellen Erleben stecken. Dann erlebt man alle möglichen Gefühle und Emotionen, die nach einer Weile wieder abebben.

Diese Distanzgewinnung geschieht durch die (nochmalige) Formulierung der eigenen Ausgangsfrage und das anschließende Zurückblicken auf die gewählte Situation. Die Kunst besteht darin, zwischen der Außenwelt und der eigenen Innenwelt zu unterscheiden.

Durch die Rückschau auf die konkrete Situation, die faktischen Umstände, Handlungen und Aussagen von Leuten konzentriert man sich auf die Welt um einen herum. Man überlegt sich zum Beispiel: »Was war dort zu sehen? Was ist genau geschehen? Was haben die Betroffenen gesagt?« Man kann auch sich selbst, sein eigenes Verhalten, seine Haltung, Aussagen etc. wie ein Außenstehender betrachten. »Wo war ich? Was habe ich gesagt? Was habe ich getan?« So ruft man sich ein Bild der Situation vor Augen, wie wir es früher beim bildhaften Beschreiben getan haben.

Die eigene Innenwelt mit ihren Gedanken, Gefühlen und Emotionen ist aber auch wichtig. Auch hier besteht die Kunst darin, sie mit einem gewissen Abstand zu sehen. »Was habe ich gefühlt, was gedacht, was habe ich in der Situation gewollt?«

Oft ist man abwechselnd mit der Außenwelt und der eigenen Innenwelt beschäftigt. Beide brauchen Abstand. Außerdem ist es wichtig, sich klar zu machen, welche der beiden Welten man gerade untersucht. Manchmal ist es in einem so stürmisch, traurig oder kalt und kühl, dass das Distanzieren nicht gelingt. Dann kann es helfen, einen zeitlichen Abstand einzubauen, indem man zuerst etwas völlig anderes tut, zum Beispiel spazieren gehen, sich ans Klavier setzen oder im Garten arbeiten. Später, wenn man innerlich ruhiger geworden ist, kann man auf die Ausgangssituation zurückkommen.

Wirkungen wahrnehmen

Beim Lernen aus Erfahrung muss das Wahrnehmen von *Wirkungen* besonders ernst genommen werden. Es gibt Konsequenzen in der Außenwelt und in unserer eigenen Innenwelt.

Die Wirkungen in der Außenwelt sind eine Art Spiegel, in dem wir uns selbst sehen können. In unserer Wirkung auf die Außenwelt werden wir selbst sichtbar, gleichzeitig auch im Anteil der Person des anderen oder der anderen. Daher ist es schwerer herauszufinden, welche der Reaktionen einem selbst zuzuschreiben sind. Häufig neigen wir dazu, die negativen, uns unerwünschten Reaktionen dem anderen zuzuschreiben und unseren eigenen Anteil daran nicht sehen zu wollen. »Es ist schade, dass du es so auffasst«, reagierte ein Manager auf die Reaktion eines Mitarbeiters, die ihm nicht gerade schmeichelte, und er bemerkte nicht, dass er sie durch seine eigene Haltung und sein Verhalten provoziert hatte.

In allen möglichen Situationen, wie in der Erziehung, bei Konflikten und in Leitungsfunktionen bekämpfen wir manches Mal beim anderen das Verhalten, das wir selbst immer wieder provozieren. Durch dieses Verhalten lernen wir selbstverständlich wenig oder überhaupt nichts aus solchen Situationen. Das beste Heilmittel dagegen ist es, die Reaktionen der anderen genau zu beobachten und sich die Frage zu stellen: »Was in meinem Verhalten kann diese Reaktion beim anderen ausgelöst haben?«

Lernen aus Erfahrung wird außerdem dadurch beeinträchtigt, dass wir am liebsten die Augen vor den unerwünschten Wirkungen unserer Haltung und unseres Verhaltens schließen. Wir betreiben lieber eine Vogel-Strauß-Politik, als uns zu ändern.

Es gibt natürlich auch Auswirkungen *in* uns, etwa in Form von Gefühlen, Emotionen, Stimmungen. Man muss diese Folgen sehen lernen, ohne sich von ihnen überwältigen zu lassen. Manchmal wollen wir sie auch nicht sehen. Dann schieben wir die Gefühle und Erlebnisse weg, weil das bewusste Sehen Konsequenzen haben könnte, die wir nicht ertragen können oder wollen.

Das alles sind Formen, sich selbst zum Narren zu halten. Es ist logisch, dass die Lernergebnisse dabei sehr gering sind.

Leitprinzipien herausfinden

Die Leitprinzipen hinter seinem Handeln zu erkennen, ist genauso wichtig, wie das Erkennen der Folgen. Nachdem man sich eine bestimmte Situation noch einmal vergegenwärtigt und nach deren Charakteristikum gesucht hat, kann man die Frage stellen: »Was hat mich in dieser Situation gelenkt? Von welchen Prinzipien habe ich mich leiten lassen?«

Ein Leitprinzip ist etwas anderes als eine Absicht. Eine Absicht oder Intention gehört zur eigenen Innenwelt. Ein Leitprinzip kann man an der Wirkung des eigenen Handelns auf die Außenwelt ablesen. Beispielsweise: Man greift nicht ein, wenn in der Projektgruppe, zu der man gehört, Probleme in der Zusammenarbeit auftauchen. Das Leitprinzip dabei kann die Meinung sein, es sei allein die Aufgabe des Projektleiters, etwas gegen diese Probleme im Team zu tun. Diese Auffassung lenkt dann das Handeln. Eine andere Auffassung geht davon aus, dass sich Probleme in der Zusammenarbeit von allein lösen.

Ein häufig vorkommendes Leitprinzip bei Führungskräften lautet: »Es funktioniert erst richtig, wenn ich es selbst mache.« Die Folge ist häufig ein überlasteter Chef und demotivierte Mitarbeiter.

Ein Leitprinzip ist also eine Idee oder eine Auffassung, die häufig unbewusst in einem wirkt, aber das Handeln in der konkreten Situation stark beeinflusst. Wenn man diese hinter seinem Handeln wirksamen Mechanismen entdeckt, kann man bewusster damit umgehen und sich z.B. fragen, ob man sie beibehalten oder verändern möchte.

Andere einbeziehen

Beim Lernen aus Erfahrung kann man kaum auf die Hilfe anderer verzichten. Sie können einem helfen, Situationen objektiver zu betrachten. Einem anderen gegenüber, der bereit ist zuzuhören, seine Meinung zu äußern, hilft einem schon sehr, sich in der Situation ein bisschen freier zu fühlen und einen besseren Überblick zu bekommen. Der andere muss die Situation nicht unbedingt kennen, manchmal ist dies sogar besser. Durch klärende Fragen, Charakterisierungen, Mithilfe bei der Suche nach Leitprinzipien und dem Geben von Tips, kann er sehr hilfreich sein. Sie sollten diesem Gesprächspartner jedoch von Anfang an klarmachen, was Sie von ihm erwarten und was nicht. Das schafft für beide die Voraussetzungen für ein gutes Lerngespräch.

Die Nacht bewusst nutzen

Es ist wichtig, beim Lernen durch Handeln die »Wirkung der Nacht« einzubeziehen, um gute Lernergebnisse zu erzielen. Tagsüber machen wir unsere Erfahrungen, wir beurteilen sie, besprechen sie mit anderen. In der Nacht, im Schlaf, geht der Lernprozess weiter, in völlig anderer Form. Was wir mit in die Nacht nehmen, wird in anderen Bewusstseinsschichten weiter verarbeitet. Jeder von uns kennt die Erfahrung, dass »einmal darüber schlafen«, klärend wirken kann, eine völlig neue Perspektive bringt oder dass wir beim Aufwachen ganz genau wissen, was wir tun müssen.

Der Augenblick vor dem Einschlafen und der Augenblick nach dem Aufwachen braucht Aufmerksamkeit, will man die Wirkung der Nacht bewusst nutzen. Beim Einschlafen sollte man sich die Ausgangsfrage ins Gedächtnis rufen, sich danach die tatsächliche Situation noch einmal vorstellen und anschließend alles wieder bewusst loslassen. Man muss verhindern, dass alle möglichen Gefühle und Emotionen wieder zu toben anfangen; sonst hat man vermutlich eine schlaflose Nacht. Beim Aufwachen ist es wichtig, auf das zu achten, was in einem vor sich geht. Eine kleine Weile bei sich selbst verweilen, bevor der Alltag einen wieder im Griff hat. Ein ratternder Wecker kann diesen sensiblen Augenblick stören und das Lernergebnis aus dem Bewusstsein entweichen lassen.

Die eigene Arbeits- und Lebenserfahrung ist nach den Kinder- und Jugendjahren die wichtigste Quelle der Entwicklung, mehr noch als Bücher, Kurse und Fortbildungen. Man muss diese Quelle jedoch selbst anbohren wollen. Wenn man diesen Wunsch nicht in sich trägt, geschieht nichts. Wenn man seine Erfahrung für die eigene Entwicklung fruchtbar machen kann, bekommt das Leben eine weitere Dimension. Es wird abenteuerlicher und spannender.

Zusammengefasst ist folgendes für das Lernen aus Erfahrung wichtig:

- eine Situation aussuchen;
- eine Frage formulieren;
- Abstand gewinnen;
- Wirkungen wahrnehmen;
- Leitprinzipien entdecken;
- andere einbeziehen;
- die Nacht bewusst nutzen.

Aufgabe 35

Was wollte ich?

Man nimmt sich etwas vor. Man fängt damit an. Gleichzeitig ereignen sich viele andere Dinge, das Leben reißt einen mit sich. Und in dem Augenblick, in dem man sein Tun auswerten möchte, merkt man, dass einem das Vorhaben entglitten ist. Man überlegt, was man eigentlich gewollt hat, hat noch eine vage Erinnerung. Aber wie war das nun genau? Um beim Handeln zu lernen und sich entsprechend zu korrigieren, muss man sich an das erinnern können, was man einmal gewollt hat.

Für Sie selbst

1 Füllen Sie mit Bleistift hinten in diesem Buch das Schema Nr. 2 »Ergebnisse der Zukunftsuntersuchung« aus. Versuchen Sie die Fragen aus dem Gedächtnis, also ohne Ihre Aufzeichnungen, so exakt wie möglich zu beantworten.

2 Nehmen Sie Ihre Aufzeichnungen zur Hand und sammeln Sie die wichtigsten Ergebnisse nach Aufgabe 24 (also von der letzten zusammenfassenden Übersicht »Resultate bis heute« an). Vergleichen Sie das ausgefüllte Schema aus dem Kopf mit Ihren Notizen und füllen Sie es endgültig aus.

Methodische Hinweise

Sie haben bei Aufgabe 24 Ihre »zentrale Frage für die Zukunft« formuliert. Es könnte sein, dass Sie diese Frage angesichts der neuen Lernergebnisse verändern möchten. Schreiben Sie dann die neue Frage in Ihr Schema.

Kopieren Sie das ausgefüllte Schema und (zur Sicherheit noch einmal) das von Aufgabe 24 für Ihre Gesprächspartner.

Im Gespräch

Das Gespräch findet nach Aufgabe 37 statt.

Abrundung

Machen Sie Notizen über das, was Sie bei sich entdeckt haben.

Erfahrungen

Aufgabe 36

Wie oft nimmt man sich etwas vor und hält sich dann nicht daran. Woran liegt das? Was hat einen abgelenkt, was davon abgehalten? Um sein Leben bewusster steuern zu können, muss man diesen Fragen, aber auch den Wirkungen seines Tuns genau nachgehen. Es kann sich um geplante Vorhaben handeln, aber auch um spontane Aktionen.

Für Sie selbst

Füllen Sie das Schema »Beim Handeln lernt man« am Ende dieses Buches aus. Welche Schritte haben Sie mit sich selbst verabredet? Haben Sie diese auch ausgeführt? Haben Sie andere Dinge getan? Welche Konsequenzen und Erfahrungen hat Ihnen Ihr Handeln gebracht?

Methodische Hinweise

Schreiben Sie zuerst die vereinbarten drei Schritte auf. Notieren Sie danach eventuelle andere oder weitere Aktivitäten, die Sie unternommen haben (in chronologischer Reihenfolge).

Trennen Sie bei den »Wirkungen« zwischen Folgen für andere und Folgen für Sie selbst.

Kopieren Sie das ausgefüllte Schema für Ihre Gesprächspartner.

Im Gespräch

Das Gespräch findet nach Aufgabe 37 statt.

Abrundung

Am interessantesten ist das, was Sie von den vorgenommenen Aktivitäten abgelenkt oder abgehalten hat, und welche Wirkungen Ihr Tun auf andere hatte. Schreiben Sie in Ihr Logbuch, was Sie herausgefunden haben.

Erläuterung:
Lernen durch Handeln
(S. 200)

Aufgabe 37

Was werde ich jetzt tun?

Jeder Schritt in die Zukunft bringt neue Fragen und Entscheidungsmomente. Diese Richtung oder jene? Weitermachen, oder die Sache eine Zeitlang auf sich beruhen lassen? Festhalten am gewählten Szenario? Den weiteren Plan der Einzelschritte bei gleichbleibendem Szenario an die neue Situation anpassen? Was werde ich jetzt tun? Diese Frage stellt sich immer wieder.

Für Sie selbst

Nehmen Sie sich die Schemata vor, die Sie für Ihre Gesprächspartner kopiert haben, sowie Ihre restlichen Aufzeichnungen. Überlegen Sie, welche Ihrer Erfahrungen der letzten Zeit Sie besprechen möchten. Welche Frage werden Sie im kommenden – letzten – Gespräch in den Mittelpunkt stellen? Wie können Ihnen die anderen bei Ihrem Prozess helfen?

Im Gespräch

Die Schemata jedes Teilnehmers werden jeweils anhand seiner zentralen Frage für dieses Gespräch besprochen. Er bestimmt die Richtung, die das Gespräch nimmt, und welche Beiträge er von den anderen braucht. Die anderen versuchen daran anzuknüpfen.

Abrundung

Am Schluss berichtet jeder über seine bzw. ihre nächsten Schritte.

Dies ist das letzte Treffen im Rahmen dieses Workshops. Wenn Sie die anderen im Alltag nicht mehr sehen, raten wir Ihnen, diesen Abschied formal und inhaltlich zu gestalten. Geben Sie ihm einen schönen, würdigen, warmen – irgendwie besonderen – Rahmen!

Es ist bestimmt ein halbes Jahr vergangen, seit Sie dieses Buch zum ersten Mal zur Hand genommen, sich getroffen und mit dem Workshop angefangen haben. Mit welchen Erwartungen haben Sie angefangen, und was ist inzwischen alles geschehen? Welche Einsichten, Fähigkeiten, Haltungen und andere Resultate hat er Ihnen gebracht? Dieser Workshop ist nun abgeschlossen, aber ein Schlusspunkt ist immer auch gleichzeitig Ausgangspunkt für etwas Neues. Jeder Augenblick ist ein Durchgangsmoment.

Alles Gute für Sie!

Teil II

Hintergründe

Einführung

Im Mittelpunkt von Teil 1, dem *Arbeitsbuch,* steht die Beschäftigung mit dem eigenen Lebenslauf und die Art, wie man zu persönlichen Entscheidungen für die Zukunft kommt. Daher bilden Aufgaben und Übungen den Kern des Arbeitsbuches. Die weiteren Texte, die »Erläuterungen«, sollen in erster Linie die Aufgaben leichter verständlich machen.

Die Texte des Teils *Hintergründe*, den Sie jetzt vor sich haben, stehen nicht in so engem Zusammenhang mit den Aufgaben und daher auch nicht mit Ihren persönlichen Untersuchungen. In Band 2 beschäftigen wir uns in sechs Kapiteln mit allgemeineren Fragen zu Leben und Arbeit: Fragen zum Lebenslauf, zu Krisen und Entwicklung sowie Fragen nach der Sinnfindung.

In der Form, wie wir die Fragen stellen und nach Antworten suchen, nehmen wir uns große Freiheiten. Im Folgenden finden Sie ein allgemeines Kapitel zu »Lebensphasen und Arbeit« neben einem essayistischen Beitrag zu Leben und Werk einer Einzelperson, des Malers Paul Cézanne. Sie finden studienartige Betrachtungen neben Gedichten, Beobachtungen anderer Menschen neben eigenen Erfahrungen. Das Motiv für diesen Ansatz und das Ziel, auf das wir mit diesen Hintergründen hinaus wollen, liegen darin, die Neugier des Lesers zu wecken und ihn zu eigenen Fragen und Ideen zu inspirieren. Dass der Leser, wenn er es wünscht, auf diese Weise das hinter dem Workshop und der Weltanschauung der Autoren verborgene Menschenbild kennenlernen und »kosten« kann, kommt als Vorteil hinzu. Aber den eigentlichen Geschmackstest, den »proof of the pudding«, bietet unserer Ansicht nach erst der Workshop selbst.

Ich und meine Arbeit

Im Gegensatz zu früher leben die Menschen heutzutage in drei verschiedenen, mehr oder weniger voneinander getrennten Welten: einer Lebenswelt, einer Arbeitswelt und einer Lernwelt.

Die Lebenswelt oder das Privatleben

In der Lebenswelt ist man mit Menschen zusammen, die einem im Leben am nächsten stehen: dem Partner, den Kindern, Eltern, Freunden usw. Es ist die Welt, die ein Kind als erstes kennenlernt. Es ist der »soziale Körper«, den man, genau wie den physischen Körper, bei der Geburt mitbekommt. Im Lauf eines Lebens kann sich dieser Körper stark verändern, aber die Lebenswelt bleibt immer wie ein Mantel, der einen eng umgibt. Ohne diesen Mantel beginnt man zu frieren. Denn es ist die Lebenswelt, in der man Wärme und Liebe geben und empfangen kann und wo Freude und Kummer oft am stärksten erlebt werden. In dieser Welt ist vor allem das Element der Begegnung, des Austausches und der gegenseitigen Hilfe wichtig: das »Für-einander-da-Sein«.

Die Arbeitswelt

Die Arbeitswelt hat einen anderen Charakter. Dort wird ein konkreter Einsatz von einem verlangt, ein Beitrag zur Bedürfnisbefriedigung anderer. Forderungen werden an einen gestellt, Ergebnisse müssen erzielt werden – das gilt für Unternehmer, Führungskräfte, Therapeuten wie für Polizisten. In dieser Welt wird man nach dem beurteilt, was man leistet, aber man kann sich hier auch beweisen. Obwohl man mit anderen zusammenarbeitet, ist man doch nicht in erster Linie füreinander da, sondern um ein Produkt herzustellen oder eine Dienstleistung für Dritte zu erbringen.

Die Lernwelt

Diese Welt ist nicht so augenfällig wie die beiden vorher genannten, aber mit ein wenig Selbstbeobachtung ist sie doch klar erkennbar. Es ist die Welt, in der man an sich selbst arbeitet, seine eigene Entwicklung bewusst in die Hand nimmt. Natürlich entwickelt man sich auch in der Lebenswelt und der Arbeitswelt, in der Lernwelt jedoch ist die eigene Entwicklung am wichtigsten. Es ist die Welt der Ausbildung und des Studiums, der Interessen und Hobbies, falls diese nicht rein der Entspannung dienen, sondern auch der Weiterentwicklung und Entfaltung der eigenen Fähigkeiten. Die Beschäftigung mit Kunst und Religion, die Suche nach einer eigenen Sicht auf Mensch und Gesellschaft kann man zu dieser Welt zählen. Dabei zieht man sich aus den vorher genannten Welten zurück und nimmt sich Zeit für sich selbst.

Die Lernwelt steht in gewisser Hinsicht der Arbeitswelt polar gegenüber. Während man sich in der Lernwelt auf sich selbst konzentriert (und also in gewissem Sinne egoistisch ist), verlangt ja die Arbeitswelt eine Ausrichtung auf die Bedürfnisse anderer. Die Lebenswelt steht zwischen den beiden anderen. In ihr geht es um die wechselseitige Beziehung, um das Geben und Nehmen, um die persönliche Begegnung.

Natürlich gibt es in der Arbeitswelt auch Begegnungsaspekte, und manchmal kann auch die Lebenswelt Arbeitsmerkmale haben. Das gleiche gilt für die Lernwelt. Es geht uns bei den zuvor genannten Charakterisierungen also um dominierende Merkmale.

Vor noch nicht allzu langer Zeit wurde das Leben vieler Menschen – vor allem das der Männer – total von der Arbeitswelt beherrscht. Alles andere wurde der Arbeit untergeordnet. Heute ist den Menschen die Lebensqualität insgesamt wichtiger. Sie sind auf der Suche nach einem guten Gleichgewicht zwischen Arbeiten, Leben und Lernen. Denn eines dieser Gebiete zu vernachlässigen oder vorherrschen zu lassen, ist auf Dauer nicht gut.

Wenn die Arbeit dominiert

Kümmert man sich ständig nur um seine Arbeit, verkümmert mittelfristig das Privat- und Entwicklungsleben. Die Interessen und Probleme des Partners oder der Kinder, haben immer weniger mit einem selbst zu tun. Man hat keine Zeit mehr zum Ausgehen oder für soziale Kontakte. Und man steckt so viel Energie in seine Arbeit, dass man zu Hause zu kaum mehr fähig ist, als sich vor den Fernsehapparat zu hängen.

Daraus kann ein verhängnisvoller Kreislauf entstehen. Weil einem das kalte Zuhause so wenig gibt, widmet man seiner Arbeit noch mehr Zeit und Aufmerksamkeit. Die dort gefundene Anerkennung und Achtung kompensiert die Leere des privaten und des Entwicklungslebens. Mit der Zeit fährt man auch in seiner Arbeit fest. Man kann zum Beispiel von seiner Arbeit nichts mehr abgeben, hat Angst, sie zu delegieren oder duldet keine Einmischung in seine selbstentwickelten Arbeitsmethoden. Der Druck wird immer größer, und schließlich bricht man vor Überarbeitung zusammen.

Wenn das Privatleben dominiert

Anderen Menschen dagegen geht ihr Privatleben über alles. Sie sehen die Arbeit nicht als Teil ihres Lebens, sondern nur als Möglichkeit, die Voraussetzungen (hauptsächlich Einkommen) zu schaffen, die Freizeit nach den eigenen Wünschen gestalten zu können. Die Arbeit wird so leicht zur Nebensache, und es kann dadurch schwer werden, sich mit seiner Aufgabe und den Kollegen verbunden zu fühlen.

Das Privatleben kann auch so viel Energie schlucken, dass für die Arbeit nichts mehr übrig bleibt. Schwierigkeiten mit heranwachsenden Kindern, Beziehungsprobleme, der Umzug der Eltern in ein Altersheim, u.ä. können einen für kürzere oder längere Zeit völlig in Beschlag nehmen. Früher oder später gibt es dann auch Probleme in der Firma. Man vergisst Dinge oder lässt sie schleifen, in Besprechungen schweifen die Gedanken immer wieder ab, im Kontakt mit anderen ist man nicht mehr ganz bei der Sache usw. Wenn die Kollegen eingeweiht sind, zeigt man am Arbeitsplatz anfangs meist Verständnis für diese Situationen; nach einer gewissen Zeit reißt dann der Geduldsfaden. Vor allem, wenn andere ständig den mangelnden Einsatz, die vielen Ausfälle und die Klagen Dritter auffangen müssen.

Wenn die Lernwelt dominiert

Auch die eigene Weiterentwicklung kann auf Kosten der beiden anderen Lebenssphären dominieren – obwohl dieser Fall eher selten ist. Manchmal sind Menschen jedoch so ausschließlich mit ihrer eigenen Entwicklung beschäftigt, dass sie darüber die Arbeit und das Privatleben vernachlässigen. Dann ist z.B. das Bedürfnis, sich selbst zu erkennen oder menschliche Beziehungen zu begreifen, so groß, dass kaum mehr Zeit für anderes als Tagungen und Trainings bleibt – sowohl in der »Zeit, die dem Chef« gehört, wie auch in der Freizeit.

Am häufigsten kommt es vor, dass Menschen ihre Arbeit zum Hobby machen. Dann besteht die Gefahr, dass sie nicht länger auf den Kunden oder den Markt achten und ausschließlich nur noch das tun, was für die eigene Entwicklung interessant ist. Unser Zeitgeist erlaubt diese Haltung aber immer weniger, weil Organisationen heutzutage stärker auf den Mehrwert achten, den die Arbeit für den Kunden darstellen muss.

Bei vielen Menschen kommt jedoch gerade das Entwicklungsleben zu kurz, anstatt zu dominieren. Arbeitsleben und Privatleben absorbieren nahezu die gesamte Aufmerksamkeit und Energie. Die eigene Weiterentwicklung fordert zudem, sich Zeit für sich selbst zu nehmen. Die meisten Menschen haben Angst, anderen damit Unrecht zu tun. »Wenn ich etwas für mich tue, fühle ich mich schuldig« – wie oft haben wir diesen Satz nicht schon gehört. Aber heute muss man einfach bewusst an seiner eigenen Entwicklung arbeiten, weil diese sonst verkümmert.

Seine Laufbahn selbst steuern

Heute kommt es nur noch selten vor, dass ein Mensch fünfzehn Jahre oder länger die Arbeit ausübt, für die er ursprünglich ausgebildet wurde, oder dass er so lange bei der Organisation bleibt, in der er damals angefangen hat. Menschen wechseln nicht nur ihren Arbeitsplatz, die Arbeitsplätze verändern sich ebenfalls oder werden ganz oder partiell wegrationalisiert. Dennoch beziehen bisher nur wenige Menschen diese Tatsache in ihre Überlegungen ein. Solange es keinen Anlass gibt, geht man davon aus, dass man auch in der Zukunft in derselben Organisation eine vergleichbare Arbeit ausführen wird, es sei denn, man ist noch auf der Suche nach der richtigen Stelle. Viele Menschen reagieren völlig überrascht, wenn wir sie bitten, sich einmal versuchsweise vorzustellen, welche Tätigkeiten sie in drei Jahren ausüben würden, wenn es dann ihre heutige Funktion nicht mehr gäbe. Das ist jedoch keineswegs unrealistisch, wenn man an die steigende Zahl von Reorganisationen, Fusionen, Sanierungen und Betriebsschließungen denkt. Darauf sind die meisten Menschen nicht vorbereitet.

Ihrer eigenen Laufbahn gegenüber leben viele noch mit einer Einstellung, die aus der Vergangenheit stammt, heute aber nicht mehr angemessen ist. Es ist die Einstellung: Ich bin ein guter Fachmann, ich setze mich optimal ein, also wird mich meine Organisation mit Aufstiegschancen belohnen, mit Karriereperspektiven, Fortbildungsmöglichkeiten usw. Sie warten darauf, dass ihnen die Organisation etwas anbieten wird. In dieser Hoffnung wurden viele in den letzten Jahren enttäuscht. Sie fühlen sich nun von ihrer Organisation im Stich gelassen. Die beschriebene Grundhaltung passte in eine Zeit, in der Organisationen wuchsen, zahlreiche qualifizierte Mitarbeiter gebraucht wurden, um das Wachstum zu gewährleisten und alle neuen Funktionsbereiche wie Marketing, Logistik und Umweltschutz besetzen zu können. Derzeit geschieht das Gegenteil: Organisationen stoßen Aufgaben ab, sie werden kleiner und schlanker, und anstelle eines Mangels gibt es einen Überschuss an qualifiziertem Personal. Manchmal kommen Hunderte von Bewerbungen auf eine einzige Stellenanzeige.

Es ist nicht länger vernünftig, bei der Gestaltung seiner Karriere eine abwartende Haltung einzunehmen. Heute erwartet man eine aktive eigene Planung, bei der nicht nur vertikale Mobilität nach oben, sondern vor allem horizontale Mobilität verlangt wird und manchmal sogar vertikale Mobilität nach unten. Man trägt selbst die Verantwortung dafür, auf Dauer nicht einzurosten, z.B. durch Erfahrungskonzentration: Jahrelang dieselbe Funktion auszuüben, in der man sehr einseitige Erfahrungen erwirbt, macht einen außergewöhnlich angreifbar. Daher wird momentan so viel Nachdruck auf »employability« gelegt, anders ausgedrückt: Schaffe dir deinen eigenen Arbeitsplatz in der Zukunft.

Der Arbeit einen Sinn geben

Heutzutage ist auch auf einer ganz anderen Ebene Eigeninitiative gefragt – man sollte nämlich einen Sinn in seiner Arbeit suchen. Vielen Menschen ist der Sinn und der Inhalt ihrer beruflichen Tätigkeit verloren gegangen. Sie erleben die Nutzlosigkeit unzähliger Versammlungen, die Lähmung durch bürokratische Abläufe, die Frustrationen als Ergebnis von Obstruktion und Eingriffen von oben. »Wo soll das denn um Himmels willen hinführen?« lautet der Stoßseufzer. Es sind nicht nur die »Schwächeren« in den Organisationen, die so denken. Auch Menschen mit wichtigen Funktionen, denen es äußerlich betrachtet gut geht, fühlen oft innerlich eine große Leere, wenn sie über Sinn und Wert ihrer Arbeit nachdenken.

In der Vergangenheit waren es Religionen und Ideologien, die der Arbeit einen Sinn gaben und ihn betonten. Heute jedoch fühlt sich fast niemand mehr davon angesprochen. Außerdem kämpfen die Vertreter dieser Weltanschauungen selbst mit genau derselben Frage. Auch der Organisation gelingt es immer weniger, den Sinn der Arbeit zu vermitteln. Die Rede des Direktors, die formulierte »Mission« der Behörde oder des Unternehmens – alles ist gleichermaßen hohl und so abstrakt, dass es nicht mehr anspricht.

Was der Sinn der Arbeit ist, wird heutzutage nicht mehr von außen vermittelt. Es ist die eigene Aufgabe, in seiner Arbeit einen Sinn zu suchen – das kann einem keiner abnehmen. Am wichtigsten ist es, in seiner Arbeit oder Arbeitssituation etwas zu finden, für das sich der Einsatz lohnt. Kein schönes abstraktes Motto, sondern eine konkrete Sache, vielleicht sogar mehrere.

Grundmotivationen

Von altersher gibt es drei Bereiche, aus denen Menschen Sinn und Bedeutung ihrer Arbeit ableiten: Einkommen, persönliche Entfaltung und Dienstleistung. Die meisten Menschen schöpfen ihre Arbeitsmotivation aus einer Mischform dieser drei Bereiche.

Einkommen

Die Arbeit verschafft ein Einkommen, mit dem man sich und diejenigen versorgen kann, die von einem abhängig sind, und es macht einen darüber hinaus unabhängig von anderen. Dies ist das vordergründigste Motiv, aus dem heraus man arbeitet, aber beileibe nicht das wichtigste. Es wird nämlich unglaublich viel unbezahlte Arbeit geleistet.

Einkommen ist wichtig, weil es einen in die Lage versetzen kann, sein Leben nach eigenen Wünschen und Vorstellungen einzurichten. Andererseits kann es auch unfrei machen, wenn es einen in einer Arbeitssituation gefangen hält, die man nicht akzeptiert. Das wird manchmal »das Problem des goldenen Käfigs« genannt.

Einseitige Fixierung auf Einkommen kann dazu führen, dass man sein »biographisches Gleis« verliert und sich dadurch auf die Dauer von sich selbst entfremdet. Wo sucht man seinen Reichtum, das ist die Entscheidung.

Persönliche Entwicklung und Entfaltung

Viele Menschen finden den Sinn ihrer Arbeit im Ausleben und Entwickeln ihrer Fähigkeiten. Die Arbeit stellt einen vor die Herausforderung, verborgene Fähigkeiten zu nutzen, nicht nur auf sein Können als Fachmann zurückzugreifen, sondern auch auf die eigene Fähigkeit, andere mitzureissen, Widerstände zu überwinden und Resultate zu erzielen.

Aber auch das Gegenteil ist zu finden: Menschen, die in ihrer Arbeit keine Herausforderung mehr sehen, stumpfen ab und werden frustriert. Erfahrungen aus der Arbeitssituation wirken dann »anti-entwickelnd« und können dem Selbstwertgefühl sogar einen gehörigen Knacks versetzen.

Wenn die organisatorischen Bedingungen vorhanden sind, ist es eine wichtige Voraussetzung für die Entwicklung der Persönlichkeit im Arbeitsprozess, die Dynamik zwischen Bindung und Distanz im Griff zu haben. Einerseits muss man sich mit seinen Aufgaben identifizieren, mit den Herausforderungen und den Menschen, mit denen man zusammenarbeitet. Eine allzu kritische Haltung und ein ständiges »ja, aber« stempeln einen viel zu sehr zum Außenseiter und hindern einen, in seiner Arbeit aufzugehen, sich zu begeistern. Andererseits ist es ratsam, regelmäßig Distanz zu suchen, kritisch auf das, was man getan hat, zurückzublicken und sich zu überlegen, was man eigentlich tut. Geht man zu sehr in der Arbeit auf – was leicht durch Erfolg, hohe Punktzahlen, Anerkennung verstärkt wird –, dann fehlt die für eine Entwicklung unabdingbare kritische Distanz.

Wichtigste Quelle für die eigene Entwicklung sind die anderen: Kollegen, Chefs, Kunden usw. Sie halten einem – gebeten oder ungebeten – den Spiegel vor. Die eigene Entwicklung im Arbeitsumfeld kann enorme Fortschritte machen, wenn man offen ist für die Anregungen anderer und sich darauf einlässt. Es lohnt sich in diesem Zusammenhang, Peter Senges Buch über die »lernende Organisation« zu lesen.

Arbeiten für andere

Viele Menschen finden den Sinn ihrer Arbeit in der Wichtigkeit und dem Nutzen, den diese für andere hat. Das gilt nicht nur für sogenannte idealistische Berufe, etwa in der Entwicklungshilfe oder im Sozialbereich, auch ein Controller möchte mit seiner Arbeit einen sinnvollen Beitrag zur Lenkung der Organisation leisten, und der Personalsachbearbeiter bringt sein Wissen und Können ein, damit die Führungsebene die »human resources« optimal einsetzen kann.

Der Sinn der Arbeit kann auch in der Befriedigung der Bedürfnisse anderer gefunden werden, also in den Kundenwünschen. Aber mit dem größer und komplexer Werden der Organisation gerät der Kunde manchmal aus dem Blickfeld. Dann meint man schließlich, die Arbeit sei für »den Chef«. Das deutet auf eine vertikale Orientierung, obwohl hier vor allem eine horizontale Blickrichtung gefragt ist. Wenn man den Sinn seiner Arbeit sucht, kann man z.B. einen Kunden aufsuchen und sich mit ihm darüber unterhalten, was er von der Firma erwartet. Dadurch kann Sinn wieder erfahrbar werden.

Integration von Arbeiten, Lernen und Leben

Menschen, die auf der Suche nach einer neuen Beziehung zu ihrer Arbeit sind, haben manchmal hohe Erwartungen. Sie suchen eine Arbeit, in der sie »etwas von sich einbringen können«, in der sie »ihre Kapazitäten nutzen und entwickeln«, wo sie »anderen etwas bedeuten können« usw. Zum Teil haben sie damit recht. Aber es gibt auch eine andere Seite.

Betrachtet man die Entwicklung menschlicher Arbeit über einen längeren Zeitraum, fällt als eines der wichtigsten Kennzeichen die Arbeitsteilung oder Spezialisierung auf. Sie führt u.a. dazu, dass die Produkte oder Arbeitsergebnisse immer »objektiver«, d.h. unabhängiger von den subjektiven Vorlieben, Wünschen und sogar Fähigkeiten des individuellen Produzenten werden. Früher war das anders. Bis weit ins Mittelalter trugen Produkte menschlicher Arbeit wie Nahrung, Kleidung, Möbel, Werkzeuge die Merkmale des Produzenten, und zwar so sehr, dass man am Produkt den Hersteller erkennen konnte. Denn der Hersteller verwirklichte sich in seinem Produkt.

Der Gegenpol ist die moderne Fließbandproduktion. Der Plastikbecher beispielsweise hat alles Persönliche verloren und wird maschinell auf der Grundlage objektiver Qualitätsanforderungen des Kunden oder des Marktes hergestellt. Der Mensch an der Maschine kann dem Produkt keinen persönlichen Stempel mehr aufdrücken. Wenn ein anderer seinen Platz übernimmt, ist das dem Becher nicht anzusehen.

Was mit der maschinengebundenen Arbeit in der industriellen Fertigung seinen Einzug gehalten hat, breitet sich auch bei »höherwertigen« Arbeiten wie ein Ölfleck aus, wobei auch immer häufiger standardisierte Arbeitsabläufe oder Qualitätsanforderungen wie ISO-Normen oder andere Prüfkriterien Anwendung finden. Das wiederum führt dazu, dass Menschen sich immer weniger in ihrer Arbeit oder ihrem Beruf »ausleben« können und sich immer mehr den Anforderungen anpassen müssen, die von außen an sie herangetragen werden. Dadurch geraten Werte wie Selbstverwirklichung und Selbstentfaltung immer mehr ins Wanken. Denn das, was man als potentielle Ressource in sich trägt, ist am Arbeitsplatz vielleicht gar nicht gefragt. Und was die Arbeitssituation an Entwicklung von einer Person verlangt, hat für diese vielleicht nicht höchste Priorität.

Das alles führt dazu, dass zahlreiche Menschen sehr unzufrieden mit ihrer Arbeitssituation sind und sich nach einer besseren umsehen, in der sie »sich stärker einbringen« können. Manchmal gelingt es, weil es noch ausreichend verschiedene Möglichkeiten der Selbstverwirklichung gibt. Aber oft stellt es sich als Illusion heraus, und dieselbe Wirklichkeit holt einen auch am neuen Arbeitsplatz ein.

Die industrielle, maschinengebundene Arbeit hat zu enormen Motivationsproblemen geführt. Mit allerlei Kunstgriffen, wie Leistungszulagen, Betriebsvereinbarungen und autonomen Arbeitsgruppen wurde versucht, die Motivation wieder zu steigern. Meist vergeblich. Dieselben Probleme kehren wieder, nur auf höherer Ebene. Auch dort kennt man große Unzufriedenheit, abnehmende Motivation, Machtlosigkeit, Unlust und Fehltage.

Sind das Anzeichen einer düsteren Zukunft, in der die Arbeit zu einer einzigen großen Maschinerie oder zum komplexen System wird, ohne jede Menschlichkeit? Und muss das dann in der Freizeit kompensiert werden, in der sich die Menschen verwirklichen, entspannen oder betäuben können? Diese Gefahr ist unseres Erachtens durchaus existent, mit allen negativen Begleiterscheiungen, für den Einzelnen wie für die Organisation. Man kann einen Menschen nicht ungestraft zu einem Rädchen in einer Maschine degradieren; und gerade die modernen Arbeitssituationen verlangen Einsatz, persönliches Engagement, Interesse am Produkt, am Kunden, an der Zusammenarbeit mit den Kollegen usw.

Es scheint paradox. Einerseits verliert die Arbeit jeden Anteil an Menschlichkeit, weil der Mensch sich nicht mehr in seiner Arbeit verwirklichen kann. Andererseits verlangt die Arbeitssituation ausgerechnet alle möglichen menschlichen Qualitäten, um gute Produkte oder Dienstleistungen zu erbringen. Man könnte sagen: weil die Arbeit geistig immer stärker ausgehöhlt ist, muss der Mensch sie gerade heute selbst mit Geist erfüllen. Das bedeutet, dass Menschen Eigenmotivation brauchen – sie selbst müssen ihrer Arbeit Sinn geben und in sich die Kraft finden, Interesse für das Produkt, die Dienstleistung, den Kunden usw. aufzubringen.

Die Humanität der Arbeitswelt wird in Zukunft immer mehr aus uns selbst kommen müssen. Das ist keine geringe Aufgabe, aber durchaus eine, die uns einen großen Schritt in unserer Entwicklung voranbringen kann. Es ist die Aufgabe, die uns der Zeitgeist stellt. Und es ist für unser persönliches Leben wie für die Zukunft unserer Gesellschaft ausschlaggebend, dass uns das einigermaßen gelingt. Dazu muss man in erster Linie die beschriebenen Entwicklungen erkennen und annehmen. Dadurch löst man sich von einer Reihe Illusionen, und die eigenen Erwartungen an Arbeit und Arbeitssituation können realistischer werden. Darüber hinaus ist es wichtig, aktiv etwas für seine eigene Entwicklung zu tun, *losgelöst* von der Arbeitssitutation. In der Lebens- wie in der Lernwelt müssen Kräfte entwickelt werden, damit in der Arbeitssituation menschenwürdig gehandelt werden kann. Von dort kommt die Kraft, in seiner Arbeit mit persönlicher Hingabe das zu tun, was getan werden muss.

Damit schließt sich der Kreis. Wir sind zur Dreiheit unseres Lebens zurückgekehrt: der Welt des Lebens, des Lernens und der Arbeit. Die drei sind eng miteinander verflochten und sollten um der Qualität unserer individuellen und gemeinschaftlichen Existenz willen jede für sich bewusst gepflegt werden.

Lebensphasen und Arbeit

Verbinden und loslassen:
der Puls des Lebens

Die Arbeit

Mit sechzehn endet die Schulpflicht und mit fünfundsechzig muss man nicht mehr arbeiten. Damit ist in etwa die Lebenszeit markiert, in der die Arbeit eine dominierende Rolle spielt (dem einen eine Last, dem anderen Lust und Leben). Arbeit wird an Einkommen gekoppelt; und ohne Geld kann man nicht leben oder zumindest nicht so, wie man es gerne möchte. Arbeit gibt auch gesellschaftliches Ansehen. Arbeitslose können davon ein Lied singen. Und sie gibt dem Leben einen Sinn. Man tut etwas, das andere nützlich finden und in dem man sich selbst verwirklichen kann. Aber welchen Sinn die Arbeit hat und wie wichtig sie für einen selbst ist, hängt von zahlreichen Faktoren ab. Einer der Faktoren ist die Lebensphase, in der man sich befindet.

Jugendliche um die sechzehn übernehmen alle möglichen Jobs wie Zeitungen austragen, im Sekretariat Briefe sortieren und eintüten, sonntags im Altersheim Essen austragen, dem Blumenhändler auf dem Wochenmarkt helfen, babysitten usw. Die Bezahlung muss stimmen, die Arbeit soll nicht zu viel Zeit und Energie kosten, und sie sollte auch ein bisschen Spaß machen. Es ist eine spielerische Art, die Gesellschaft kennen zu lernen. Wird die Arbeit zu ernst oder ist der Chef unangenehm, dann hören sie wieder damit auf.

Menschen, die über fünfundsechzig sind, hören mit der Pensionierung nicht zu arbeiten auf. Sie konzentrieren sich stärker auf das, was ihnen etwas bedeutet oder was sie gern tun möchten. Der Druck, für ein Familieneinkommen sorgen zu müssen, existiert nicht mehr oder ist geringer geworden, ebenso die Anforderungen, die ein Arbeitsverband an sie stellt. Sie fühlen sich freier, entspannter und sind dadurch kreativer. Oft übernehmen sie kleinere Aufgaben für Organisationen im eigenen Land, in Europa oder in der Dritten Welt, die nur wenig zahlen können. Manche Rentner genießen es und haben mehr zu tun als je zuvor.

Dies sind einige Impressionen, was Menschen an den Grenzen der »Pflicht«-Arbeitsperiode mit ihrem Leben tun. Grenzen, die übrigens ständig in Frage gestellt werden. Zuerst wird der Vorruhestand eingeführt, dann wieder abgeschafft. Es gibt sogar Überlegungen, das Pensionsalter heraufzusetzen. Das scheint angesichts der Vergreisung unserer Gesellschaft unvermeidlich. Viele Menschen haben von sich aus den Wunsch weiterzuarbeiten, solange sie sich noch fit genug fühlen. Und arbeiten hält einen doch fit? Man bleibt so mit der Welt in Verbindung und hält den Geist wach.

> »Wenn man nicht arbeitet, erlebt man auch nicht den Stoff des Lebens. Wie sollte man dann je auf einen Gedanken kommen können?«
>
> *Andrej Platonow*

Auch der Einstieg ins Berufsleben ist in Frage gestellt. Die »Schulzeit« wird im dualen Bildungssystem, in dem sich Arbeiten und Lernen ergänzen, immer länger. Denn die Wichtigkeit von Bildung ist unbestritten. »Lernen, lernen und nochmals lernen!« – stand noch 1989 in rosaroten Buchstaben auf einer elfenbeinweiss getünchten Schulwand in Chabarovsk (Ostsibirien) neben dem markanten Profil Lenins. Das Kinn vorgereckt, die Nase herrisch nach oben, grimmiger Blick. »Education permanente« hallt aus den sechziger Jahren noch das Echo nach.

Lebensphasen

Wie sehen die Phasen unseres Lebens aus und wie sind sie zu charakterisieren? In der chinesischen Antike teilte man das Leben in drei Phasen: eine Zeit des Lernens, eine des Kampfes und eine, um Weisheit zu erlangen. Die Hindus unterschieden in dieser Epoche die Stadien des Studenten, des Hausherren (die Phase der sozialen Verantwortung), des Pilgers (die Phase, in der sich der Mensch zurückziehen konnte, um sich und den wahren Sinn des Lebens zu suchen) und des Annyasins. Als Annyasin kannte der Mensch, ob Frau oder Mann, weder Hass noch Liebe, er lebte mit dem ewigen Selbst und hatte keinen Besitz. Auch die Griechen und Römer kannten die Vorstellung der Lebensphasen. Und in unserem Jahrhundert kehrt das Thema im Werk Charlotte Bühlers (wie in dem Rudolf Steiners, Martha Moers', Romano Guardinis und Bernard Lievegoeds) wieder. Else Frenkel-Brunswijk, eine Schülerin Charlotte Bühlers, und Erik Erikson gingen vor dem Zweiten Weltkrieg aus Europa in die Vereinigten Staaten und initiierten dort die Lebensphasenforschung (vgl. dazu auch Levinson, Selles, Sheehy, Washbourn). Die europäische und amerikanische Entwicklung läuft dann, ziemlich unabhängig voneinander, parallel weiter. Seit den siebziger Jahren nimmt auf beiden Seiten des Atlantischen Ozeans die Zahl der Publikationen zum Thema Lebenslauf des Menschen und zur »Midlife-Crisis« zu, und die Untersuchung der eigenen Biographie wird ein nicht mehr wegzudenkender Bestandteil von Karriereberatungen. Wie hast du gelebt, was getan, wie dich entschieden? Welche Arbeitserfahrungen hast du? Welche Erfahrungen, Fähigkeiten und welches Wissen hast du erworben? Was sind deine Stärken, was deine Schwächen? Welche Pläne hast du für die Zukunft deines beruflichen wie deines Privatlebens? Dies ist ein individuelles Herangehen vor dem Hintergrund allgemeiner typischer Lebensphasen und der dazwischen liegenden Übergänge, die man auch Krisen nennt. Krisen, die als Bedrohung erfahren werden, können aber gerade die Chance zu einem neuen Schritt in der Karriere bieten. Die Lebensphasenforschung hat das Bewusstsein von der Bedeutung des Lebens vergrößert.

Ein Beispiel: Dass jeder Mensch geboren wird und stirbt, ist eine Gesetzmäßigkeit. Sein Lebensbogen kann kurz oder lang sein, ein Pfad voller Dornen oder über grüne Wiesen, der an bedrohlichen Abgründen vorbei oder über herausfordernde Gipfel führt. Aber jeder von uns kommt auf die Erde und sucht seinen Platz, lebt mehr oder weniger seine Wünsche aus und schrumpft wieder in seinem Fluchtpunkt zusammen, zumindest wenn sein Weg nicht vorzeitig abgebrochen wird.

Wenn der Kopf eines Kindes aus der Scheide tritt, sieht man ein runzliges Gesicht, Vorbote dessen, wie der Mensch später einmal als Greis aussehen wird. Das bleibt nicht so: In den ersten Tagen ist dann das Gesicht von einem Glanz umgeben, vollkommen und schön. Auch der verschwindet, und dann liegt das Kind da, sozusagen ein wenig irdischer, und fängt an, auf seine Umwelt zu reagieren, wenn es nicht gerade schläft. Denn große Teile des Tags ist es noch nicht hier.

Später ist es umgekehrt. Wenn der Mensch aktiv im Leben steht, kann er während ganzer Perioden mit einem Minimum an Schlaf auskommen.

Dann, als Greis, sitzt er am Fenster oder beim Ofen und sinnt. Im Augenblick ist er noch ganz da, ist er nicht zu übersehen. Er hat seine eigene Ansicht oder eine Beschwerde vorzubringen, regelt noch alles Mögliche. Aber immer öfter bricht der Kontakt ab. Er lebt dann in seiner eigenen Welt. Gelegentlich kann man ihn bereits mit seiner Totenmaske sehen. Und wenn es dann soweit ist, kann er ganz friedlich daliegen. Eventuell ist dieser Glanz vom Anfang wieder zu sehen. Aber wer erinnert sich noch daran? Die Zeugen seines Eintritts in die Welt sind ihm alle vorangegangen. Und der Glanz verschwindet auch wieder.

So geht es uns allen: Wir wachsen, blühen und verwelken. Wie die Bäume und Pflanzen. Die größte körperliche Vitalität haben wir zwischen zwanzig und vierzig. Man reist, unternimmt etwas, baut auf und organisiert. Leistung, das ist das Hauptthema. Es wird mit Menschen gehandelt (etwa Fußballprofis), und sie werden benutzt (man denke an »planned career systems« für Manager). Man ist auch selbst auf der Suche: nach Stellung, Partner, Kindern, Haus und Garten bis zu einer Zweitwohnung, ob Zelt oder Ferienhäuschen, ein Schiff oder Wohnwagen. Die genannte Vitalität nährt den Tatendrang bis »der Mann mit dem Hammer« (ein Begriff aus der Radrennszene, wenn es um plötzlichen Leistungsabfall geht) kommt. Beim einen mit vierzig, beim anderen mit fünfzig. Dieser »Mann« schlägt mal mehr, mal weniger hart zu; in jedem Fall lernt man dadurch seine Grenzen kennen: »Mach doch mal ein bisschen langsamer«, schreien Herz oder Rücken, Magen, Darm oder Kopf. »Lebe ver-

nünftig!« Man hat in seinem Lebenslauf die Grenze der Vitalität erreicht. Ist das der Anfang vom Ende?
Es gibt Menschen, die von ihrem fünfzigsten Geburtstag an auf ihr Ende warten. Das Leben wird mühsam, es macht keinen Spaß mehr. Wehwehchen werden zu wirklichen Leiden und führen zu Wehleidigkeit. Andere Menschen bleiben bis weit über siebzig, achtzig oder gar neunzig aktiv. Sie berücksichtigen ihre abnehmende körperliche Vitalität, scheinen aber geistig voller Energie, bringen eventuell erst jetzt ihre Spitzenleistungen (dafür gibt es zahlreiche Beispiele). Und sie sehen oft jung aus, als seien sie reifer und gleichzeitig jünger geworden.

»Mit der Reife wird man immer jünger.«
Hermann Hesse

Aber woher nehmen Menschen diese geistige Spannkraft? Ist es eine Frage der Erziehung? Zum Teil gewiss. Man wird nun einmal von seiner Familie, der Schule, den Unternehmen, in denen man gearbeitet hat, von Radio, Fernsehen usw. geformt. Jeder Mensch ist Kind seiner Zeit und wird vom herrschenden Zeitgeist geformt. Wie in unseren Tagen: vom Geist der Sparmaßnahmen, dem allgemeinen Sozialabbau von der Wiege bis zur Bahre, der Stimulierung von Initiativen, Unternehmungsgeist und Kommerz. Hat im Leben der physische und materielle Aspekt in den genannten Bereichen einen unverhältnismäßig starken Akzent, ist die Gefahr größer, am Ende seines Lebens geistig abzubauen.

Die Entwicklung der geistigen Spannkraft kennt also günstige und ungünstige Bedingungen. Aber es gibt auch Beispiele von Menschen, die unter schlechten Bedingungen fit bleiben und innerlich wachsen. Wie ein Mensch innerlich auf von außen vorgegebene Bedingungen reagiert, ist sehr individuell und verschieden. Der eine passt sich an, der andere lehnt sich dagegen auf, der Dritte sucht seinen eigenen Weg. Er bleibt bei sich. Das weist auf einen Kern im Menschen, der sich selbständig entwickeln kann. Oft findet man gerade bei Menschen mit einer körperlichen Behinderung oder in schwierigen Umständen eine große Geistesstärke.

Fragt man etwa Menschen, die im Zweiten Weltkrieg in japanischen Lagern in Indonesien interniert waren, was ihnen geholfen hat, die schwierige Zeit durchzustehen, dann kann man folgende Aussagen hören, die unserer Meinung nach, auf eine geistige Orientierung hinweisen.

»Ich habe die Bibel gelesen und regelmäßig gebetet. Man weiss, dass Gott etwas mit einem vorhat.«

»Ich wusste, tief in mir, dass im Leben alles einen verborgenen Sinn hat. Selbst diese schrecklichen Umständen, selbst wenn ich in diesem Augenblick den Sinn nicht mehr erkennen konnte.«

»Mir wurde klar: ›Das ist die Situation, in der ich jetzt lebe‹ – und dass ich mich damit abfinden musste.«

»Ich klammerte mich an das, was *jetzt* getan werden musste, was direkt vor mir lag. Auch bei den unangenehmsten Aufgaben. Einer musste es schließlich tun.«

»Ich habe versucht, an meine Mitmenschen zu denken, sogar – einmal – an den Feind.«

»Meine Mutter sagte immer wieder: Junge, das geht vorbei, es ist vorübergehend!«

Manchmal half es Menschen auch die Situation zu ertragen, wenn sie sich an bestimmten einfachen menschlichen Werten und Normen festhielten, und wenn es nur ein einziger Wert war.

Charakteristische Züge der Lebensphasen

Mit welchen Faktoren neben Erziehung, Ausbildung und körperlicher Vitalität bekommt es dieser individuelle Kern im Leben zu tun? Jeder Mensch ist eine Zeitlang Kind, Jugendlicher, Zwanzigjähriger, Dreißigjähriger usw. Was sind die charakteristischen Züge dieser Phasen, und was bedeutet das für die berufliche Situation? Wir beginnen mit unserer Beschreibung beim Zwanzigjährigen, weil viele durch die Verlängerung der Schul- und Studienzeit erst dann in den Arbeitsprozess kommen. Und angesichts der wachsenden Zahl »älterer Menschen« haben wir sie um eine Charakteristik der Siebzig- und Achtzigjährigen erweitert. Unsere allgemeine Beschreibung leugnet aber nicht, dass jeder Mensch seinen eigenen Weg durch diese Gesetzmäßigkeiten des Lebens geht. In der Abweichung liegt das Einzigartige des individuellen Schicksals.

Der Zwanzigjährige

Der Zwanzigjährige tritt ins volle Leben, oft erfüllt von Erwartungen. Das Leben liegt noch vor ihm, es ist spannend und abenteuerlich, und er ist offen dafür. Seine Selbsterkenntnis ist noch gering. Und um die geht es vor allem in dieser Periode: sich selbst zu erkennen, seine eigenen Grenzen und Fähigkeiten auszuloten, herauszufinden, was zu einem gehört und was nicht. Dadurch baut der junge Mensch eine innere Sicherheit auf, die im Gegensatz zu äußeren Sicherheiten wie einem garantierten Einkommen, sozialer Sicherheit usw. steht.

Als älterer Mensch konstatiert man manchmal nur voller Verblüffung, was die sich zutrauen. Blickt man jedoch auf sein eigenes Leben zurück, dann sieht man, dass man früher auch einmal solche »waghalsigen« Abenteuer eingegangen ist, ohne sich einer Gefahr bewusst zu sein.

In all dem wird der junge Mensch vorwiegend von seinem (noch unbewussten) Willen geleitet. »Man geht dorthin, wohin einen die Füße tragen.«

Es gibt noch keinen fest durchgeplanten Kurs. »Mal abwarten«, ist der Lieblingssatz. Er begeistert sich schnell für bestimmte (neue) Gedanken. Das auf Erfahrung basierende Urteilsvermögen ist noch schwach entwickelt. Daher wird diese Altersgruppe, genau wie die Jugendlichen, leichte Beute für Diktaturen, Terrorgruppen, Sekten und ähnliches.

Die Arbeit bietet dem Zwanzigjährigen die Möglichkeit, sich selbst zu erproben; das kann er in Vereinen, Clubs, mit Freunden oder Reisen gleichermaßen. Für ihn ist die Berufstätigkeit oft noch eine Übergangslösung. Der junge Mensch will noch keine feste Bindung. Wenn möglich, sucht er Veränderung, will vor allem nicht zu lange dasselbe tun. Zeitarbeitsfirmen bieten ihm eine ideale Möglichkeit. Außerdem möchte er schnell den Ertrag seiner Arbeit sehen. Er kann noch nicht etwas anfangen, dessen Ergebnis erst in zwei Jahren zu sehen ist. Dann schwindet seine Motivation. Er braucht in seiner Arbeit noch positive Kontakte zu anderen, zu Menschen, die an ihn glauben. Er ist noch kein Solist. Die anderen müssen ihm klar machen, wer er ist.

Der Dreißigjährige

Ende zwanzig, Anfang dreißig kommen die meisten Menschen zu ihrer ersten Lebensbeurteilung. Eine lange Studienzeit kann diesen Zeitpunkt ein wenig verzögern, aber der junge Mensch kennt nun in etwa seine Grenzen und Möglichkeiten und möchte diese auch nutzen. Guardini nennt diesen Übergang die »Krise der Erfahrung«. Das Bewegliche des Zwanzigjährigen verschwindet, die Vitalität und das Tempo bleiben erhalten.

Neben dem Willen wird nun auch der Verstand zum Steuern des Lebens genutzt. Das Denken wird sachlich und nüchtern. Der Dreißigjährige glaubt das Leben rational beherrschen zu können. Er geht bei allem methodisch vor, gleichgültig ob zu Hause, bei seinem Hobby oder im Beruf. Er packt eine Menge an, und es wird gut zusammenpassend organisiert. Das ist sein ständiges Gesprächsthema mit anderen.

Langsam denkt er ernsthafter über sein Leben nach: »Ich bin schon dreißig, meine Jugend ist vorbei, der Ernst des Lebens hat angefangen.« Und Mitte dreißig kann ihm bewusst werden, dass das Leben endlich ist. Dieses Bewusstsein geht noch nicht tief, es ist eher ein gelegentliches Aufblitzen. Der Dreißigjährige sucht engere Beziehungen – zu seiner Arbeit, dem Partner, Wohnort, den Vereinen oder anderen sozialen Verpflichtungen. Nach der Phase des Suchens zwischen zwanzig und dreißig, die in die Breite ging, sucht er jetzt nach Vertiefung und Spezialisierung. Manch einer richtet sich zwischen dreißig und vierzig auch stark auf Materielles aus. Man muss nur einmal hören, worüber Dreißigjährige auf Empfängen reden: über Häuser, Autos, Boote, Hypotheken usw.

Für viele wird der Arbeitsplatz nun zum Ort, an dem sie sich entwickeln, sowohl äußerlich (Karriere machen) wie innerlich (sich als Mensch entfalten). Das erinnert an einen Spruch eines niederländischen Komikers: »Haben Sie auch`schon einen Fulltime-Job und eine Parttime-Beziehung?« Deine Arbeit ist dein Leben.

Der Dreißigjährige kann einen weiten Bereich überblicken und eine Verantwortung übernehmen, die mehr ist als die reine Erledigung seiner eigenen Arbeit. Er denkt jetzt längerfristig. Er kann vieles gleichzeitig tun, und seine intellektuellen Fähigkeiten werden nun oft gefordert: Ziele setzen, planen, organisieren, Systeme entwickeln, Prioritäten abwägen und anderes mehr.

Menschen Mitte dreißig sind, zumindest in unserer heutigen Kultur, für viele Organisationen ideale Mitarbeiter: kräftig, klar, ordentlich, sachlich und vital. Das Bedüfrnis, anerkannt zu werden, Leistungspunkte zu sammeln, kann sie so äußerlich werden lassen, dass sie über ihre inneren Entwicklungsbedürfnisse hinweggehen. Die Verbindung zu seiner Entwicklung nicht abreissen zu lassen, ist eine schwere Aufgabe.

Der Vierzigjährige

Um das vierzigste Lebensjahr stellen sich viele Menschen existentielle Fragen. Mit vagen Unlustgefühlen und Unzufriedenheit fängt es oft an, manchmal mit einem für den Betreffenden selbst völlig unerklärlichen Gefühl der Unsicherheit. Es ist, als verlöre alles seinen Glanz, was er bisher im Leben der Mühe wert gefunden hat. Außerdem kommt einem voller Schrecken die Erkenntnis, dass das Leben schon zur Hälfte gelebt ist. Beim Zurückblicken auf sein bisher gelebtes Leben stellt sich nun die Frage, ob das denn »alles« gewesen ist, was das Leben zu bieten hat. Das alte Wertesystem scheint nicht mehr den Erwartungen zu genügen. Manche haben das Gefühl, dass sie in der Außenwelt sehr schnell eine ganze Reihe von Dingen verändern müssen, wenn sie den Zug nicht verpassen wollen. Sie suchen eine neue Stelle, steigen aus ihrer Ehe oder Beziehung aus und möchten einen neuen Anfang machen. Meist ist das eine Illusion: Auch in der neuen Beziehung und dem neuen Job wird man mit sich selbst konfrontiert. Viel nötiger ist eine innere Neuorientierung: eher »Dinge anders anpacken«, als andere Dinge zu tun. Die wichtigste Aufgabe für den Vierzigjährigen besteht im Abschiednehmen von seiner expansiven Phase zwischen zwanzig und vierzig, in der die Aufgabe darin bestanden hatte, seinen Platz in der Welt zu finden. Darauf war das ganze Streben gerichtet. Mit ca. vierzig ist der Platz gefunden, und dann erhebt sich die Frage: »Was nun?« Was jetzt im Leben noch kommt, ist das lediglich eine Wiederholung? Vielleicht noch ein oder zwei Beförderungen, und dann?

Statt nach noch mehr Macht, Einfluss und Anerkennung zu streben – mit anderen Worten: egozentrisch zu sein – besteht die neue innere Aufgabe im

Entwickeln von Zurückhaltung, um anderen Raum zu lassen und da zu sein, wenn einen die Mitmenschen, oft jüngere, brauchen. Natürlich wird die Zeit der Expansion noch ein paar Jahre lang weitergehen, aber je näher der fünfzigste Geburtstag heranrückt, desto krampfhafter wirkt es und weckt bei den Mitmenschen Spott, Mitleid oder Ärger.

Diese Lebensphase, in der das Bewährte nicht mehr ausreicht und das Neue noch nicht gefunden ist, wird oft als eine wichtige Übergangsphase betrachtet, die in ihrer Heftigkeit mit der Pubertät vergleichbar ist. Allerdings geht sie oft mit noch mehr Schmerz einher, weil man jetzt keine aufsteigende Linie mehr vor sich sieht, sondern eine fallende. Depressionen und innere Kämpfe kennzeichnen das Leben des Vierzigjährigen. Häufig wird er auch unruhig nach Möglichkeiten Ausschau halten, dieser Lebensproblematik zu entkommen – durch Alkohol, Fernsehen, erotische Abenteuer und andere Empfindungen. Man braucht Mut, um diesen Problemen nicht aus dem Weg zu gehen und nach geistigen Werten zu suchen, die dem Leben wieder Sinn und Bedeutung geben. Denn dort liegen nun die Möglichkeiten. Da die körperliche Vitalität als Folge des Älterwerdens abnimmt, entsteht Raum für Geistig-Ideelles. Welche Neigungen das sein werden, kann einem kein anderer sagen. Das muss man selbst herausfinden. Dazu ist meist eine heftige Konfrontation mit sich selbst nötig, die krisenhaft verlaufen kann. Aber die Kraft, die von den neu gewonnenen geistigen Interessen ausgeht, kann dazu führen, dass gegen Ende vierzig ein neues Gleichgewicht, eine neue innere Sicherheit gefunden wird, durch die das Leben einen neuen Impuls bekommt.

All diese Probleme trägt der Vierzigjährige natürlich auch in seine Arbeit. Die meisten Menschen neigen dazu, dieses Lebensproblem zu verbergen: »Man darf seine Schwächen nicht zeigen«. Verschiedene Manager haben uns in persönlichen Gesprächen von ihrer großen Unsicherheit in dieser Lebensphase berichtet und von der Angst, ihre Chefs könnten etwas davon bemerken.

Manchmal kann ein Vierzigjähriger enorm vor Aufgaben zurückscheuen, die ihn früher nur ein müdes Lächeln gekostet haben. Äußerlich kann alles scheinbar durchaus gut gehen, während innerlich die Befriedigung abnimmt, die einem die Arbeit gibt. »Meine Beurteilungen sind ausgezeichnet. Ich bin gerade wieder befördert worden. Aber es bedeutet mir alles nichts mehr.« Die Arbeit kann für den Menschen in der Übergangsperiode ein willkommener Halt sein, aber auch eine schwere Last; und oft ist sie beides zugleich. Ein Halt, weil man jeden Morgen doch wieder um 8.30 am Schreibtisch sitzen, Menschen Rede und Antwort stehen muss usw. Das bewahrt einen davor, sich von Unsicherheiten überwältigen zu lassen. Es kann aber auch zur schweren Belastung werden, weil man nach außen die Fassade für vieles wahren muss, was innerlich nicht (mehr) vorhanden ist.

Obwohl diese gerade angeführten Beispiele allgemein zu konstatieren sind, haben Vierzigjährige durchaus unterschiedliche Einstellungen zu ihrer Arbeit. Das hängt von der Entwicklung in früheren Phasen ab, von der Art der Arbeit, der Haltung der Kollegen usw. Wir nennen ein paar Varianten:

- der Vierzigjährige, der im Äußerlichen Veränderungen sucht, anfängt, sich in der Firma oder außerhalb zu bewerben, in eine andere Stadt ziehen will, eine neue Bindung eingeht;
- der Vierzigjährige, der plötzlich bei Versammlungen unerwartet und emotional prinzipielle Fragen stellt und daraus ein fürchterliches Problem macht, aber gleichzeitig eine Gleichgültigkeit gegenüber Dingen an den Tag legen kann, die ihn früher aus der Haut fahren ließen;
- die Frau, die plötzlich viel mehr arbeitet, sich sozusagen »darauf stürzt«, Arbeit mit nach Hause nimmt. Manchmal geht dieses Verhalten mit einer dominanten Haltung einher, um die eigene innere Unsicherheit zu kaschieren;
- der Mann, der seine privaten Probleme nicht mehr von der Arbeit trennen kann: Probleme wie Trinken, außereheliche Beziehungen, finanzielle Schwierigkeiten, die entstehen, weil er am Wochenende und in seiner freien Zeit existentiellen Fragen aus dem Weg gehen möchte. Das wirkt sich früher oder später auf die Arbeitssituation aus.

Wie jeder Mensch in seiner Jugend individuell eine Pubertätsphase durchläuft, so erlebt auch jeder Mensch um die vierzig eine Übergangsphase: die sogenannte »Midlife-Crisis«. Je näher der fünfzigste Geburtstag heranrückt, desto weniger stürmisch wird alles. Der Mensch kann dann eine neue Sicht auf das Leben oder eine neue Orientierung gefunden haben und dafür arbeiten. Durch diese neue Sinnfindung und die entsprechende Grundeinstellung kann er für die Organisation wieder sehr wertvoll werden.

Der Fünfzigjährige

Wie ein Mensch als Fünfzigjähriger lebt und arbeitet, hängt in vielem davon ab, wie er die vorhergehenden Übergangsphasen durchlaufen hat.

Hat er keine neue Orientierung für sein Leben gefunden, weil er vor den Problemen weggelaufen ist oder seine expansive Phase fortgesetzt hat, dann wird er als Fünfzigjähriger im Allgemeinen in eine immer größere Verkrampftheit verfallen. Vor allem die Jüngeren, und besonders die Dreißigjährigen, sind ihm dann am Arbeitsplatz wie im Privatleben eine ständige Quelle des Ärgers. Der Fünfzigjährige möchte überlegen bleiben – den jüngeren Kollegen gegenüber oder seinen Kindern zu Hause. Er kann manchmal ihre wilden Ideen nicht ertragen und reagiert ablehnend darauf (durch Herabsetzung, Missachtung, usw.) Gleichzeitig idealisiert er seine eigene Vergangenheit. Dadurch kann die Atmosphäre vergiftet werden. Die negative Haltung, die er ausstrahlt, wird dann von den anderen zurückgespiegelt, und so gerät der Fünfzigjährige in eine Art Teufelskreis, aus dem er nur schwer herausfinden kann. Gerne sucht er einen Sündenbock, dem er die Schuld für sein Unglück, das Scheitern seines Lebens in die Schuhe schieben kann.

Gelingt es dem Fünfzigjährigen aber, einen neuen Sinn in seinem Leben zu finden, dann kann diese Periode eine Quelle inneren Friedens und der Kreativität werden. Gerade weil beim Fünfzigjährigen das Ego-Gefühl, die Egozentrik etwas weniger dominant ist, entsteht Raum für wirkliches Interesse an Mensch und Gesellschaft. Früher boten ihm die Hobbies oft auch eine Möglichkeit, sich zu beweisen, jetzt sind sie Wege, sich mit einem Bereich wirklich auseinanderzusetzen (mit Musik, Kunst, Natur, Geschichte usw.). Für die oft schon etwas älteren Kinder und deren Freunde können Fünfzigjährige zu wirklichen Vertrauenspersonen werden, u.a. weil sie die Jugendlichen nicht einengen, sich nicht in deren Leben einmischen. Das Haus kann zu einem Ort werden, wo Platz für junge Menschen ist, wo sie sich wohlfühlen und wo ältere Menschen für sie da sind, ohne sich aufzudrängen. Vielen Fünfzigjährigen fällt es dennoch schwer, ihren körperlichen Abbau zu akzeptieren, vor allem in unserer Kultur, die so ausgesprochen körperbetont ist. Wurde die Krise des Vierzigjährigen schon durch körperliche Alterserscheinungen wie Haarausfall, Grauwerden oder einen Bauchansatz verschlimmert, um die fünfzig kommen dann häufig wirkliche Krankheiten und Beschwerden hinzu. Der Körper, der auf der absteigenden Kurve ist, macht sich immer stärker bemerkbar, wenn auch hier wieder wesentliche Unterschiede zu finden sind. Wem die geistige Inspiration fehlt, der läuft erneut Gefahr, zusammen mit seinem Körper auf die abschüssige Bahn zu geraten. Dagegen kann sich ein Mensch mit »Geisteskraft« jung erhalten. Manche Menschen können mit fünfzig jünger aussehen als mit vierzig. Die Aufgabe besteht darin, von seinem Körper geistig unabhängiger zu werden!

Die skizzierte negative Entwicklung kann sich derart auf die Arbeitsituation auswirken, dass der Mensch über fünfzig für die Organisation immer mehr zum Klotz am Bein wird. Er wehrt sich gegen Veränderung und Erneuerung (»Das haben wir 1970 auch schon einmal versucht, und damals wurde auch nichts draus!«), ist eigensinnig und schwer in Bewegung zu bringen. Arbeit und Arbeitssituation werden zur Last, und es werden nur noch die Jahre gezählt, die noch vom Vorruhestand oder von der Pensionierung trennen. Wie bereits erwähnt, sind jüngere Menschen eine ständige Bedrohung. Zuerst macht sich der Fünfzigjährige mit ihnen an die Arbeit, aber weil er den ungleichen Kampf immer häufiger verliert, wird er spöttisch und zynisch und tyrannisiert die anderen, indem er auf seinen Rechten beharrt. Kinkerlitzchen wie Rauchen, das Fenster öffnen, ein Telefonat übernehmen, können in einer Abteilung Anlass für sich ständig wiederholende Konflikte werden.

Dagegen kann eine positive Entwicklung diese Menschen zu wichtigen Stützen der Organisation werden lassen. Sie haben nicht mehr den Drang, ihre eigene Position auszubauen und sind dadurch viel objektiver. Ein solcher Fünfzigjähriger kann Abstand wahren, einen großen Bereich überblicken, und ist so zu echtem Führungsdenken imstande. Weil er sich nicht mehr auf Biegen und Brechen beweisen muss, ist er die ideale Führungsperson. Zudem kann er schwierige und notfalls harte Entscheidungen fällen, nicht aus irgendwelchen subjektiven Erwägungen heraus, sondern weil die Sachlage es erfordert. In einer hektischen Umgebung, in der zehn Dinge gleichzeitig geschehen, schnell und kurzfristig Entscheidungen gefällt werden müssen, fühlt sich der Fünfzigjährige weniger wohl. Die Kunst besteht darin, in einer Organisation den Platz zu finden und zu schaffen, in dem das Positive dieser Lebensphase am besten zur Geltung kommt. Dass dabei das traditierte System der heutigen Entlohnungs- und Ruhestandsregelungen ein großes Hindernis ist, bedarf keiner weiteren Erläuterung.

Der Sechzigjährige

Unsere heutige Gesellschaft sagt in ihrer Fixierung auf die Vitalität des jungen Menschen (»jung, wild und schnell«): »Mit sechzig bist du alt.« Und damit ist der Mensch »out«. In welcher Reklame, in welcher Modeillustrierten sieht man jemand über sechzig? So alt ist ein Sechzigjähriger noch nicht. Doch wird er stets mehr mit der Endlichkeit seines eigenen Lebens konfrontiert, eines Lebens, das sich zwischen zwei Polen abspielt: zwischen Geburt und Tod.

In der ersten Lebenshälfte steht jeder Mensch vor der Aufgabe, sich mit der Erde, der materiellen Existenz zu verbinden. In diesem Bemühen liegt seine Entwicklung; die Arbeit bietet ihm dazu eine wunderbare Gelegenheit. In der zweiten Lebenshälfte steht der Mensch immer mehr vor der Aufgabe, sich zu lösen. Am Ende wird er sich wieder von allem, was in dieser Welt »sein« geworden ist, lösen müssen: von Arbeit, Status, Verbindungen, finanziellen Möglichkeiten ...

Daher kann das Überschreiten der Grenze der »Periode, in der man arbeiten muss«, unangenehm oder auch befreiend sein. Das Leben wird nicht mehr von der Arbeit bestimmt, die eigene Kraft wird immer wichtiger. Gleichzeitig kann diese »Nicht-Verpflichtung« viele neue Möglichkeiten bergen. Sich mit dem zu verbinden, was einem noch wirklich wichtig ist, setzt oft neue Energie frei. Und gleichzeitig setzt die große Bewegung ein, das Leben loszulassen.

Mit sechzehn muss man nicht mehr zur Schule gehen und mit fünfundsechzig nicht mehr arbeiten. Noch ist es möglich, in den Vorruhestand zu gehen, wenn auch vermutlich nicht mehr lange, weil der Vorruhestand sozialwirtschaftlich nicht länger finanzierbar ist. Der neue Trend heisst Individualisierung. Abhängig von der betrieblichen und der persönlichen Situation soll eine vollständige oder teilweise Pensionierung bzw. Verrentung vor oder nach fünfundsechzig möglich werden. Möglich werden? Vermutlich notwendig. Und trotzdem findet man in Organisationen bisher selten Mitarbeiter über sechzig. Viele haben früher aufgegeben, beziehen eine Erwerbsunfähigkeitsrente oder sind in den Vorruhestand gegangen. Wer bleibt, macht es oft zur Ehrensache, »die 65 voll zu machen«. Wenn man keine allzu großen körperlichen Probleme hat, ist man noch sehr leistungsfähig.

Mit sechzig ist man nicht alt. Weshalb gibt es dann so wenige Sechzigjährige in Unternehmen? Das häufigste Argument lautet: »Sie kommen nicht mehr mit, alles ändert sich viel zu schnell.« Vermutlich trifft das auf viele zu, aber ziehen wir daraus nicht die falschen Schlüsse? Sind nicht die Reaktionen älterer Menschen in Organisationen bezeichnend dafür, wie Veränderungen und Erneuerungen eingeführt werden? Denn die älteren Mitarbeiter klappen zusammen, wo Jüngere noch die Energie und die Fähigkeit aufbringen, bei dem unwürdigen Spiel mit Menschen viel wegzustecken. Nur darf man nicht nach dem Preis fragen – schwindende Motivation und Bindung an die Arbeit.

Bei älteren Menschen bricht die Motivation früher ein. Sie steigen eher aus. Und die Organisation lässt sie gern gehen, weil sie dann im alten Stiefel weitermachen kann. Denn der Markt, die Kunden, die Konkurrenz, die Kostenentwicklung, die Sparmaßnahmen, die lassen doch keine andere Wahl?

Um die Sechzigjährigen in den Organisationen zu halten, muss individuell vorgegangen werden. Wie viel kann der oder die Betreffende noch arbeiten, Teilzeit, Vollzeit? Und ab wann nicht mehr? Wo liegen die Prioritäten der Sechzigjährigen, und welche Aufgaben sind dafür geeignet? Worauf muss sich die Organisation, sei es bei bezahlter oder freiwilliger Arbeit, verlassen können? Man muss den älteren Menschen auf seine Kraft und Begeisterungsfähigkeit ansprechen, auf sein Fachwissen und seine Erfahrung und darauf die Arbeitsbedingungen abstimmen. Dazu sind klare und konkrete Vereinbarungen nötig. Dann kann man in dem Unternehmen auch darüber reden, wie lange eine Mitarbeit noch möglich ist. Auf diese Weise kann ein Sechzigjähriger mit seiner Erfahrung noch lange geistig vital und kreativ die Organisation unterstützen.

Der Siebzigjährige

Immer mehr Menschen werden alt. Altwerden beginnt für manche mit siebzig, für andere erst mit neunzig. Viele dämmern weg und geraten in einen Zustand, in dem sie nur noch zu vegetieren scheinen und völlig von anderen abhängig werden. Andere bleiben aktiv, versorgen sich selbst bis ins hohe Alter.

In der ersten Zeit wirkt das Gefühl noch nach, nicht mehr arbeiten zu müssen. Neues wird angepackt, große Reisen werden gemacht. Das Leben ist noch eine bunte, abwechslungsreiche Palette aus sozialem Engagement in Vereinen oder der Kirche, für Verwandte, Freunde und Nachbarn sowie eigener Initiativen, sich das Leben schön zu machen.

Bei den meisten Menschen Ende siebzig fällt auf, wie sich ihr Radius langsam verengt. Die vielen unterschiedlichen Aktivitäten werden zu anstrengend, z.B. auch die Pflege der diversen Kontakte. Gleichzeitig werden diese Kontakte aber wichtiger. Die Einsamkeit nimmt zu, viele dämmern weg, sterben. Der Kreis wird kleiner, und man wird immer abhängiger davon.

Das eigene Ende naht, aber man möchte es noch nicht wahrhaben. Erinnerungen werden immer wichtiger. Man kann in ihnen versinken. Aber die Menschen, die weiterhin an dem Anteil nehmen, was in der Welt vor sich geht, die Zeitung lesen, fernsehen und sich über das Gesehene austauschen, halten sich selbst geistig fit. Uns sagte einmal jemand: »Ich bin ein Kind meiner Zeit; die Jüngeren, die gehören zu ihrer Zeit. Ich will verfolgen, was sie interessiert, will Teil der sich ändernden Verhältnisse sein, eine Beziehung dazu suchen. Was geht in der Welt vor, mit anderen, jüngeren Menschen, mit mir? Natürlich geschieht vieles, mit dem ich nicht einverstanden bin. Aber wie erleben andere das, was bedeutet es für sie? Und gleichzeitig muss ich ich selbst bleiben. Ja, ich bin altmodisch, von gestern.« Durch diese Haltung wird auch das positive Gegenteil möglich: jüngere Menschen, die sich für die alten Menschen interessieren, sich an ihrer milder werdenden Weisheit laben. Der Siebzigjährige wird für sie zur Oase der Ruhe und gleichzeitig hoffnungsvolles Vorbild. Obwohl sich der Aktionsradius seiner Welt verkleinert, weitet er sich gerade durch diese innere Aktivität und wird freier. Aber es wird einem nichts geschenkt. Man muss seinen Geist fit halten, z.B. durch Gedächtnistraining, indem man sich erinnert, wohin man den Schlüssel gelegt hat oder indem man etwa Bridge lernt.

Der Achtzigjährige

Die Abhängigkeit von einem kleiner werdenden Bekanntenkreis nimmt zu. Die täglichen aktiven Phasen werden kürzer, die Ruhephasen länger. Oft markiert ein schwerer physischer Eingriff den Übergang zu diesen Jahren, beispielsweise ein Hüftgelenkbruch. Das Leben wird buchstäblich unsicherer, verletzbarer, schwankender. Es ist eine schwierige Periode, in der ein Mensch immer weniger das tun kann, was er möchte. Alles, was er aufgeben muss, ist definitiv. Das macht es besonders schwer. Die Außenaktivitäten nehmen ab, und wenn parallel dazu die innerlichen Aktivitäten stagnieren, bleibt nicht viel übrig. Gleichzeitig reduziert sich auch die Fähigkeit, geistig aktiv zu sein. Es ist ein Kampf gegen eine immer näher rückende endgültige Grenze. Die Ewigkeit refft die Segel. Und die Kunst besteht im Annehmen, ohne sich total auszuliefern. Dann bleibt offenbar immer noch, obwohl kleiner und in bescheidenerem Maßstab, Raum für das, was einem am Herzen liegt. Wen noch besuchen und wen nicht mehr? Was noch tun, was noch schaffen und was unterlassen, anderen überlassen? Die Kraft liegt in der Beschränkung auf das Kleine, und dadurch kann Quantität in Qualität umschlagen. In diesen wenigen Momenten kann das Leben viel intensiver erlebt werden. Wer es aus der Nähe mitmacht, empfindet Verwunderung und Dankbarkeit. Man sieht den Kampf und den Schmerz des nahenden Endes. »Aber«, sagte uns einmal ein Achtzigjähriger, »es ist auch schön, dass die Natur es so eingerichtet hat, dass man sich auf den Abschied vorbereiten kann.«

> »Es stimmt, dem Tod können wir nicht entkommen. Das ist auch nicht schlimm. Dann beginnt der lange Dauerbesuch bei einem Gastgeber, der so faszinierend ist, dass die Zeit völlig zum Stillstand kommt und ewig wird.«
>
> *Godfried Bomans*

Und ein Besuch ist einmal zu Ende, und danach kehrt man in sein eigenes Haus zurück. Meist hat sich das Haus in der Zwischenzeit verändert, wie man selbst auch.

Krise und Transition im Lebenslauf

Heutzutage müssen sich Menschen viel stärker als frühere Generationen auf Veränderungen in ihrer Umgebung einstellen. Nicht nur die Zahl der Veränderungen hat sich erhöht, sondern auch die Geschwindigkeit, in der sie sich vollziehen. Außerdem verändert sich auch die Art des Veränderungsprozesses selbst. Waren früher beispielsweise bei einer Umstrukturierung Ausgangs- und Endsituation des Veränderungsprozesses ziemlich klar, weiss man heute weder viel vom Ausgangspunkt noch vom Ablauf und dem endgültigen Ziel. Viele Organisationen erleben inzwischen ihre dritte oder vierte Fusion. Die letzte Fusion ist kaum verarbeitet, und schon steht die nächste an. Dieselbe Turbulenz beobachten wir auch in anderen Lebensbereichen, in der Mikrosphäre des Privatlebens wie im Makrobereich der Gesellschaft.

Innovation und Veränderung sind für uns alltäglich geworden und stellen hohe Anforderungen an die Personen, die diese Prozesse steuern und leiten sollen. In der technischen, materiellen Welt können wir Veränderungen in Gang setzen, ohne ein inneres Leben der Dinge einzubeziehen, ganz einfach, weil es dort keines gibt. Aber wenn die Veränderungen Menschen in ihrem privaten oder beruflichen Umfeld betreffen, können sie darauf heftig reagieren und jedes Vertrauen in sich und ihre Umgebung verlieren.

Deshalb ist es wichtig, zwischen äußeren Veränderungen und dem inneren Prozess zu unterscheiden, dem Menschen dadurch ausgesetzt sind. Man kann z.B. innerhalb weniger Tage in eine neue Funktion in der Organisation eingearbeitet werden; aber der Betroffene braucht vielleicht einige Monate, um den Wechsel innerlich zu verarbeiten.

Diesen inneren Prozess deuten wir hier mit dem Wort »Transition« an; Transition bedeutet »Übergang«. Eine Transition ist also ein Übergangsprozess, den Menschen bei eingreifenden Veränderungen in ihrem Leben innerlich durchleben.

Veränderungen, die zu Transitionen führen, kommen nicht nur von außen, sondern auch aus unserer eigenen Innenwelt. Die Pubertät etwa oder die sogenannte »Midlife-Crisis« ist so eine Transition. Aber es gibt noch viele andere Momente im Lauf des Lebens, in denen wir von alten Ideen, Einstellungen oder Haltungen Abschied nehmen und uns auf neue Herausforderungen einlassen müssen.

Obwohl Transitionen manchmal nahezu unbemerkt verlaufen können, haben sie oftmals einen krisenhaften Charakter, gehen mit heftigen Gefühlen und Emotionen und einer vorübergehenden Lähmung einher. Das muss nicht immer nach außen sichtbar werden, denn wir versuchen es oft vor anderen (und vor uns selbst) zu verbergen. Vor allem in der Welt der Arbeit schämen sich viele dieser Gefühle. Sie haben – manchmal zu Recht – Angst davor, als Jammerlappen angesehen zu werden oder, noch schlimmer, den Stempel »Versager« aufgedrückt zu bekommen.

Transitions- und Krisensituationen zu erkennen, kann einem helfen, sich über die eigenen Gefühle und Emotionen klar zu werden, sie zu verstehen, und dadurch bewusster damit umzugehen.

Eingehendere Betrachtung des Transitionsprozesses
In alten Kulturen und in der Kultur mancher Dritte-Welt-Länder wurde und wird der Übergang von einer Periode zur nächsten mit rituellen Handlungen oder Zeremonien gestaltet. Beispielsweise wurde die vergangene Jahreszeit mit einem Fest abgeschlossen, sobald die Ernte eingeholt war. Dasselbe geschah auch am Ende eines Jahres und am Ende der Regierungsperiode eines Fürsten. Weithin bekannt sind die Initiationsriten von Jungen und Mädchen auf der Schwelle zum Erwachsenwerden. Sie wurden der Familie, der Verwandtschaft und der Gemeinschaft entzogen, der sie bis dahin angehört hatten, und mussten eine lange Zeit der Absonderung an einem einsamen Ort im Urwald oder in der Wüste verbringen. Dort musste der junge Mensch, manchmal monatelang, alle möglichen Entbehrungen und Gefahren bestehen. Wenn er alles überlebte, wurde er erneut in die Gemeinschaft aufgenommen, nun in seiner neuen Rolle.

Laut William Bridges erkannte Arnold van Gennep, ein niederländischer Forscher, bereits zu Beginn unseres Jahrhunderts, dass fast all diese Riten drei Stadien kennen, nämlich die der Absonderung (»separation«), des Übergangs («transition«) und der Reintegration (»reincorporation«). Die Absonderung war eine symbolische Todeserfahrung. Der Übergang bildete eine Art neutraler Zone, in der in vollkommener Einsamkeit der alte Lebensstil abgelegt und eine neue innere Haltung gefunden werden musste. Mit der Reintegration wurde die Rückkehr in die Gemeinschaft vollzogen und wurden die Fähigkeiten und Gebräuche erlernt, die Teil der neuen sozialen Position waren.

In unserer Kultur sind bis auf wenige karge Reste derartige Rituale verloren gegangen, deren ursprüngliche Bedeutung nur noch wenige verstehen. Was man aus diesen alten Kulturen lernen kann, ist das Bewusstsein, dass man zuerst das Alte loslassen muss, bevor etwas Neues beginnen kann, und dass zwischen dem Ende (Abschied) und dem neuen Anfang eine chaotische Zwischenphase liegt, eine Art psychologisches Niemandsland, in dem der Mensch stark mit sich selbst konfrontiert wird und in dem er eine neue Grundhaltung finden muss.

Im Leben des modernen westlichen Menschen folgen die Veränderungen in immer schnellerem Tempo aufeinander. Wir beschäftigen uns, genauso wie z.B. die Arbeitsorganisation, viel zu wenig mit dem Übergangsprozess. Was in den alten Kulturen mit diesen Ritualen zum Ausdruck gebracht wird, ist so wesentlich für den Menschen, dass man es nicht ungestraft vernachlässigen darf. Die Folgen dieser Missachtung sind daher heute auch riesengroß und äußern sich in Motivationslosigkeit, Stress, Krankheit und Erwerbsunfähigkeit.

In der folgenden Beschreibung von Transitionsprozessen haben wir die Erkenntnisse des englischen Autors und Beraters William Bridges, der von »the rites of passage« in alten Kulturen ausgeht, mit der Arbeit der amerikanischen Ärztin Kübler-Ross in Verbindung gebracht. Sie hat sich vor allem auf den Prozess der Trauerarbeit spezialisiert, den Menschen nach dem Verlust von geliebten Familienmitgliedern und Freunden durchleben.

Die bahnbrechende Arbeit von Kübler-Ross hat gezeigt, dass Menschen in anderen Verlustsituationen dieselben Prozesse durchleben: bei unheilbarer Krankheit oder Amputation, Ehescheidung, Verlust des Arbeitsplatzes, Pensionierung usw. Diese Prozesse kommen auch in Situationen vor, die auf den ersten Blick gar keinen Verlust bedeuten, wie Schwangerschaft, Umzug und sogar Beförderung. Bei näherer Betrachtung erkennt man auch in diesen Situationen Verlustelemente: Abschied vom unbesorgten Leben, vom alten Haus und dem Wohnumfeld, von der alten, vertrauten Gruppe.

Die Einsicht in den Transitionsprozess beginnt mit dem Erkennen dieses Verlustelements. Manchmal kann dem ein »Gewinn« gegenüberstehen, der den Verlust kompensiert. Das trifft vor allem zu, wenn man die Veränderung selbst gesucht hat. Dennoch fühlt man den Verlust, sobald man in der neuen Situation angekommen ist, glaubt aber dann meist, nicht klagen zu dürfen. Was man wollte, hilft einem, den Verlust zu überstehen. Wenn die Veränderung jedoch von außen aufgezwungen wird oder einfach über einen kommt, kann die Verlusterfahrung sehr heftig und schwerer zu verarbeiten sein.

Ein vergleichbarer Verlustcharakter steckt oft in Veränderungen, die das Älterwerden begleiten. Der Jugendliche kann den Verlust der Kindheit spüren, der Dreißigjährige den Verlust der Jugend. In manchen Momenten seines Lebens kann man den Verlust an Vitalität spüren, aber auch den Verlust der Unschuld, des Vertrauens usw.

Die Zeichnung unten zeigt den Transitionsprozess als Schema. Die horizontale Linie gibt die Zeitachse an, die vertikale die Stimmung der Person im Transitionsprozess. Dieser Prozess kann in drei verschiedene Stadien unterteilt werden: das Ende oder der Abschied, die Durchgangsphase und die Phase des Neubeginns. Im folgenden Text werden diese drei Stadien nacheinander dargestellt.

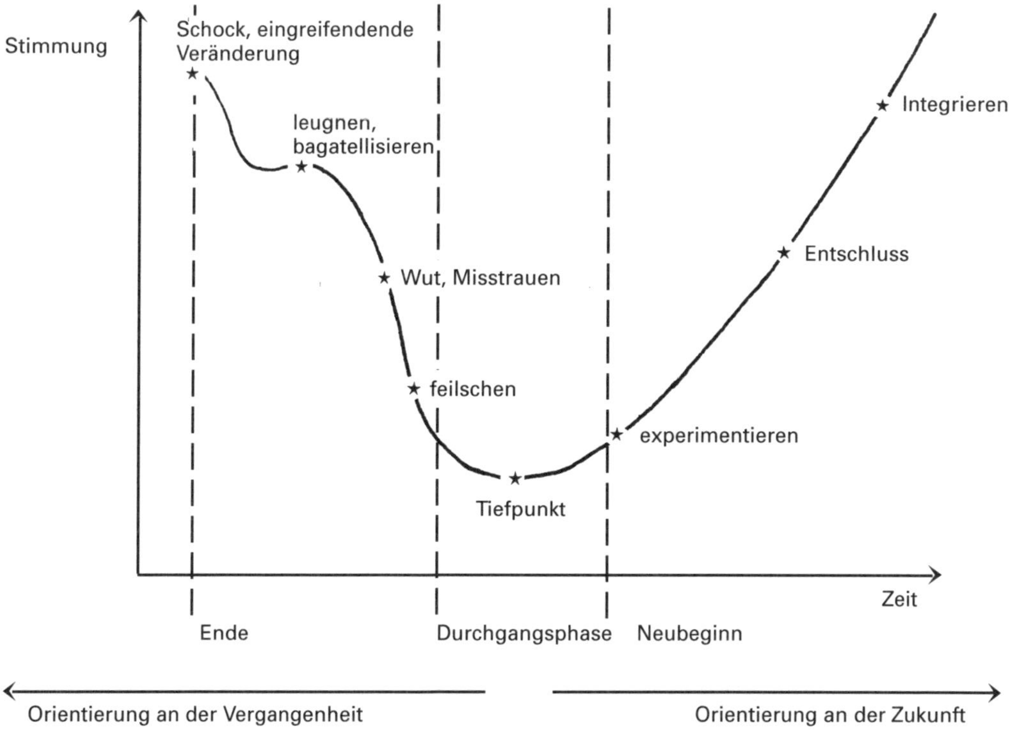

1 Transitionen beginnen mit einem Ende

Die Transition beginnt mit dem Abschiednehmen von alten, vertrauten Situationen. Wir sind mit der alten Situation eng verwoben, oft ohne es zu wissen. Wir erleben es als Schock, wenn sie plötzlich endet. Der Schock ist umso heftiger, je identitätsstiftender die alte Situation war, beispielsweise, wenn eine Person, für die ihre Arbeit das Ein und Alles ist, hört, dass sie entlassen wird.

> »Es war, als würde der Boden unter meinen Füßen verschwinden.«
>
> »Meine ganze Welt stürzte ein. Es war, als würde ich sterben, kalt und steif werden. Mein Blut hörte auf zu strömen.«

Diese Reaktionen stellen sich vor allem bei Veränderungen von außen ein: der Mitteilung eines Arztes, der Ankündigung einer Scheidung, der Bekanntgabe der Betriebsschließung usw. Auch eine Veränderung von innen, als Folge eines persönlichen Entwicklungsprozesses, kann diesen Schockeffekt haben. (»Plötzlich wurde mir klar: So kann es nicht weitergehen, das muss ein Ende haben, das ist endgültig; und gleichzeitig überfiel mich eine ungeheure Trauer.«) Meist stellen sich jedoch diese Transitionen allmählich ein, mit einem unklaren Gefühl von Unruhe oder Unzufriedenheit.

Jeder Mensch reagiert auf einschneidende Veränderungen von außen völlig anders. Manche werden schrecklich wütend. Andere sind wie gelähmt und schweigen, wieder andere suchen fieberhaft nach Lösungen für die neue Situation. Der Schock ist meist emotional überwältigend. Äußere Ruhe und Vernunft sind oft nur Schein. Sie verbergen den Schmerz, die der Abschied mit sich bringt.

Nach der ersten Konfrontation steigt bei vielen Menschen die Stimmung wieder, weil sie dazu neigen, vor sich und anderen gegenüber die Konsequenzen der Veränderung zu bagatellisieren. »Minimizing the impact« nennt die amerikanische Fachliteratur dieses Phänomen. Es kommt aus dem aversiven Charakter des Transitionsprozesses. Die meisten Menschen haben eine starke Abneigung gegen negative Gefühle und möchten daher sich und anderen einreden:

»Mir geht's prima, das juckt mich gar nicht.«
»Wir werden uns schon durchschlagen.«
»Das Leben geht weiter, du musst nicht meinen, dass es mir wirklich was ausmacht.«

Menschen reden sich selbst ein, es würde schon nicht so schlimm werden, das Gewitter würde schon vorüberziehen. Man konsultiert selektiv Informationsquellen: »Piet hat gehört, wie der Direktor gesagt hat, dass diese Abteilung nicht aufgelöst wird«.

Die Aversion beseitigt natürlich nicht die Unsicherheit, Angst, Scham usw. Das unterdrückte Gefühl rächt sich, kommt bei anderen, manchmal sehr ungelegenen Anlässen unerwartet wieder hoch: ein heftiger Gefühlsausbruch, der in diesem Augenblick, in dieser Situation völlig fehl am Platze ist und den die anderen auch nicht verstehen.

Auch bei Transitionen, die von seelischen Entwicklungen ausgehen, halten sich Menschen oft vor, es würde schon wieder aufhören, es sei nur vorübergehend. Zum Beispiel eine Frau über ihre Ehe: »Wir haben fast jeden Tag Krach, und die ganze Atmosphäre ist wie vergiftet durch den Ärger. Aber ich weiss, die Basis ist gut. Es wird wohl die Hektik der letzten Wochen gewesen sein, die uns zu schaffen macht. In ein paar Wochen ist es wieder wie früher.«

Nach einer gewissen Zeit erweist sich die Hoffnung meist als trügerisch und es drängt sich einem die Wirklichkeit in ihrer ganzen Härte wieder auf. Bei vielen Menschen kommt dann Wut und Misstrauen hoch und richtet sich gegen die in ihren Augen an der Misere vermeintlich Schuldigen: die Ärzte, denen schon viel früher etwas hätte auffallen müssen; die Personalabteilung, die einen wie eine Nummer behandelt hat; das Unternehmen, für das man sich kaputtgeschuftet hat und wo man nun Hohn statt Lohn bekommt; der Ehepartner, für den man immer da war und der einen jetzt wie ein Stück Holz behandelt.

Auch bei seelischen Entwicklungsprozessen wird die Ursache oder die Schuld an der Unzufriedenheit mit dieser Situation manches Mal außen gesucht: nicht genug Verständnis, Klotz am Bein, kein Raum, kein Widerwort, keine Leitung, unklare Aufgaben- oder Funktionsbeschreibungen usw.

Die darauf folgenden Gespräche verlaufen in neun von zehn Fällen ergebnislos im Sand. Der Angegriffene hat die verständliche Neigung, sich zu verteidigen. Durch diese, meist rationale Verteidigung fühlt sich der andere noch weniger verstanden und wird in seinem Gefühl bestärkt, er sei der Düpierte und werde verkannt. Das Tragische an diesem – und auch dem darauf folgenden – Stadium der Transition liegt darin, dass alle möglichen guten Ratschläge und Lösungvorschläge in den Wind geschlagen werden. Einerseits bittet der Betroffene: »Und jetzt sag mir doch mal, was soll ich tun?« Andererseits weist er jede Antwort zurück. Bald will niemand mehr davon hören und alle wenden sich von dem Betroffenen ab, der sich dann total im Stich gelassen fühlt.

Menschen, die selbst eine Veränderung in Gang gesetzt haben, wie eine Ehescheidung oder einen Stellenwechsel, werden in dieser Phase der Transition stärker nach innen gerichtet reagieren, in Form von Zweifeln, ob die Entscheidung wohl richtig war, mit Selbstbezichtigungen und Selbstvorwürfen. »Du lieber Himmel, was habe ich mir da bloß eingebrockt?« »Was tu' ich nur mir und den anderen damit an?« usw. Manchmal erzählen die Betroffenen auch nur allzu gern den anderen, wie gut die alte Situation doch eigentlich war. Manch einer sagt noch monatelang an seinem neuen Arbeitsplatz: »Weisst du, wie wir das bei uns gemacht haben ...?«

Am Ende dieses ersten Stadiums der Transition wird einem klar, dass Ärger und Aggression nichts einbringen. Die bösen Worte sind jetzt ein dutzendmal ausgesprochen und innerlich hundertmal wiederholt. Man hat das Schuldgefühl und die Selbstvorwürfe bei sich von allen Seiten betrachtet, aber es bleibt einem wie ein Stein im Magen liegen. Die Mitmenschen sind inzwischen taub für die Vorwürfe, die Klagelieder. Man hat das Gefühl, ganz allein auf der Welt und am tiefsten Punkt der Transition angekommen zu sein. Buchstäblich im Keller.

2 Die Durchgangsphase – eine einzige Krise

Wie in den älteren Kulturen kann auch in unserer Zeit die Mittelphase einer Transition als eine Periode der Konfrontation mit sich selbst und der Besinnung gesehen werden, aus der man als neuer Mensch hervorkommen kann. Das geht nicht von selbst. Was man sich in der Vergangenheit erarbeitet hat, das Loslassen, um dadurch eine neue Zukunft möglich zu machen, ist oft eine schwere Prüfung.

Jetzt erst wird einem klar, dass die alte Situation endgültig vergangen ist, dass es nie mehr so werden wird wie früher, aber gleichzeitig hat man keine Ahnung, was die Zukunft einem bringen wird. In dieser Phase verhält man sich lustlos, gleichgültig und apathisch. Die täglichen Pflichten in Beruf und /oder Familie werden zur schweren Bürde, vor der man einen Horror haben kann. Innerlich fühlt man sich unzufrieden und depressiv. Phasen der Hoffnung und Verzweiflung wechseln sich ab. Auch die Einsamkeit kann erstickend werden. Man meint, die anderen würden sich kaum oder gar nicht für die eigene innere Not interessieren, und man neigt dazu, sich zurückzuziehen und isoliert sich damit mehr und mehr.

Diese Mittelphase einer Transition kann den Charakter einer Lebenskrise annehmen. Charakteristisch dafür ist, dass das Instrumentarium, mit dem man bisher sein Leben gesteuert hat, nicht mehr ausreicht, um der Situation gewachsen zu sein, in die man nun geraten ist. Verena Kast beschreibt in ihrem Buch *Crisis als kans* (Krise als Chance) die Krise als eine Situation, in der »für denjenigen, der in der Krise steckt, zwischen der subjektiven Bedeutung eines Problems und den Möglichkeiten, die ihm zur Bewältigung zur Verfügung stehen, ein belastendes Ungleichgewicht entstanden ist.«

Offenbar hilft nichts aus dem vertrauten Arsenal, alle ihm bekannten Möglichkeiten, das Problem zu lösen, scheinen erschöpft:

- die Ratschläge der anderen sind gut gemeint, helfen aber nicht weiter;
- sich zu ärgern und andere damit vor den Kopf zu stoßen – das erleichtert vielleicht, ist aber weiter sinnlos;
- die ganze Sache noch einmal durchzugehen, zu analysieren und Alternativen zu suchen – das macht einen nur noch mutloser.

Was soll man tun? Man fühlt sich machtlos, und gleichzeitig hält einen das Problem völlig gefangen. Man kann es keine Sekunde vergessen.

William Bridge schreibt über diese Phase: »Das Korn wächst in der Nacht, und die neutrale Phase [d.i. die Durchgangsphase] ist die Nachtzeit der Transition.« Unsichtbar und unmerklich sprießen unter der Oberfläche von Machtlosigkeit und Aussichtslosigkeit Keime für eine weitere Entwicklung. Sie können sich manchmal in einem Gefühl des »So kann es doch nicht weitergehen« äußern; »Alles ist besser, als in dieser Situation hängen zu bleiben«; »Ich muss jede Hoffnung aufgeben, dass von außen eine Lösung kommt, und selber die Ärmel aufkrempeln« oder »Ich muss alle möglichen Ideen, Normen, Wünsche und Erwartungen aus der Vergangenheit über Bord werfen und neue, unbekannte Wege gehen.«

Das sind dann die ersten Anzeichen für eine Umkehr. Man muss nun selbst aktiv werden, indem man die Verantwortung für sein Leben wirklich übernimmt; indem man sich aus eigener Kraft von dem Nullpunkt aus, an dem man nun angelangt ist, auf den Weg macht. Manchmal ist noch nicht ganz klar, wohin der Weg führen wird. Auch das wird man lernen müssen: einen Schritt zu wagen, ohne vorher genau zu wissen, wohin das führen wird. Es ist ein Prozess des Forschens und Lernens. Die Wirklichkeit wird immer auf einen bewussten Schritt reagieren, und diese Reaktion kann dann wieder den nächsten Schritt möglich machen. So zeigt sich allmählich der Weg. Ob man richtig gehandelt hat, wird man oft erst im Nachhinein beurteilen können.

Am Anfang ist die Kraft des eigenen »Ich« noch schwach, aber diese Prozesse machen es immer stärker, und man lernt auf diese Weise auch, ihm immer mehr zu vertrauen.

Transitionen werden immer Teil unseres Lebens sein – bis zu unserer letzten Transition in unserer Todesstunde. Aber weil der Transitionsprozess das Ich herausfordert, wird es, falls es die Herausforderung annimmt, immer stärker und dadurch bewusster und effektiver mit den nächsten Transitionen umgehen können.

Nicht alle Transitionen werden fruchtbar durchlebt und abgeschlossen. Man kann in dieser oder einer vorhergehenden Phase stecken bleiben, weil einem die Kraft fehlt, vom Ich aus die Verantwortung zu übernehmen und initiativ zu werden. Dadurch kann man ausbrennen und verbittert werden. Man sieht im Leben keinen Sinn mehr und verliert jedes Interesse. Man verlangt von der Außenwelt (den Familienmitgliedern, Kollegen, vom Chef, dem Fernsehen usw.), dass sie das tun, was man möchte. Gelingt das nicht, wird die aufkommende Unzufriedenheit regelmäßig der Umgebung zugeschrieben und die nächsten Transitionen werden das alles noch verstärken.

Diese negativen Effekte können vermieden werden, wenn man um den Transitionsprozess weiss und darüber spricht.

3 Die Phase des Neubeginns

Wenn die Keime, die in der vorigen Phase gesprossen sind (»Alles ist besser als das; ich muss selbst die Ärmel hochkrempeln«), stärker werden und mehr ins Bewusstsein dringen, wird man die ersten Initiativen ergreifen. Man macht kleine Experimente, die positiv, aber auch negativ ausgehen können. Dabei ist es wichtig, sich durch negative Erfahrungen nicht entmutigen zu lassen, sondern sie im Gegenteil in positive Lernergebnisse umzusetzen. Bei einer Forschungsarbeit hat ein negatives Resultat auch einen Sinn. Es gilt also zu lernen, seine Experimente zu evaluieren. Man sollte dabei folgende Überlegungen anstellen:

- Was war mein Ziel?
- Was habe ich getan? Wie habe ich in dieser konkreten Situation gehandelt?
- Was hat es bewirkt? Welche Auswirkung hatte es auf mich und meine Umgebung?

- Welche Schlüsse ziehe ich daraus?
- Was heisst das konkret für den nächsten Schritt?

In dieser experimentellen Phase werden wir auch wieder Verbindungen mit anderen Menschen aufnehmen, die jedoch völlig anders sein werden als in den früheren Phasen. Den Unterschied kann man vielleicht am besten wie folgt charakterisieren: In Phase 1 und 2 appelliert man meist an andere, etwas für einen zu tun. Man zeigt sich abhängig und erwartet eigentlich, dass der andere sich des Problems annimmt. (Um keine Missverständnisse aufkommen zu lassen: daran ist natürlich nichts falsch; in manchen Fällen wirkt es sich positiv aus, oft aber auch nicht. Letzteres ist eine der Ursachen der Krise.) Phase 3 hat die Grundhaltung, selbst etwas zu unternehmen und aktiv zu sein. Man deponiert sein Problem nicht mehr bei einem anderen, sondern nimmt ihn als Informanten oder Helfer, ohne sich von ihm abhängig zu machen.

Nach der experimentellen Phase fällt meist die innere Entscheidung, sich nun wirklich auf eine neue Situation einzulassen, obwohl man äußerlich betrachtet vielleicht schon länger in dieser neuen Situation steht, zum Beispiel bei einer Versetzung in eine andere Position oder beim Alleinleben nach einer Scheidung. Sich wieder einzulassen, ist die eigentliche Aufgabe dieser dritten Phase. Eine derartige neue Bindung wird man aber nur eingehen können, wenn man die vorhergegangenen Phasen der Transition gut durchlaufen hat. Sonst ist man innerlich nicht frei für eine neue Bindung. Wenn Menschen in einer neuen Stellung, Funktion oder Beziehung scheitern, ist das oft auch die Folge von »unfinished business«, Unerledigtem aus früheren Situationen.

Daneben kann es in der neuen Situation auch objektive Faktoren geben, die eine innere Bindung erschweren. Wenn man beispielsweise bei einer Fusion unvermittelt mit einer völlig anderen Unternehmenskultur (etwa dem Führungsstil) konfrontiert wird.

Die neue Bindung zeigt sich äußerlich im Einsatz, in der Motivation, dem Interesse an den Menschen und Dingen seiner Umgebung. Die Betroffenen sehen dann manchmal physisch wieder besser aus, haben neuen Spaß und Freude am Leben.

Schließlich findet in der gesamten Persönlichkeit die Integration des Neuen statt. Erlerntes, Erfahrungen und Fähigkeiten aus der Vergangenheit stellen sich dann doch als sehr wertvoll heraus – freilich in einem neuen Licht –, und andere nutzen sie auch gern. Ein neues Identitätsgefühl ist entstanden. Viele können in dieser Phase erleichtert Atem holen und hinterher sogar Dankbarkeit empfinden, dass sie diese Transition erlebt haben. Sie fühlen, dass sie dadurch erwachsener geworden sind.

Was kann man selbst dazu tun, um Transitionen fruchtbar werden zu lassen?
Im Vorigen haben wir beschrieben, wie der Transitionsprozess im Allgemeinen verläuft. Es drängt sich natürlich die Frage auf, ob man den Verlauf des Transitionsprozesses auch selbst beeinflussen kann. Wir meinen, ja. Im Weiteren geben wir dazu eine Reihe von Tips.

▲ Transitionen sind Teil des Lebens. Sie sind eine Voraussetzung für inneres Wachstum und Entwicklung. Auch Transitionen, die von einer Krise begleitet werden, sind dadurch sinnvoll; auch wenn dieser Sinn in dem Augenblick noch nicht recht einsichtig ist. Obwohl die Umgebung vielleicht anders darauf reagiert, sollte man nicht vergessen, dass ein Mensch in einer Transition völlig normal ist.
Manchmal sagen Leute zu einem, der gerade eine Transition erlebt hat: »Nun, zum Glück bis du wieder ganz der Alte«. Eine solche Bemerkung zeigt, dass man eine Krise als unerwünschte Störung des normalen Lebens ansieht. Der Idealfall ist: wieder der Alte zu sein, d.h. so zu sein wie vor der Krise. Damit wird Unverständnis für die Entwicklungsdimension des Lebens demonstriert. Sich selbst die positive Sichtweise vor Augen zu führen, kann in schwierigen Transitionen hilfreich sein.

▲ Man versuche immer zwischen Fakten und Gefühlen zu unterscheiden. Man trachte danach, für sich einen Anker in der Wirklichkeit um einen herum zu finden. Also: Was ist genau geschehen? Was wurde genau gesagt, und von wem? Welche Personen waren anwesend? Eine negative Stimmung kann manchmal die Realität ebenso sehr negativ färben, wie die Hoffnung, es würde schon wieder besser, manchmal alles durch die rosarote Brille erscheinen lassen kann. Reines und objektives Beobachten der Vorgänge um einen herum gibt schon an sich Kraft.

▲ Das eben Gesagte ist kein Plädoyer dafür, seine Gefühle zu verdrängen und zu unterdrücken. Gefühle sind auch eine Realität. Man muss sie ernst nehmen, ohne sich von ihnen mitreissen zu lassen. Von Wut, Verzweiflung oder Angst mitgerissen zu werden, behindert den Lernprozess, Gefühle zu unterdrücken aber ebenso. Daher sollte man sie »zulassen«, sie bewusst erleben und versuchen, vielleicht Worte dafür zu finden.

▲ Man suche nicht zu schnell nach Lösungen. Transitionen brauchen ihre Zeit, und diesen Prozess sollte man nicht übereilen. In unserer Kultur gibt es nur noch wenige Rituale, die Transitionen eine Form geben. Wir werden es also selbst tun müssen. Das bedeutet:

- Man bereite seinen Abschied vor; man sollte versuchen, ihn so zu gestalten, wie es für einen sinnvoll ist;
- Man nehme sich in der Übergangsphase Zeit für eine Rückbesinnung auf die Vergangenheit und für eine neue Ausrichtung auf die Zukunft;
- Man sollte den neuen Anfang selbst in die Hand nehmen, durch die Entwicklung eines Plans, durch Festlegung von Evaluationselementen usw.

Wir sind als Kinder unserer Zeit sehr lösungsfixiert, und die meisten ertragen Problemsituationen nur schwer, wenn sie keine Lösung sehen. Daraus kann sich eine panische Suche nach Lösungen entwickeln, die doch nicht gefunden werden, weil man innerlich dazu noch nicht bereit ist. De facto hemmt man so den Transitionsprozess; er dauert dadurch länger, als es erforderlich wäre.

▲ Man sollte bewusst gegensteuern, sobald man sich zu stark nach innen richtet und auf die eigenen Probleme fixiert. Das geht durch sportliche oder künstlerische Betätigung, etwa mit Spazierengehen, Fahrradfahren, Schwimmen, Fitness oder Malen, Töpfern, Gegenstände für das Haus machen. Ins Kino gehen oder fernsehen sind im Allgemeinen weniger geeignet, weil dadurch die Innenwelt aktiviert wird.

▲ In der experimentellen Phase bemühe man sich nicht um sofort sichtbare Ergebnisse, sondern betrachte diese Zeit als eine Lehrzeit, in der man beobachtet, wie die Umwelt auf diese Entwicklungsschritte reagiert. Ein Beispiel: Man verabredet sich mit einem Bekannten, von dem man weiss, dass er in seinem Leben eine Wende erlebt hat, und bittet ihn, sich einmal über seine Erfahrungen unterhalten zu dürfen. Ein solcher Schritt ist oft schon viel. Sofort meldet sich Widerstand aus dem eingefahrenen Verhaltensmuster: Was bringt mir das denn? Der wird sich aber freuen! Ich stehe wie einen Narr da! Usw. Aber wenn man den Mut aufbringen kann, solche Initiativen zu ergreifen, kann das lehrreiche Erfahrungen und wertvolle Kontakte bringen. Außerdem entwickelt man dadurch eine neue Art von Selbstvertrauen.

▲ Man halte Kontakt zu anderen. Man besuche Menschen, mit denen man reden will und kann. Das können Fachleute sein, aber auch der Lebenspartner, ein Kollege, ein Freund. Man muss sich vor Fallen in Acht nehmen. Natürlich kann man seinen Kummer und Schmerz bei einem anderen ausweinen, aber man hüte sich, es zu oft zu tun und dem anderen zum x-ten Mal zu erzählen, dass man »reingelegt« wurde. Dagegen hilft am besten, sich anschließend zu überlegen, was das Gespräch gebracht hat. Es müssen keine konkreten Ergebnisse sein. Ruhe, Erleichterung, Verständnis, Ermutigung, die Situation wieder ertragen können, sind genauso wertvoll.

Es scheint ein Paradox zu sein. Einerseits ist man mitten in einer Transition völlig allein. Das kann keiner einem abnehmen. Andererseits ist es fast unmöglich, eine Transition ohne die Hilfe anderer fruchtbar zu durchlaufen. Man findet das richtige Gleichgewicht, indem man versucht, mit der Hilfe und Unterstützung, die man von anderen erbittet oder bekommt, bewusst umzugehen.

Zusammenfassung

Nicht nur einzelne Menschen, auch Gemeinschaften wie Familien oder Organisationen usw. machen in diesen turbulenten Zeiten eine Unmenge von Transitionen durch. Die Gesellschaft verändert sich so stark, dass man sagen könnte, die gesamte Menschheit befindet sich in Transition. Denn auch der Menschheit fehlen bestimmte Fähigkeiten und Techniken, etwa die Fähigkeit, Probleme wie Umweltzerstörung, den Hunger in der Dritten Welt, das Zusammenleben verschiedener Völker befriedigend zu lösen. Oft genug wird auf die Notwendigkeit einer Erneuerung von Wissenschaft, Politik und Wirtschaft hingewiesen, wenn die Menschheit überleben soll.

In der seelischen Entwicklung der Menschheit sehen viele das Erdenleben Christi zu Beginn unserer Zeitrechung als Übergang zu einer neuen Phase. An Ostern gedenkt man seines Todes und der Auferstehung. Im Osterfest kann man ein Urbild eines Transitionsprozesses erkennen. Leiden, Tod und Auferstehung sind Grundelemente jeder Transition.

Christus bat vor seinem Leidensweg im Garten von Gethsemane: »Vater, lass diesen Kelch an mir vorübergehen.« Im Transitionsprozess möchten wir auch am liebsten, dass uns das Leiden erspart würde. Aber Christus fügte seiner Bitte hinzu: »Doch nicht mein Wille, sondern dein Wille geschehe.« Hier wird die Hingabe zum Ausdruck gebracht, die ebenfalls Teil jeder Transition ist, die Hingabe an und das Annehmen dessen, was einem widerfahren wird, und die Bereitschaft, es auch für sich anzunehmen.

Beispiel einer Krise

Es ist die Berufung des Künstlers,
Licht in die Tiefen des
menschlichen Herzens zu bringen.
Robert Schumann

In einer Krise verliert man leicht die Verbindung zum Licht in seinem Herzen. Es ist eine Kunst, es nicht unter den Wellen der Wut und des Kummers verlöschen zu lassen, unter der grauschwarzen Decke von Verzweiflung und Depression, es zu bewahren in einem Winkel seiner Seele. Und es ist eine harte Arbeit, es wieder zurückzuerobern, wenn man es vorübergehend verloren hat. Dieses Ringen um das Licht ist für manche ein Lebensthema, das sich in ihrem Handeln zeigt.

Durch sein Handeln schreibt der Mensch seine eigene Biographie. Bei einem bildenden Künstler bleibt ein Teil seiner Biographie in seinen Werken sichtbar. Seine Entwicklung hat sich dort niedergeschlagen. Kann man vielleicht etwas vom inneren Ringen eines Menschen, eines Künstlers, an seinen Werken ablesen? Unser Kollege Rob Otte machte uns auf den Maler Paul Cézanne aufmerksam: »Cézanne«, sagte er, »ist ein Mann, der sich selbst umgestaltet hat und dadurch die Malerei seiner Zeit.« Diese Aussage war uns faszinierend genug, uns genauer mit dem Leben Cézannes zu beschäftigen.

Cézannes Werk

Cézanne hat in seiner Karriere fast alles gemalt, was einem Maler möglich ist: Kopien alter Meister, mystische Erzählungen, allegorische Themen, Akte, Porträts, Stilleben und Landschaften; in Öl und Aquarell und als Fresco; von ganz kleinen Bildern (*Urteil des Paris:* 15 x 21 cm) bis zu großen Formaten (*Die großen Badenden*: 205 x 245 cm, Abb. 16*).

Wenn man sich Cézannes Gemälde chronologisch vornimmt und die Entwicklung darin verfolgt, fallen einem einige Perioden auf: von achtzehn bis zweiundzwanzig lernt er ganz traditionell das Handwerk des Malers; mit zweiundzwanzig beginnt ein persönlicher, emotional geladener Stil; von achtundzwanzig bis fünfunddreißig geht er von der Emotion zum Impressionismus über; ab achtunddreißig werden die Formen in der Natur immer wichtiger; ab neunundvierzig gibt es eine Synthese aus verschiedenen Aspekten seiner Malerkarriere, und kurz vor seinem Tod, mit siebenundsechzig, kommt langsam wieder Bewegung in seine Suche nach Ausdrucksformen.

Von dem Zeitpunkt an, von dem an er seinen eigenen Weg geht, scheint Cézanne ein Leben lang um die Beherrschung seiner explosiven emotionalen Kraft zu ringen, die er immer besser in den Griff bekommt.

* Die Abbildung 16 ist nach Seite 256 zu finden.

Schon durch die Vielfalt in Format und Thematik seiner Arbeiten maß sich Cézanne mit den Großen seiner Zeit. Mit etwa 21 bemalte er in seinem Elternhaus die Wände des Salons mit den *Vier Jahreszeiten* und signierte mit »Ingres« (Abb. 7*). Jean-Auguste Dominique Ingres (1780–1867) war einer der berühmtesten Maler seiner Zeit, mit einer ausgesprochen klassischen Formensprache. Vergleicht man Cézannes *Vier Jahreszeiten* mit seinen nächsten Gemälden, ist es, als wolle er mit der Signatur »Ingres« mit der alten Kunst abrechnen. »Schaut her, ich kann's«, das heisst, das Zeichnen und Malen bereits bestehender Kunstwerke und bekannter Themen nach streng festgelegten Vorschriften. Und es war gleichzeitig dasselbe und auch wieder nicht. Von diesem Zeitpunkt an geht er immer klarer seinen eigenen Weg. Der Abschied von der alten Kunst ist jedoch nicht endgültig. Auch später malt er noch ab und zu alte Meister und tradierte Themen, nur in ganz eigener Weise.

Sobald Cézanne seinen eigenen Weg gefunden hat, malt er vorwiegend mit dem Palettmesser, mit dicken Farbschichten, heftigen Strichen und wenigen dunklen kontrastreichen Farben. In seiner frühen Periode (bis ca. 1872, 33jährig) sind seine Gemälde oft düster und voller Spannung. Seine Bilder schäumen über von Erotik *(Lot und seine Töchter, Die Versuchung des heiligen Antonius*, Akte) und Gewalt *(Die Entführung, Der Mord, Die erwürgte Frau)*. Er malt auch den schaudererregenden Tod (Schädel, *Vorbereitung für das Begräbnis [Die Autopsie], Bildnis von Marie Cézanne*) und an Wahn grenzende Darstellungen (*Kontraste, Eine moderne Olympia*).

Neben diesen Bildern malt Cézanne wunderbare Porträts und Stilleben, die viel mehr Ruhe, Gelassenheit und Nuancierung zeigen. Zur Demonstration dieses Kontrastes in seiner frühen Periode ein Selbstbildnis (Abb. 8*, mit ca. siebenundzwanzig) und das Bildnis eines alten Mannes (Abb. 9*, mit ca. sechsundzwanzig). Aus seinem Selbstporträt springt einen Wildheit an, die zum großen Teil durch das Malen mit dem Palettmesser verursacht wird. Aus dem anderen Porträt strahlt ein in sich gekehrtes Lächeln, als hätte der alte Mann Cézanne beruhigt. Ein merkwürdiges Detail im Bildnis des alten Mannes ist die rechte untere Ecke des Bildes. Wenn man das Bild kippt, erkennt man eine Prozession – ins Totenreich? Der zeitliche Abstand dieser beiden Porträts zu den *Vier Jahreszeiten* ist größer als der Abstand zwischen ihnen. Das Licht glüht, strahlt nicht mehr, ist fast versteckt, zusammengeballt, bannt aber den Blick. Die reiche Palette ist auf einige dunkle Töne und Kreideweiss reduziert.

* Die Abbildungen 7–9 sind nach Seite 256 zu finden.

Nach Cézannes dreiunddreißigstem Lebensjahr verschwinden die phantastischen Darstellungen und die Gewaltthematik. Die Erotik wird immer stärker zurückgenommen, die Darstellung immer durchscheinender (*Zweite Versuchung des heiligen Antonius, Die Badenden*). Und der Tod bekommt Intimität und Wärme (*Drei Schädel* und *Schädelpyramide*). Neben Porträts und Stilleben (die Äpfel von Cézanne) wird die Natur immer mehr sein Thema (u.a. der Mont Sainte-Victoire). Seine Farbpalette wird abwechslungsreicher und nuancierter. Er verwendet kein Palettmesser mehr, der Strich wird zarter, die Formen gewinnen an Kraft. Am meisten springt ins Auge, dass die Gemälde heller und transparenter werden und das Licht nicht mehr von außen aufs Bild fällt, sondern mehr von innen heraus auf den Betrachter zukommt. Wir haben zwei Bildpaare gewählt, die vorführen, wie stark sich Cézannes Stil verändert hat:

- *Paul Alexis liest Zola vor*, 1869–70 (Abb. 10*, mit ca. einunddreißig) und *Zwei Kartenspieler*, 1892–93 (Abb. 11*, mit ca. vierundfünfzig);
- *Schneeschmelze bei L'Estaque* oder *Die roten Dächer in L'Estaque*, ca. 1870 (Abb. 12*, mit ca. einunddreißig) und *Haus und Baum am Weg bei L'Hermitage, Pontoise*, 1873–74 (Abb. 13*, mit ca. fünfunddreißig).

Bei der Betrachtung seines Werks erkannten wir immer klarer den wesentlichen Wendepunkt Cézannes um sein dreiunddreißigstes Lebensjahr. Wir haben zwei Gemälde gewählt, die kurz vor dieser Wende gemalt wurden (Abb. 10 und 12), ein viel späteres Gemälde, um den Kontrast zu verdeutlichen (Abb. 11) und eines kurz nach dem Wendepunkt, auf dem die künftige Entwicklung bereits erkennbar ist (Abb. 13).

Worauf achten wir dabei? Man nehme beispielsweise das erste Bildpaar: *Paul Alexis liest Zola vor* und die *Zwei Kartenspieler*. Es sind zwei vergleichbare soziale Situationen: zwei Menschen, die gemeinsam etwas tun. Beide Gemälde sind aus drei Farben aufgebaut. Im ersten Bild sind die Farben grell, kräftig und mit starken Kontrasten, hart nebeneinander gesetzt. Im zweiten Bild sehen wir viel feinere Nuancen, die Farben sind zurückhaltender und weniger kontrastreich. Im zweiten Gemälde sind auch die Formen ruhiger, straffer und weniger vibrierend beweglich. Das ganze Bild ist ruhiger, u.a. durch seine Komposition: Zwei Männer sitzen gleich weit entfernt vor uns, einen Tisch zwischen sich, dessen Seitenlinien sich in einer imaginären Ferne in der Bildmitte schneiden. Die Rückwand des Zimmers läuft parallel zum Vordergrund, den das Tischtuch über der Tischkante bildet. Diese Wand ist auch ordentlich mit einer Horizontalen und einer Vertikalen eingeteilt.

Das erste Gemälde ist parallel zu einer Diagonale von links nach rechts

* Die Abbildungen 10–13 sind nach Seite 256 zu finden.

aufgebaut: dunkle Gardine, rote Jacke Zolas, weisser Anzug Alexis', roter Schrank hinter Alexis vor einer dunklen Wand. Und auch durch eine Diagonale von rechts nach links: dunkler Fleck auf dem Boden rechts, weisser Fußboden, dunkle Wand und weisser Kamin mit dem Gemälde darauf. Der weisse Kamin vermittelt den Eindruck, als blicke man durch ein Fenster nach draußen. Das Gemälde auf dem Kamin bringt einen wieder in den Raum zurück, in dem beiden Personen sitzen. Das alles hat eine dynamisierende Wirkung.

Gleichzeitig gibt es nun das interessante Paradox, dass unsere Augen im ersten Gemälde auf einen Fleck zwischen den beiden Personen, in Höhe ihrer Hände, festgesaugt werden, also unbeweglich sind. Im zweiten Gemälde schweifen unsere Augen trotz der durch die Tischränder entstandenden Zentralperspektive umher, sind also beweglich.

Im ersten Gemälde kommt das Licht irgendwoher, von links oben hinter der Gardine, und fällt auf Personen und Dinge. Es ist, als fiele es von außerhalb des Bildes auf das Gemälde. Im zweiten Bild ist das Licht viel diffuser, wie überall im Bild anwesend. Vielleicht sind es unsere Augen, die Licht auf das Gemälde werfen, vielleicht kommt das Licht auch aus dem Bild auf uns zu.

Das andere Gemäldepaar, näher am Umschlagmoment, zeigt vergleichbare Aspekte.

Im übrigen Werk Cézannes sind die Übergänge weniger deutlich als die beiden hier oben beschriebenen Momente, die der Einundzwanzig- bis Zweiundzwanzigjährige und der gut Dreiunddreißigjährige durchmacht. Vor allem der letzte Übergang fasziniert uns. Was wissen wir jetzt von Cézannes Biographie, und welche Rolle spielt das dreiunddreißigste Lebensjahr in ihr?

Cézannes Leben

Paul Cézanne wurde am 19. Januar 1839 in Aix-en-Provence geboren und starb dort am 23. Oktober 1906. Er war groß und stark und hatte einen kerngesunden Körper. Er war wild und gefühlsbetont, mit heftigen depressiven Anfällen. Zwei frühe Aussagen seines Jugendfreundes Emile Zola, der ihn zum Malen überredete, weisen darauf hin: »Der geringste Widerstand lässt ihn verzweifeln. Er ist ein Mann, der jede Stunde der Hoffung mit zwei Stunden Verzweiflung bezahlt.« Und: »Wenn er dir weh tut, klage nicht sein Herz an, sondern lieber den bösen Dämon, der seine Gedanken trübt. Er hat ein Herz aus Gold, das uns verstehen kann, denn er ist genauso verrückt wie wir und genauso ein Träumer.«

An der Ecole Municipale de la Ville d'Aix bekommt er eine klassische akademische Malerausbildung. Mit den *Vier Jahreszeiten* beweist Cézanne, dass er sein Fach beherrscht. Seine Gemälde haben danach einen völlig eigenständigen Charakter und entsprechen kaum den alten Schönheitsidealen. Er wechselt oft vom Pariser Leben, wohin ihn Emile Zola geholt hat, in die Provence, wo er sich in der zweiten Hälfte seines Lebens immer häufiger aufhält und auch stirbt.

Menschen und Natur spielen in Cézannes Leben eine große Rolle. Sozial war er unmöglich, nahezu unerträglich, und hatte dennoch Menschen um sich, die ihn nicht im Stich ließen. Er provozierte jeden und ließ sich von keinem beeinflussen. Emile Zola schrieb über Cézannes erste Jahre in Paris: »Cézanne etwas zu beweisen ist genauso, als würde man die Türme von Notre Dame zwingen, Quadrille zu tanzen.« Und seine Meinung über Cézannes Zukunft war außergewöhnlich düster: »Paul mag dann wohl das Genie eines großen Malers haben, er hat aber nicht das Genie, es zu werden.« Er ringt mit seinem Jugendfreund und hält die Verbindung zu ihm nur wegen ihrer gemeinsamen Vergangenheit aufrecht, aber er ist verzweifelt.

Cézanne interessiert sich lange nicht für Frauen. Mit siebenundzwanzig sagt er: »Ich kann auf Frauen verzichten – das würde mich zu sehr ablenken. Ich weiss überhaupt nicht, wozu sie nütze sind – und ich habe mich immer davor gescheut, es auszuprobieren.« Und Zola schreibt: »Er hat eine wahnsinnige Sehnsucht nach Nacktheit, aber er hat sie nie besessen.« Eine Anekdote berichtet, Cézanne habe einen schwarzen Hut und einen weissen Schal neben das Aktmodell gelegt, damit er beim Zeichnen oder Malen einen Halt hätte. Neben Erotik stehen in der Zeit Gewalt und Tod, Wahnbilder und Leidenschaften im Mittelpunkt seines Schaffens. Das Publikum findet es abscheulich, und seine Bilder werden auf Ausstellungen nicht zugelassen. Das provoziert ihn jedoch nur.

Dreißigjährig lernt Cézanne Hortense kennen, ein Modell, und zieht mit ihr zusammen. Ein Freund aus Aix-en-Provence, Achille Emperaire, hält es 1871 nicht länger als ein paar Nächte bei den beiden in Paris aus. Er findet Cézanne von allen Freunden verlassen. Im Frühjahr 1872 zieht Cézanne mit Hortense und dem vier Monate alten Sohn zu Camille Pisarro nach Pontoise, einem Dorf vor Paris. Zu der Zeit ist er dreiunddreißig Jahre alt. Sie leben dort mit den Malern, die 1874 zum ersten Mal die »Impressionisten« genannt werden. Zwei Menschen sind in dieser Zeit für Cézanne wichtig.

Zuerst der zehn Jahre ältere Pisarro, der einen unglaublichen Einfluss auf ihn ausübt. Über ihn sagte Cézanne später: »Wir sind vielleicht alle aus ihm hervorgegangen«, und er nennt sich bei einer Ausstellung am Ende seines Lebens »Cousin Pisarros«. Sie begegnen sich in den Jahren 1861–62 im Atelier Suisse in Paris. Pisarro erkennt in Cézanne Züge Paolo Veroneses, eines Malers aus dem sechzehnten Jahrhundert, und er ist der Einzige, der weiter an ihn glaubt. Seit Cézanne nach Pontoise gezogen ist, nimmt ihn Pisarro mit hinaus in die freie

Natur und sagt: »Man braucht keinen anderen Lehrmeister als die Natur«, und: »Wir müssen malen, was wir sehen und vergessen, was vor unserer Zeit gemalt wurde.« In diesen Jahren arbeiten die beiden oft zusammen und malen dann Seite an Seite sitzend dasselbe Motiv (u.a. Abb. 13). Unter Pisarros Einfluss ändert sich Cézannes Technik: kein Palettmesser mehr, feinere Pinselstriche, eine umfangreichere Farbpalette, mehr Nuancen. Hier in Pontoise beginnt Cézanne sich zu wandeln. Davor hatte er keine Geduld zu Naturstudien und jagte starrsinnig seinen Träumen nach. Später wird er sagen: »Kunst kann nur entstehen in Kontakt mit der Natur.«

Ein halbes Jahr nach Cézannes Ankunft in Pontoise lässt sich Doktor Paul Gachet ganz in der Nähe, in Auvers, nieder. Er ist die zweite Person, die bei der Umgestaltung Cézannes eine wichtige Rolle spielt. Er lässt sich für seine Dienste in der Malerkolonie mit Gemälden bezahlen. Gachet setzt Cézannes ungezügelter Malwut eine Grenze, indem er sagt: »Paul, nun ist es genug. Jetzt ist es fertig.« Grenzen setzen, bedeutet einen Appell an die formende Kraft. Und nach Form suchte Cézanne. Später wird er sagen: »Alles in der Natur ist aus Kugel, Kegel und Zylinder aufgebaut.« Aber auch: »Wenn die Farben am reichsten sind, sind die Formen am vollkommensten.« Aus der Farbe heraus suchte er nach der Form. In seinen vielen Äpfeln kann man das wunderbar nachzuvollziehen.

Die Natur ist Balsam für die Seele. Man nehme Menschen, die sich nicht von ihren inneren Stimmungen lösen können, mit in die Natur hinaus und lenke ihre Aufmerksamkeit auf das, was man dort sehen und hören kann. Man muss sie aus ihrer inneren Welt der Gefühle und Leidenschaften herausholen und ihre Wahrnehmung auf das lenken, was um sie herum ist. Lässt man sie los, werden sie »rückfällig«. Aber durch Wiederholung und Gewöhnung durchbricht man diesen Mechanismus, und sie können sich dann selbst helfen.

Wie effektiv diese Art der Hilfe sein kann, haben wir mehrfach erlebt. Pisarro tat mit Cézanne etwas ganz Ähnliches. Indem Cézanne sich auf das konzentrierte, was er in der Natur sah, konnte er seine Leidenschaften immer mehr für seine Malerei nutzen. Davor schien das Bild seiner seelischen Innenwelt untergeordnet zu sein. Was Gachet tat, war ebenso wichtig. Er setzte die Grenze, die Cézanne sich noch nicht setzen konnte. Durch Pisarro und Gachet wurde Cézanne geholfen, sich beim Malen immer besser organisieren zu können. Und das war überaus nötig.

Das Rätsel der Umgestaltung

Um 1867, mit achtundzwanzig Jahren, malt Cézanne auf die Wand im Salon seines Elternhauses ein Motiv nach Sebastiano del Piombo, einem Maler aus dem sechzehnten Jahrhundert, *Christus steigt in die Vorhölle hinab*, und eine

Szene mit dem Titel *Schmerz, oder Maria Magdalena* (Abb. 14 und 15*). Die Szenen wurden parallel zueinander gemalt, und es gibt die These, sie hätten ursprünglich eine Einheit gebildet. Es ist das einzige Mal in seinem Leben, dass Cézanne Christus malt, obwohl er gläubig erzogen wurde und später ein konservativer Kirchgänger war. Auf dem Gemälde sieht man hinter Christus einen Mann, der einen schweren Balken trägt, wie einen Kreuzesbalken. Man sieht auch einen hellen Streifen Morgendämmerung, links unten im Bild einen missgebildeten Blinden und dahinter eine Frau mit gefalteten Händen, als wolle sie ihn stützen. Es kann aber auch eine bittende Geste sein, eine Bitte an Christus, diesem Mann zu helfen. Christus neigt sich beim Niedersinken nach vorn und streckt die Hand zum Kopf des Mannes hin, als wolle er ihn berühren. Nun bedeutet der Vorgang, von Christus berührt zu werden oder ihn zu berühren, in der Bibel etwas Besonderes. Menschen werden dadurch geheilt.

Maria Magdalena gehörte zum engen Freundeskreis Christi. Sie wurde von ihm geheilt und war bei seiner Kreuzigung zugegen. Die Trauer Maria Magdalenas verstärkt in Cézannes Gemälde die Bildsprache. Es geht um Ostern, um das Mysterium von Golgatha.

Was hat es zu bedeuten, dass Cézanne mit achtundzwanzig diese Bilder mit dem Thema Christus malt und dass er mit ca. dreiunddreißig einen Wendepunkt erlebt? Bei der Suche nach einer Antwort gehen unsere Gedanken in drei Richtungen.

Lebensrhythmen

Das achtundzwanzigste Lebensjahr ist für viele ein markanter Moment ihrer Biographie. Menschen, die jung geheiratet und eine Familie aufgebaut haben, oder die früh feste Partner- oder Arbeitsbeziehungen eingegangen sind, brechen aus oder machen eine schwierige Periode durch. Andere, die lange studiert oder mobil und unverbindlich gelebt haben, bemühen sich um eine feste Partnerschaft oder wollen Kinder und eine Familie gründen, eine längerfristige Arbeit finden mit einem damit einhergehenden festen Tagesrhythmus.

Weiter ist uns aufgefallen, dass viele Menschen um die dreiunddreißig eine existentielle Krise erleben. Manche berichten, sie hätten in dieser Zeit eine Erfahrung gehabt, die sie an Christus denken ließ, die ihnen bewusst machte, dass er in diesem Alter gestorben war, dass sie seine Stimme hörten oder in sich ein Bild von ihm sahen. Anderen wurde die Endlichkeit ihres Lebens bewusst, sie erlebten den zukünftigen Tod als konkret und nahe, sei es durch eine reale physische Lebensgefahr oder nicht. Wieder andere hatten bestimmte spirituelle Erfahrungen, die von heftigen körperlichen oder psychischen Phänomenen begleitet wurden.

* Die Abbildungen 14–15 sind nach Seite 256 zu finden.

Von einem spirituellen Menschenbild ausgehend kann man das Leben eines Menschen als schrittweise Erfahrung seines geistigen Kerns sehen, der zur Erde kommt und während seiner Lebenswanderung sich immer mehr mit der Erde verbindet, um sich früher oder später, allmählich oder plötzlich, wieder von der Erde zu lösen. Wenn man von dieser Sichtweise ausgeht, ist die Periode zwischen achtundzwanzig und fünfunddreißig die Zeit, in der Menschen am tiefsten in das »irdische« Sein herabgestiegen sind. Sie sind eingebunden in Verpflichtungen oder materielle Belastungen, etwa durch eine anspruchsvolle Stelle, noch kleine Kinder, das (Um-)Bauen und Einrichten eines Hauses.

Jetzt ist es auf der Erde dunkel. Ohne Licht kann man nicht in Grotten oder Bergwerke hinabsteigen und auch nicht in Felsspalten des Ozeans. Es ist wichtig, das Licht nicht erlöschen zu lassen. Und das zeigt den Kampf, den Menschen in dieser »irdischen« Periode durchstehen. Es ist ein schwacher oder starker Kampf, um nicht unterzugehen, um das innere Licht zu bewahren. Letztlich geht das nur aus eigener Kraft. Je besser es gelingt, umso stärker wird dieses innere Licht, und umso deutlicher wird es auch für andere sichtbar.

Rembrandt

Es ist natürlich schön, so etwas in Cézannes Gemälden zu entdecken. Aber wie war das bei anderen Künstlern? Unsere Untersuchung zu diesem Thema steht noch ganz am Anfang. Einen Maler haben wir uns flüchtig angesehen – Rembrandt, weil in seinem Werk das Licht und das Neue Testament deutlich hervortretende Themen sind. Wenn wir in verschiedenen Büchern (Haak, Mastenbroek) Reproduktionen von Rembrandts Werken chronologisch nacheinander betrachten, fällt uns Folgendes auf:

Von 1627 (mit einundzwanzig) bis 1647 (mit zweiundvierzig) schafft Rembrandt seine Bilder zum Neuen Testament. In der mittleren Periode, von 1632/33 (mit sechs- bis siebenundzwanzig) bis 1639 (mit dreiunddreißig), finden wir fast ausschließlich Darstellungen von Christus in seiner aktiven Lebensphase vom dreißigsten bis zum dreiunddreißigsten Lebensjahr, der Periode zwischen der Taufe im Jordan und seiner Himmelfahrt nach Golgatha. Dagegen malte er in den Jahren davor und danach Szenen von Jesus als kleinem Kind.

Uns ist außerdem bekannt, dass Rembrandt 1634 (mit achtundzwanzig) Saskia heiratet, dass Saskia bis zur Geburt von Titus 1641 (mit fünfunddreißig) mehrere Fehlgeburten hatte und 1642 starb.

Als wir 1993 in Amsterdam im Rijksmuseum durch die Ausstellung »Rembrandt, der Meister und sein Atelier« gingen, sahen wir, dass sich in der Zeit um die Geburt von Titus und den Tod Saskias das Licht in Rembrandts Werken immer mehr nach innen konzentrierte. Es liegt dann weniger »auf« den dargestellten Gegenständen, sondern wirkt eher von innen heraus.

Christus

Über Christus wurde bereits viel gesagt und geschrieben. So viel, dass Christus für viele Menschen tot ist; alles ist zweitausend Jahre her, und es sagt ihnen nichts mehr, und alles, was auf ihn hinweist, weckt sogar Widerwillen bei ihnen.

Für wieder andere ist Christus noch quicklebendig, obwohl er jetzt anders da ist als damals. Das Geschehen von Bethlehem und Golgatha ist für sie eines der größten Mysterien der Menschheit und der Entwicklung der Erde und des gesamten Kosmos. Dieses Geheimnis ist so groß und zugleich so intim und verletzlich, dass jedes menschliche Wort unzulänglich wird. Zu grobstofflich darüber zu reden, ruft Abscheu hervor.

Kurzum, es ist nicht leicht, ohne weiteres über Christus zu sprechen. Und dennoch tun wir es, im Bewusstsein, dass es eigentlich unmöglich ist, wir tun es mit einer inneren Haltung, die vielleicht mit dem vergleichbar ist, was Cézanne sagt:

> »Die Natur ist nicht an der Oberfläche, sondern in der Tiefe.
> Die Farben sind eine Äußerung dieser Tiefe an der Oberfläche;
> sie steigen aus den Wurzeln der Welt empor.«

In der Bibel liest man, dass es neben seinen Anhängern viele gab, die Christus für einen seltsamen Vogel hielten. Und in den letzten vierundzwanzig Stunden vor seinem Tod war er von allen Freunden verlassen, sogar von Gott, den er seinen Vater nannte. Christus war vielleicht emotional, aber bestimmt nicht orientierungslos. Diesen Eindruck macht er zumindest absolut nicht, trotz seines verzweifelten Rufs am Kreuz: »Mein Gott, mein Gott, warum hast du mich verlassen?!« Er tat trotzdem, was getan werden musste: »Es ist vollbracht.«

Christus wurde gekreuzigt und begraben und erstand nach drei Tagen, der Überlieferung zufolge, aus seinem Grab. Danach ist er noch vierzig Tage auf Erden, kann sich aber unabhängig von unserem irdischen Raum und unserer Zeit bewegen. Er ist da und gleichzeitig auch nicht da. Er ist plötzlich in einem Zimmer, dessen Türen und Fenster verschlossen sind. Seine Gestalt wird, nach Golgatha, als eine Lichtgestalt beschrieben, wie die von Engeln. Licht, das von innen aus einem Wesen strahlt. Nicht Licht, das auf den Körper fällt. Sein Körper hat offenbar eine andere Substanz, die nicht den Gesetzen der Naturwissenschaft unterliegt. Vielleicht ist das für unser von der Wissenschaft geschultes Denken nicht zu begreifen, geschweige denn zu akzeptieren. Aber was Christus erlebte und was mit ihm geschah, kann als das Urbild einer existentiellen, biographischen Krise interpretiert werden.

Letzten Endes hängt es von einem selbst ab, ob man erneuert aus einer Transition hervorgeht. Man kann das alte, vertraute Leben hinter sich lassen und in ein neues, unbekanntes eintreten. Das neue Leben ist oft noch zu

Abb. 7 Die vier Jahreszeiten, ca. 3 x 1 m, 1860–62, 21–23 Jahre, Musée da la Ville de Paris, Petit Palais

Abb. 8 Selbstporträt, 45 x 41 cm, ca. 1866, 27 Jahre, Privatsammlung

Abb. 9 Kopf eines alten Mannes, 51 x 48 cm, ca. 1865, 26 Jahre, Musée d'Orsay, Paris

Abb. 10
Paul Alexis liest Zola vor
52 x 56 cm, 1869–70,
30–31 Jahre,
Privatsammlung

Abb. 12 Schneeschmelze bei L'Estaque oder Die roten Dächer in L'Estaque, 73 x 92 cm, ca. 1870, 31 Jahre, Privatsammlung

Abb. 11
Zwei Kartenspieler
97 x 130 cm, 1892–93,
53–54 Jahre,
Privatsammlung

Abb. 13 Haus und Baum am Weg bei L'Hermitage, Pontoise, 65 x 45 cm, 1873-74, 34-35 Jahre, Privatsammlung

Abb. 15 Schmerz der Maria Magdalena
165 x 124 cm, ca. 1867, 27 Jahre, Musée d'Orsay, Paris

Abb. 14 Christus steigt in die Vorhölle hinab, 170 x 97 cm, ca. 1867, 27 Jahre, Privatsammlung

Abb. 16 Die großen Badenden
205 x 245 cm, 1906, 67 Jahre, Museum of Art, Philadelphia

empfindlich, als dass man es berühren könnte. Vor allem für Menschen aus dem alten Leben, die einen in der neuen Gestalt noch nicht kennen.

Auch bei Christus findet sich dieses Phänomen. Er sagt zu Maria Magdalena, die ihn am Ostermorgen als Erste erkennt: »Rühr mich nicht an.«
Wenn man jemanden berührt, ist es, als würde man den anderen kurz festhalten, eingrenzen, in seinen Grenzen halten. Es ist auch Kraft nötig, um berührt zu werden. Christus spürte es vor Golgatha sofort, als er berührt wurde. Vielleicht fühlte er, wie seine Heilungsenergie angezapft wurde. Menschen ging es durch die Berührung plötzlich besser. In unserer Welt tut das Berühren des gerade Erworbenen weh, als sei man noch nicht stark genug, als sei es noch nicht fest in einem verankert. Wenn der andere einen durch Berühren im Alten festhält, das neu Erworbene nicht sieht, kann man das als eine »Verwundung« erleben, und als ein Hindern. Christus war sich Maria Magdalena gegenüber offenbar all dessen bewusst.

Es ist sehr traurig, dass Cézannes Jugendfreund, Emile Zola, nie den »neuen« Cézanne gesehen hat. Er lebte derart in der Vergangenheit, dass er in seinem Buch *L'Oeuvre* in dem gescheiterten Maler Claude Lantier all seine Enttäuschungen über Cézanne niederschrieb. Dieser erkannte sich in der Figur schmerzhaft wieder und schrieb dem Freund: »Ich danke dem Autor von *Les Rougon-Macquart* für diese freundliche Geste und bitte darum, seine Hand drücken zu dürfen, eingedenk vergangener Jahre.« Cézanne und Zola waren zu der Zeit siebundvierzig bzw. sechsundvierzig Jahre alt. Für Cézanne bedeutete es das Ende einer engen Freundschaft, sein Brief war der letzte einer langen Reihe. Er ist ein Beispiel dafür, wie sehr es einen verwunden kann, wenn einen nahe stehende Menschen nicht in der neuen Gestalt akzeptieren.

Ist der Hinweis auf Christus und dessen Veränderungsprozess um sein dreiunddreißigstes Lebensjahr zu gewagt? Wer kann es entscheiden? Cézanne war ein kirchentreuer Christ, obwohl er in dieser Lebensphase wenig davon sehen ließ, wie viele christlich erzogene Menschen. Kann aus der Parallelität der beiden Prozesse der existentielle Moment des dreiunddreißigsten Lebensjahres vielleicht der Christus-Moment in Cézannes Biographie genannt werden? Beide sind hinterher andere Menschen, in denen das Licht stärker verinnerlicht ist und von innen heraus strahlt. Das ist an den Werken Cézannes zu sehen.

An diesem Umgestaltungsprozess der Malmaterie und seiner Person war Cézanne selbst aktiv beteiligt. Ohne Kampf gelingt so etwas nicht. Es ist vielleicht die wahre Aufgabe des Menschen. Ein alter persischer Spruch deutet darauf hin:

> Trage die Sonne auf die Erde!
> Du Mensch bist zwischen Licht und Finsternis gestellt.
> Sei ein Kämpfer des Lichtes!
> Liebe die Erde, so dass sie zu einem leuchtenden Edelstein wird,
> Verwandle die Pflanzen, verwandle die Tiere,
> verwandle dich selbst.

Cézanne hat etwas davon umgesetzt. Und er war nicht der Einzige. Das gibt Hoffnung. Gleichzeitig wurde Cézanne zum »Vater der modernen Kunst«, wie John Rewald seine Cézanne-Biographie schließt.

Sich selbst umwandeln und »Vater« der modernen Kunst werden. Wenn man sein Fach erneuern möchte, wird man an sich selbst arbeiten müssen.

Menschen betrachten

Während der ersten Takte der *Zauberflöte* von Mozart lässt Ingmar Bergman in seinem gleichnamigen Film die Kamera über das Publikum wandern. Gesicht nach Gesicht kommt ins Bild, alte und junge, von Männern und Frauen, gelb-braun-schwarz-rosa, im Profil und von vorn, schräg von unten oder von oben, alle im Bann der Oper. Es wiederholt sich Mal um Mal, und immer wieder kommt die Kamera auf einem jungen Mädchengesicht zur Ruhe, dem einer blonden zehnjährigen Mona Lisa. Die Kamera zwingt einen, so zu schauen, wie der Regisseur es will. Schau! – und sieh, was ich sehe: Alle Menschen geraten in den Bann der Zauberflöte.

Schau! – und sieh Menschen. Menschen kennen lernen, fängt damit an, sie zu sehen. Aber was sieht man dann? Es gibt so vieles. Man denke nur an die Augen:

> Augen dicht nebeneinander oder weit auseinander
> hoch im Gesicht oder tief
> blaue, grüne, braune, fast schwarze
> Augen mit roter Glut oder mattem Ausdruck
> runde Augen, Schlitzaugen, tiefliegende Augen
> angstvolle Augen, helle, strahlende, düstere
> große, fröhliche, offene Augen
> trübe, nach innen gewandte Pupillen.

Es sagt zum einen etwas aus über die physische, die äußere Erscheinung (tiefliegende Augen), aber auch über die psychische, innere Kondition (angstvolle Augen). In der Sprache drückt sich aus, wie Menschen andere sehen: »schlau wie ein Fuchs«, »brüten wie ein Huhn«, »glatt wie ein Aal« sagt etwas über die Innenwelt; »bärenstark«, »Schweinsrüssel«, »laufen wie ein Reh« sagt mehr über das Äußere. Und gleichzeitig wird in diesen Redewendungen der Mensch mit der Tierwelt verglichen. Auch andere Vergleiche sind üblich:

lilienweisse Haut, ein Baum von einem Mann	(Pflanze)
zum alten Eisen gehören, Fels in der Brandung	(Erde)
Augensterne, Vollmondgesicht	(Kosmos)

Was sieht man, wenn man Menschen betrachtet? Wie sie von außen aussehen und von innen beschaffen sind? Ein Tier, eine Planze, einen Stein oder Stern?

Oder kann man noch mehr sehen, das, was einzigartig ist und nur zu diesem einen Menschen gehört? Und können wir das benennen, ihm einen Namen geben? Ein Name ist etwas sehr Persönliches, und es ist wichtig, dass andere dieses Persönliche kennen:

meine mutter vergaß meinen namen,
mich zu rufen, ist mein kind zu klein,
wie soll ich da geborgen sein?

du, nenne mich, damit ich bin,
lass meinen namen eine kette sein.
nenne mich ganz, bring mich zu tage,
o nenne mich bei meinem tiefsten namen.

für alle, die ich liebe, will ich meinen namen tragen.

Neeltje Maria Min

Wie kann man sich geborgen fühlen ohne einen Namen? Bezeuge meine Existenz mit einem Namen, der zu meinem Wesen passt, dem, was *ich bin*. Das Betrachten eines Menschen kann das Erkennen seines »Ich bin« enthalten.

Ist dieses Intimste des Menschen auch das Wesentlichste? An das nicht jeder herankommt, das nicht jeder sehen kann – manchmal nicht einmal wir selbst? Unterscheidet sich der Mensch dadurch von allem und jedem?

Oder ist der Mensch etwa nichts Außergewöhnliches? Tausende tragen denselben Namen. Oder betrachten wir den Menschen als eine Palette unterschiedlicher Aspekte? Eine Zufälligkeit unter vielen, unbegrenzten Möglichkeiten? Der Mensch, eine scheinbar einzigartige Möglichkeit unter vielen? Ein Wurf mit vielen Würfeln mit sehr vielen Kanten, etwas wie ein Golfball mit vielen kleinen Vertiefungen. Auf einer davon bleibt er schließlich liegen.

Was ist ein Mensch? Man schaut sich auf der Straße um und sieht sofort: Dort geht ein Mensch. Als Art ist er leicht von anderen lebenden Wesen zu unterscheiden. Und lernt man eine Person besser kennen, kann das Individuelle, Wesentliche klarer hervortreten. Manchmal dauert das ein Leben lang, und man versucht bei der Beerdigung ein Bild der Person zu zeichnen, die da jetzt im Sarg liegt, man versucht, das Wesentliche dieses Lebens in Worte zu fassen. Aber es bleibt ein Tasten, auch wenn man sich selbst betrachtet. Das Rätsel Mensch.

Was man tatsächlich sieht, wenn man Menschen betrachtet, hängt von der Brille ab, die man aufhat. Vergleichbar der Kamera von Ingmar Bergman. Wenn man ins Kino geht, setzt man eine Brille auf. Aber auch wenn man selbst schaut, gibt es etwas, das einen lenkt, eine innerliche Ausrichtung, die man sein Menschenbild nennen könnte. Und man kann das Menschenbild eines anderen daran ablesen, wie dieser schaut. Wie bei Bergmans Bildern: »Alle Menschen können in den Bann der Zauberflöte geraten.«

Jeder von uns hat bewusst oder unbewusst ein teils aus der Vergangenheit überkommenes, teils selbst gewähltes Menschenbild. Ohne dieses Phänomen verlieren wir uns in der Flut der Reize bzw. Wahrnehmungen.

Ingmar Bergman schenkt uns diese Erfahrung: Immer mehr Bilder von Menschengesichtern wechseln sich immer schneller ab. Dadurch wird man innerlich in ein Chaos gesogen und droht die Verbindung zum Film zu verlieren. Aber dann verweilt die Kamera wieder kurz auf diesem jungen Mädchengesicht voller Hingabe und intensiver Anteilnahme. Das ist der Halt, den Bergman uns gibt.

Wir brauchen eine innere Orientierung, um uns selbst nicht im Betrachten von Menschen zu verlieren, im Betrachten unserer selbst. Welchen Halt suchen wir? Welches Menschenbild?

Menschenbilder

Mit welcher inneren Blickrichtung betrachten Menschen andere Menschen? Wie reden sie über andere, was zeigen sie? Und welches Menschenbild spricht daraus?

Wenn man durch die verschiedenen Fernsehprogramme surft oder eine beliebige Zeitung aufschlägt, können einen die abscheulichsten Dinge, die Menschen Menschen antun, überfallen: drei brennende Leichen in einem Schilfgürtel, die Schändung des eigenen Kindes, der Raubüberfall auf eine alte Frau am hellichten Tag auf offener Straße, bei dem sie sich Handgelenk und Becken bricht, die Zerstörung einer Moschee, Bedrohungen von Ausländern, die Annahme von Bestechungsgeldern, Schwarzarbeit, Steuerhinterziehung usw. Spricht daraus nicht, »wie schlecht der Mensch von Natur aus ist und wie er zu allem Schlechten neigt«? Und dass man sich daher vor seinen Mitmenschen und vor sich selbst hüten muss, dass man dem Menschen misstrauen muss. Man darf den Menschen nicht unbeaufsichtigt lassen, sonst geht es schief! Leg ihm Zügel an, Regeln und Kontrollen sind notwendig!

Es ist anstrengend, diese Bilder zu durchbrechen und andere Beispiele zu finden. Eine Frau tritt in einen Kreis von Gaffern und sieht ein Mädchen in den letzten Zügen liegen, den Körper vom Rad eines Lastautos zerquetscht. Sie kniet nieder, nimmt die Hand und spricht dem Kind zu, während es stirbt. Ein alter Mann, dessen absterbender Fuß amputiert werden musste, bekommt im Krankenhaus Besuch aus der Straße, in der er wohnt, jeden Tag von einem anderen Nachbarn. Trotz aller Rückschläge, Bedrohungen und dem Elend, trotz der Aussichtslosigkeit seines Tuns stellt ein Mann sein Gebäude für Stadtstreicher, Obdachlose und Drogenabhängige zur Verfügung. Es ist ein Ort, wo »man sein kann« – wo man als Mensch akzeptiert wird –, ein Raum auch für Kontakt und Wärme, ein Raum mit einem Dach und Nahrung. Spricht aus diesen Bildern nicht, »dass der Mensch im

Grunde gut ist«? Die Umstände bringen Menschen dazu, sich merkwürdig zu verhalten. Dann sollten wir die Umstände verbessern. »In jeder harten Schale steckt ein weicher Kern.« Im Grunde kann man dem Menschen vertrauen. Schenke ihm Vertrauen, dann kommt es auch zurück.

Neben diesen Bildern von Gut und Schlecht gibt es noch andere Möglichkeiten, so in der Art, wie Menschen über Menschen sprechen, in dem, was sie von sich sehen lassen:

Ausrichtung auf die Welt, die wir selbst geschaffen haben

- Die technische Maschinenwelt: Der Kopf des Menschen wird darin als Computer gesehen, die Nerven als Informationskabel, das Herz als Pumpe, die Verdauung als Ofen.
- Die physisch-chemische Welt: Der Mensch wird als ein Reaktordruckbehälter, als subtiles Gleichgewicht von physisch-chemischen Prozessen gesehen, bestehend aus Temperatur, Flüssigkeit, Hormonen, Adrenalin und anderen Stoffen.
- Die psychosoziale Welt: Der Mensch besteht aus einem System von Werten, Normen und Gewohnheitsmustern, die von Familie, Schule, Beruf und Firma, der Gesellschaft, der Geschichte und unserer Zeit bestimmt werden.

Ausrichtung auf die Natur, die einfach da ist

- Beim Betrachten von Stein, Pflanze und Tier: Der Mensch ist dann erblich definiert, ein Produkt von Genen, DNA-Code, Evolution.
- Beim Betrachten von Wärme, Luft, Wasser und Erde: Der Mensch als warme oder luftige Persönlichkeit, beweglich wie Wasser oder fest wie solide Natur.
- Beim Betrachten der Sterne und Sternbilder: Der Mensch als Sonnenwesen, als Mars- oder Venustyp; das Nicht-Aufgeben des Widders, der Mut eines Löwen, die einsame Höhe des Steinbocks.
- Beim Betrachten von Licht und Dunkel: »Aus ihr strahlt immer etwas Helles«, Weungen wie »er ist die Düsterkeit in Person«.

Ausrichtung auf uns selbst, unsere Existenz, das »Dasein«

- Die Tatsache, dass ich da bin und also bin, hat an sich schon einen Sinn. Das versuchte Viktor Frankl im Zweiten Weltkrieg den Menschen in Konzentrationslagern klarzumachen; und er erhielt sie damit am Leben.
- Auch in der Aussage »Ich bin nicht mein Vater, nicht meine Erziehung; ich bin ich, also anders« findet man diese Sicht auf Menschen. Man nimmt mit dieser Aussage den Faden auf, der zum eigenen Sein in dieser Welt gehört.
- Und C.G. Jung sagt: »Nach seinem zweiundzwanzigsten Lebensjahr ist man selbst verantwortlich für seine Ansichten, verantwortlich für seine Art, die Welt zu betrachten.« Aber fängt das nicht schon viel früher an, Schritt für Schritt?

Ausrichtung auf eine unsichtbare Welt

Viele Menschen beschäftigt diese Frage der unsichtbaren Welt, einige leugnen sie, wieder andere glauben bedingungslos an sie. Dem kann man an den Grenzen des Lebens näher kommen. Der alte Mann auf der Bank in der Abendsonne: Er lebt, aber eigentlich ist er schon *nicht mehr* richtig da. Und das Kind liegt gleich nach der Geburt lebendig da, ist aber *noch nicht* richtig da. Was ist das, was aufwacht und mit dem man ein Gespräch beginnen kann? Bei der Geburt eines Kindes kann man erleben, dass jemand auf die Welt kommt und sich durch diesen wachsenden Körper manifestiert. Und beim Sterben kann man erleben, dass einer weggeht und seinen Körper zurücklässt. Elisabeth Kübler-Ross, die ihr Leben lang Sterbende betreute, schreibt und berichtet in ihren Büchern und Kursen darüber. Sie erzählt auch von »Nahtod-Erfahrungen«. Am Ende eines dunklen Gangs trafen die Menschen ein Lichtwesen, das sie manchmal mit Christus identifizieren, das sie liebevoll erwartete und wieder zurückschickte, manchmal mit einer Aufgabe, die noch erledigt werden musste. Andere wurden von einem verstorbenen Verwandten erwartet, von Freunden oder anderen nahen Menschen.

Von Kübler-Ross stammt auch die nächste, fast komische Geschichte. Eine Zwillingsschwester liegt im Krankenhaus im Sterben. Die zweite lebt weit entfernt. Das Krankenhaus wird benachrichtigt, die Schwester sei gestorben; man verschweigt es der Sterbenden, um sie zu schonen. Auch sie stirbt, setzt sich aber noch einmal kurz auf und beschimpft wütend und empört die Anwesenden. Warum haben sie ihr den Tod der Schwester verschwiegen! Dann fällt sie wieder zurück und ist endgültig tot.

Elisabeth Kübler-Ross, Rudolf Steiner und andere Autoren beschreiben auch, was ein Mensch erlebt, wenn er seinen Körper endgültig hinter sich lässt. Verkürzt gesagt, handelt es sich in etwa um eine Periode des Abschiednehmens von diesem Leben und der Verarbeitung der darin gemachten Erfahrungen, gefolgt von einer Periode der Vorbereitung auf ein künftiges Leben. Es ist, als zöge man seine Kleider aus, und nachdem man sich entschlossen hat, wieder zur Erde zurückzukehren, zöge man wieder andere Kleider an. Durch lange Übung kann man zu diesen nicht-sinnlichen Wahrnehmungen kommen. Dabei ist am wichtigsten: ein vorurteilsfreies Interesse, die Denkdisziplin der Naturwissenschaft und eine grenzenlose Liebe zu allem, was man bei seiner Suche vorfindet.

Folgt man Menschen, die einen solchen Blick haben, dann kann man alte, abgegriffene oder unklare Begriffe mit neuem Inhalt füllen. Begriffe wie Jenseits, Himmel und Hölle, zu den Vätern gehen und das »Ich bin, der ich bin«. Letzteres bezieht sich auf den Kern des Menschen, der während all der Reisen unverändert bleibt. Den man nicht fassen kann, den man nur durch seine Taten spüren kann, und der sich auf all diesen Reisen weiterentwickelt.

Wichtige Fragen sind auch, inwieweit das Leben des Menschen vorherbestimmt ist oder ob er dessen Lauf beeinflussen kann und wofür er Verantwortung trägt. Auch dazu gibt es zwei Auffassungen, denn Auffassungen sind eigentlich Menschenbilder.

Für die Anhänger der einen Auffassung ist es der DNA-Code, die Erziehung und weitere Lebensumstände, die Sterne, das Karma oder auch die Aufgabe, die Gott einem gestellt hat, die bestimmen, wer man ist, was man kann und welche Zukunft einen erwartet. Die eigene Verantwortung liegt darin, sein Schicksal anzunehmen und entsprechend zu leben.

Die andere Auffassung lässt einem selbstständigen »Ich« mit einem eigenen Willen Raum, das wie ein Kutscher auf dem Bock die Richtung des Lebens mitbestimmen kann. Die Verantwortlichkeit liegt dann im Aufnehmen dieser Möglichkeit. Bei dieser Auffassung ist die Zukunft offen und teilweise abhängig vom eigenen Handeln, von den selbst getroffenen Entscheidungen.

Wir haben eine Reihe von inneren Orientierungsarten beschrieben (ohne Vollständigkeit anzustreben), die man wiedererkennen kann, wenn Menschen Menschen betrachten. Die Vielfalt der Möglichkeiten fordert dazu heraus, seinen eigenen Standpunkt zu bestimmen.

Unsere Weltsicht

Wir, die Autoren, vertreten ein Menschenbild, das stark von den Gedanken Rudolf Steiners beeinflusst ist. Steiner wurde 1861 in Österreich-Ungarn geboren, im heutigen Kroatien. Er lebte und arbeitete lange Zeit in Deutschland, gründete die Anthroposophische Gesellschaft und baute als deren Zentrum das Goetheanum in Dornach bei Basel. Er wurde als Goethekenner bekannt und war mit Leib und Seele dem europäischen Kulturgut verbunden, d.h. dessen griechisch-römischen und jüdisch-christlichen Wurzeln.

Im Folgenden möchten wir zeigen, dass wir den Menschen als einen »Grenzgänger« sehen, zwischen Gestern und Morgen, zwischen Denken und Handeln und dem, was äußerlich wahrgenommen und innerlich erlebt wird. Ein Grenzgänger ist ein Mensch, der dort geht, wo Land und Wasser aufeinandertreffen, etwa am Meer. Im einen Moment geht er mit trockenen Füßen auf festem Boden. Im nächsten Moment spült das Meer um seine Beine, das Wasser saugt und zieht, und der Boden bewegt sich unter seinen Fußsohlen. In dieser Übergangszone ist der Grenzgänger auf sich allein gestellt. Er kann bei Flut auf einer Sandbank eingeschlossen werden. Ohne Meer und Strand zu kennen und aufmerksam auf die Situation zu reagieren, kommt er nicht weit.

Der Mensch lebt in drei Grenzbereichen.

Zwischen Gestern und Morgen

»Plan, do, control!« ist ein Slogan aus dem dynamischen Management. Der Satz strahlt das Vertrauen aus, man könne das Leben beherrschen, trotz der Tatsache, dass es immer anders kommt, als man denkt. Gerade darum: Plane die Zukunft, handle, wie du es dir vorgenommen hast und überprüfe, was daraus geworden ist. Das heisst: Überprüfe die Vergangenheit. Man kann es auch anders sagen. Man lernt aus der Vergangenheit und schmiedet Pläne, um es beim nächsten Mal besser zu machen. Und der eine ist besser im Beschreiben der Vergangenheit, der andere im Finden neuer Ideen für die Zukunft. Der eine ist ungeduldig und kann es nicht erwarten, etwas Neues anzufangen. Der andere sagt: »Moment mal, hatten wir nicht verabredet, dass ...« oder: »Vor ein paar Jahren haben wir das schon mal versucht, und damals ...« In jeder Gruppe, Abteilung oder Organisation sind diese beiden Kräfte zu finden. Manchmal dominiert die eine Kraft, dann wieder die andere.

Auch im Leben eines Menschen sind sie zu finden. In jungen Menschen wirkt hauptsächlich die Kraft der Zukunft, bei alten Menschen spielt die Vergangenheit eine immer wichtigere Rolle. Aber jeder Mensch hat seine eigene Lebensweise. Der eine kann nur schwer Abschied nehmen, hängt an der Vergangenheit. Der andere wirft sich immer wieder in neue Möglichkeiten, kann sich schnell wieder einlassen. Der eine fällt ins Bett und schläft ein, springt morgens aus dem Bett, dem Tag entgegen. Der andere kann nicht einschlafen, der Tag spukt ihm noch im Kopf herum, und er wird nur schwer wach, die Nacht lässt ihn nicht los. Der Mensch lebt am Tag und in der Nacht, im Wachen und im Schlaf. Morgenmensch und Abendmensch, Nachtmensch, Tagmensch, lebend im Licht und im Dunkel. Das kann sich im Lauf des Lebens ändern. Es kann auch ein Grundmuster sein: mehr in der Nacht daheim oder am Tag (wortwörtlich gemeint, psychisch und spirituell) zu leben. Aber jeder Mensch ist dem Tag- und Nachtwechsel unterworfen, dem Weiterwirken der Vergangenheit und dem Sog der Zukunft. Der Mensch lebt hier auf Erden im Bereich der Zeit, zwischen Gestern und Morgen.

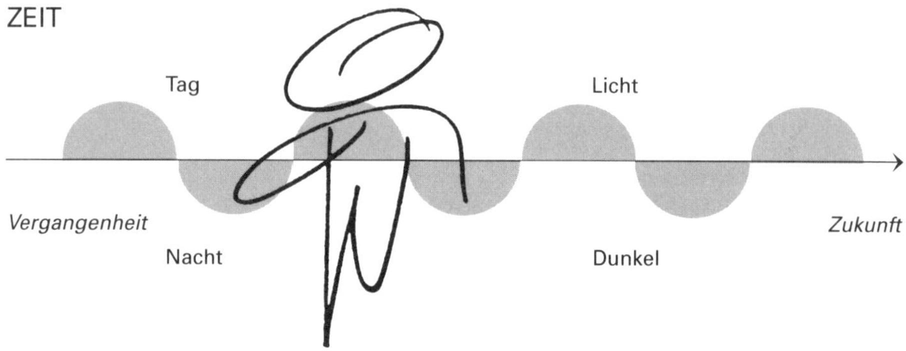

Zwischen Denken und Handeln

»Denke erst und handle dann, und handelnd denk noch dran!«

Guido Gezelle spricht mit dem zitierten Satz ein alltägliches Thema an, das zu großen Missverständnissen, ja sogar zu Konflikten führen kann. Denn Denken und Handeln sind nicht immer eins und können in einem Menschen wie zwischen Menschen zu Spannungen führen. Beispielsweise:

- »Er verspricht alles Mögliche, aber scheint es vergessen zu haben, sobald er aus dem Zimmer geht. Das passt ihm natürlich auch gut! Ich nehme das nicht länger hin. So kann man nicht arbeiten.«
- »Sie hat phantastische Ideen, da ist man bei ihr immer gut aufgehoben. Sie kann jeden begeistern. Aber wenn man nachsieht, was dabei herauskommt – nichts! Zumindest, wenn es von ihr abhängt. Sie schafft es nicht. Umsetzen müssen die schönen Ideen dann die anderen.«

  oder:
- »Sie macht einfach was! Es ist immer dasselbe Lied. Sie denkt nicht weiter als ihre Nasenspitze. Was muss sie sich auch einmischen. Ich kann das wirklich auch allein. Außerdem muss ich das Unheil wieder ausbügeln, das sie anrichtet.«
- »Er ist sagenhaft. Was der nicht alles schafft. Wir haben jahrelang geredet, und nichts ist passiert. Eine Idee nach der anderen verlief im Sand. Und kaum ist er da, und schon werden die richtigen Sachen angepackt. Er lässt uns keine Zeit zum Nachdenken. Es hat gleich prima angefangen. Am ersten Morgen, nachdem er gekommen war, ich werd' es nie vergessen, kamen wir 'rein und unsere Schreibtische standen nicht mehr an ihrem Platz. Er hatte alles umgestellt. ›Warum?‹ fragten wir wütend. ›Ich will, dass ihr in Bewegung kommt‹, sagte er. ›Wohin?‹, riefen wir. ›Voran‹, rief er zurück. Was das war und wie das aussehen sollte, wusste er auch nicht. Aber es ist wenigstens etwas passiert, und das wurde schon beim Tun klar.«

Unabhängig von den strategischen Gründen, weshalb Menschen etwas tun oder lassen, kann man beobachten, dass der eine sich in der Welt der Ideen wohler fühlt und der andere im Trubel des Handelns. Es gibt Denker und Träumer, und es gibt Macher und Draufgänger. Oder anders gesagt: Der eine Mensch lebt mehr durch seinen Kopf, der andere mehr durch seine Hände und Füße.

Gedanken können witzig, geistreich usw. sein. Sie kommen und gehen, sind flüchtig, verfliegen oft schnell. Man braucht Denkdisziplin, um bei einem Gedanken zu bleiben, ihn auszuarbeiten und zu konkretisieren. Mit unserem Denken haben wir teil an der Welt des Geistes, der Welt der Ideen, dem Immateriellen.

Mit unseren Händen und Füßen sind wir mit der Welt der Dinge verbunden, der Materie. Den Schalter am PC kann man nicht durch Denken umstellen. Den Versammlungsraum erreicht man normalerweise mit den Füßen, genauso den Kaffeeautomaten.

Der Mensch lebt dazwischen, zwischen Ideen und Dingen, Denken und Handeln, Geist und Materie. In ihm wirkt Geisteskraft. Und sein Körper ist aus irdischer Materie aufgebaut. Schaut man sich den Menschen an, dann sieht man auf dem Boden seine Füße und in der Luft seinen Kopf. Der eine hat den Kopf in den Wolken, schwebt über dem Boden; die andere ackert weiter, mit den Füßen tief in der Erde. Aber jeder Mensch kennt beide Aspekte und ist in dem Grenzgebiet zu Hause, wo Himmel und Erde aufeinandertreffen. Dort lebt er, zwischen Himmel und Erde, als ein Grenzgänger im Bereich des Raums.

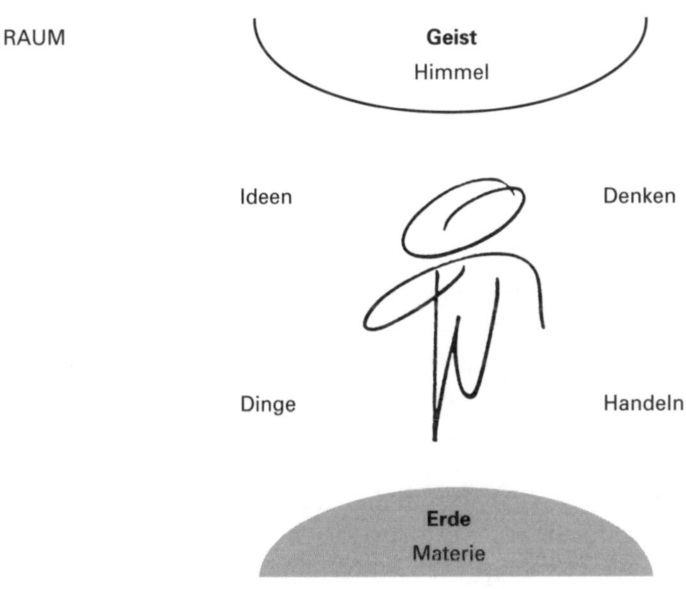

Zwischen Außen- und Innenwelt

Eine lachende Frau Strahlemann kommt herein, eine Viertelstunde zu spät. »Mir haben technische Teufelchen einen Streich gespielt«, sagt sie mit einem entschuldigenden Lächeln und beschreibt eine Katastrophe nach der anderen. Ein Computer, der ausfällt, die Festplatte kaputt, der Text verschwunden usw. Ziemlich »gestresst« ließ sie kurz darauf ihr Auto an und fuhr los. Da hörte sie einen Knall, Reifen platt. »Na ja«, sagt sie, »da bin ich ja«, und nimmt gut gelaunt eine Tasse Kaffee.

Eine Minute vor neun geht die Tür auf und Herr Kummer kommt herein. »Guten Morgen Els«, klingt es matt. »Hat Daniga schon angerufen?« »Ja, gerade eben. Er hatte nicht viel Zeit«, sagt seine Sekretärin, und das Telefon klingelt. »Das wird er wohl sein«, seufzt Herr Kummer und geht in sein Zimmer. Als Els kurz darauf die Post bringt, sieht sie ein gepeinigtes Gesicht. »Ist was?«, fragt sie. »Heute geht mir wirklich alles schief, natürlich war Daniga wieder schneller ...« usw.

Das sind zwei Beispiele für viele Möglichkeiten, wie sich ein Mensch zu seiner Umwelt verhalten kann. Der eine wird wütend, wenn ihn die Technik im Stich lässt, der andere lacht darüber. Und so geht es auch in Bezug auf andere Dinge, Menschen, Pflanzen, Tiere – und natürlich das Wetter. Auf dieselbe Tatsache reagiert der eine traurig und schwermütig, der andere fröhlich und leichtherzig. Bei manch einem kann die Stimmung auch plötzlich umschlagen: Jantje lacht, Jantje weint, wie ein niederländisches Sprichwort sagt. Es gibt viele Faktoren, die die momentane Stimmung beeinflussen; aber wenn man Menschen länger kennt, zeigen sich Grundmuster.

Ist man begeistert und voller Energie und sieht man dadurch die Stolpersteine des Lebens im Sonnenlicht liegen, oder kämpft man gegen Mattheit und innere Trägheit und drücken einen alle Missgeschicke zu Boden? Oder kann man trotzdem darüber lachen, das Komische der Situation sehen?

Hat man eine Elefantenhaut, durch die wenig dringt? Oder ist man offen und empfindsam für das, was vor sich geht, hat man vielleicht sogar eine dünne, poröse Haut, durch die Eindrücke von außen nach innen hineindonnern, und muss sich regelmäßig zurückziehen, um wieder zu sich selbst zu kommen?

Sucht man Verbindung mit der Welt, durch Reden, indem man in die Welt trägt, was einen beschäftigt, oder indem man zuhört, was dort vor sich geht?

Betrachtet man die Welt misstrauisch und pessimistisch, oder vertraut man den Menschen und ist optimistisch?

Jeder Mensch hat seinen eigenen Stil, auf die Welt zu reagieren, und tut das seiner Art entsprechend anders. Jeder hat einen eigenen Rhythmus, z.B.: lange zuhören und wenig reden oder lange nach außen aktiv sein und nur für kurze

Momente sich zurückziehen. Das könnte man Atmen nennen. In diesem Atmen, in der Abwechslung zwischen dem Wahrnehmen dessen, was um einen herum lebt und was man in sich erlebt, spielen Gedanken und Meinungen, Gefühle und Emotionen, Absichten und Neigungen eine Rolle. Je besser man beides kennt, das nach außen Gerichtet-Sein und das Verweilen in der eigenen Innenwelt, desto besser kann man sich als »Grenzgänger« steuern. Dafür hat man in seiner Seele drei Schichten zur Verfügung: Denken, Fühlen und Wollen, durch die man zur Welt und zu anderen Menschen in Beziehung steht. Der Mensch lebt in diesem Geflecht von Beziehungen, auf der Grenze zwischen innen und außen.

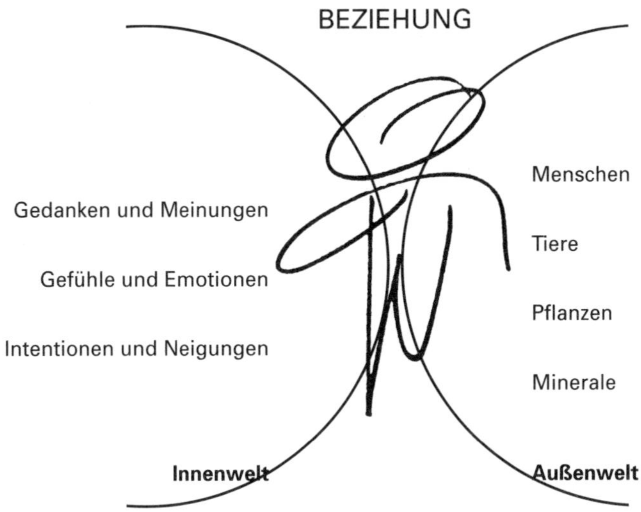

Sich selbst sein

Der Mensch bewegt sich als ein Grenzgänger in den drei Dimensionen von Zeit, Raum und Beziehung. Aber er ist auch noch er selbst.

»Komm zu dir!«, sagt man manchmal barsch zu jemandem, der sich in einem hysterischen Lachanfall nicht mehr in der Hand hat – oder in einem Weinkrampf oder in einem maßlosen Wutausbruch. Manchmal hilft es, und er hat sich wieder in der Hand.

Das Gegenteil klingt an in Aussagen wie: »Die ist unerschütterlich! Sie bleibt in jeder Situation sie selbst.«

Sich selbst sein, bei sich selbst sein. Wir sagen auch: »Du hältst dich selbst zum Narren« oder: »Ich hatte mich nicht mehr in der Hand.« Es gibt offenbar zwei

Instanzen: du und dein Selbst. Viele Menschen haben sich mit dieser Dualität beschäftigt und tun es immer noch.

In der Psychosynthese von Roberto Assagioli werden diese beiden als das »Alltags-Ich« (du) und das »höhere oder transzendentale Ich« (dein Selbst) benannt. Assagioli sieht das Alltags-Ich als das Zentrum unseres Bewusstseins, was nicht dasselbe ist wie dieses Bewusstsein. Es ist ein Dirigent im Orchester unseres Alltagsbewusstseins. Das höhere oder transzendentale Ich, manchmal auch das »wahre Selbst« genannt, ist ein permanentes Zentrum von ganz anderer Ordnung. Es steht, in gewissem Sinn unangreifbar, über dem täglichen Strom der Ereignisse in und mit der Seele und dem Körper. Es wird auch manchmal als Eingangstor zur geistigen Welt betrachtet. Assagioli verweist für diese Interpretation u.a. auf Jungs Begriff der Individuation.

C.G. Jung spricht über das »bewusste Ich« und das »Selbst«. Auch er sieht das Selbst als ein Wesen höherer Ordnung mit einer ewigen Kontinuität, von der man sich nur annähernd einen Begriff machen kann. Das bewusste Ich steht ständig mit der sozialen Gemeinschaft in Verbindung, und daraus entsteht die »persona« (wörtlich: Maske), mit der man in dieser Gemeinschaft funktionieren kann. Im Lauf des Individuationsprozesses wird das Selbst mehr und mehr zum lenkenden Faktor im bewussten Ich werden, das sich dadurch immer mehr von seiner »persona« löst.

Juan Ramón Jiménez beschreibt die Dualität folgendermaßen:

Ich bin nicht ich

Ich bin der,
der an meiner Seite geht, ohne dass ich ihn sehe
den ich, manchmal, besuche
und den ich, manchmal, vergesse.
Er, der still schweigt, wenn ich rede,
der sanft vergibt, wenn ich hasse,
der geht, wohin ich nicht gehe,
der aufrecht bleibt, wenn ich sterbe.

Stehen die beiden miteinander in Verbindung, dann kann man vielleicht sagen: »Sie ist sie selbst« oder »Er ist bei sich«. Das können andere so erfahren. Dann ist man, wer man ist, man selbst.

»Wenn ich ich selbst bin, ruhe ich ganz in mir«, sagt einer. Eine Ruhe, die sehr gut mit Aktivität einhergehen kann, aber ohne Taten-»Drang«. Über seine Erfahrungen in einem Konzentrationslager im Zweiten Weltkrieg sagt Viktor Frankl: »Wenn einem jede Sinngebung genommen wird und alles, was man für andere tun kann, und auch die Fähigkeit, etwas genießen zu können, dann bleibt einem schließlich nur noch das eigene Sein.« Nur das, was man ist, bleibt übrig. Wenn man das zu sich selbst sagt, verwendet man das Wort »ich«. Ich bin. Allein schon deshalb hat das Leben einen Sinn. Wenn Menschen im Lager das aufgaben, starben sie binnen weniger Stunden.

Wenn ein Mensch er selbst ist, spürt man das. »Aus seinem Tun und Lassen spricht eine ruhige Gegenwart«. Oder: »Es ist echt, was sie sagt, es kommt direkt aus ihrem Herzen.« Man erlebt bei dieser Person dann gleichzeitig eine Offenheit und ein Interesse für das Andere in der Welt. Der Mensch lebt bei sich, wie er ist, und bei den anderen, wie sie sind. Er lebt im Gebiet des Seins. Der Mensch ist ein Wesen, das »ist« und sagen kann: »Ich bin, der ich bin.«

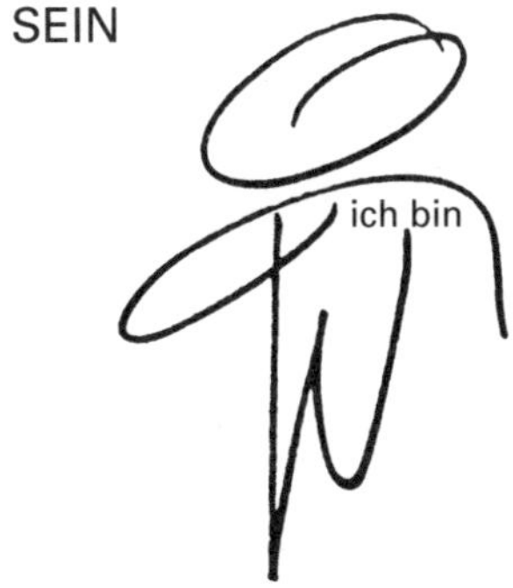

Ich bin

Aber wenn man Menschen so ansieht, wer ist dann dieser »ich bin«? Kann man davon eine Ahnung bekommen?

Fragt man einen kleinen Knirps: »Wer bist du?«, dann kann die Antwort lauten: »Ich.« Das Letzte, was einem als Erwachsenen zu sagen bleibt, nachdem man alle Rollen, die man einnimmt, aufgezählt hat, ist: »Ich bin ich.« Das ist dasjenige, was in allen Rollen gleich ist und dem die anderen auf die Spur kommen können, indem sie einem folgen, beobachten, was man tut oder lässt, und einem zuhören. Mit einer gewissen Anstrengung kann man auch selbst in etwa herausfinden, wer man ist. Aber ganz gelingt es nie. Man bleibt sich ein Rätsel. Ein Rätsel, dem man sich annähern kann. Wir folgen im Weiteren einer von vielen möglichen Spuren.

Menschen haben sich immer damit auseinandergesetzt, was der Mensch ist. Die Bibel ist ein wichtiges Beispiel dafür. In der biblischen Schöpfungsgeschichte kann man Folgendes finden.

Die Schöpfung beginnt mit den Worten: »Und Gott sprach, es werde Licht. Und es ward Licht.« Das beinhaltet eine große Kraft: Gott sagte etwas, und es geschah etwas. Das Wort, das erschafft aus der Kraft des Willens. Das Erschaffen beginnt mit dem Wollen.

Die eigentliche Schöpfung findet in sechs Tagen statt. Die zweite Triade ist in gewissem Sinn eine Wiederholung der ersten drei Tage, aber weiter ausgearbeitet, differenzierter, gipfelnd in der Erschaffung des Menschen am letzten Tag. Durch die Wiederholung gewinnt der Schöpfungsprozess Kraft und mündet schließlich in die Erschaffung des Menschen nach Gottes eigenem Bild. In dieser Geschichte findet man nacheinander die Erschaffung von:

- Licht und Finsternis, Tag und Nacht (das Element Zeit)
- Wasser oben und unten, Himmel und Erde (das Element Raum)
- Land, Pflanzen, Tiere und Menschen, in ihrem Verhältnis zueinander (das Element Beziehung)
- und am Ende den Menschen, geschaffen nach dem Ebenbild seines Schöpfers, Gott.

Gott zeigt sich nicht, man hört ihn nur. Ein Stück weiter in der Bibel sieht Moses Gott in einem brennenden Dornbusch, der nicht vom Feuer verzehrt wird. Gott gibt Moses den Auftrag, die Israeliten aus Ägypten zu befreien. Als Moses dann fragt: »Wer bist du, dass ich berichten kann, wer mich gesandt hat?«, antwortet Gott: »Ich bin, der ich bin.«

In der biblischen Schöpfungsgeschichte steht auch, dass die Pflanzen für die Tiere da sind, die Tiere für die Menschen und die Menschen für einander. Und auch, dass der Mensch, geschaffen nach Gottes Bild, Herrscher über die Erde ist und über alles, was auf ihr lebt. Was meint dieses Herrschen?

Durch die Konsequenzen unseres Umgangs mit der Erde wird uns zur Zeit wieder bewusst, dass darunter die indianische Art von »Herrschen« über die Erde zu verstehen ist: ein Herrschen mit ökologischem Bewusstsein.

Indianer-Lektion 1

Verwende
nie mehr
als du
brauchst

Luise, 13. Mai 1992

Fällen und schießen, weil man leben muss, aber so, dass die Art erhalten bleibt. Ökologisches Bewusstsein ist Handeln unter Berücksichtigung des biologischen Gleichgewichts und der Entwicklung von allem, was lebt, auch mit dem Blick auf das Ganze. Man könnte es vielleicht auch gärtnern nennen. Achtet der Gärtner nicht auf jede Pflanze und auf das Ganze, das ganze Jahr über? Und wird nicht auch das Paradies der Garten Eden genannt?

Im Neuen Testament findet man die Geschichte von Golgatha. Dort stirbt Christus und ersteht wieder aus dem Grab auf. Der römische Statthalter Pilatus sagt, ehe er ihn zur Kreuzigung ausliefert: »Da seht den Menschen.« Und Maria Magdalena, die dem auferstandenen Christus am Ostermorgen als Erste begegnet, hält ihn zuerst für den Gärtner. Rembrandt machte davon eine Zeichnung (jetzt im Rijksmuseum, Amsterdam), und ein Gemälde, das im Buckingham Palace, London, hängt. Das Gemälde wiederum inspirierte zu folgendem Gedicht:

Christus als Gärtner

Als Kind kannte ich einen Rembrandt gut,
den Christus mit dem großen Hut,
wie er wandelt in der Morgenstunde.
Und, wie daneben geschrieben stand:
Er war ein Gärtner.

Und noch immer lass ich meine Tränen gehen,
seh ich Ihn im Garten stehen,
und – ein bisschen am Rand – in stillem Schreck,
die eine, sie, die dachte wie ich:
Es war der Gärtner.

O Kindertraum aus Grün und Gold –
niemand nimmt mir meine Erinnerung.
Die letzten Gärten nähern sich fast,
und dünner wird der Morgen hier.

Er war der Gärtner.

Ida Gerhardt

Christus als Gärtner. Er wird in der Bibel auch Sohn Gottes genannt. Und vor Ostern sagt er, auf seinen Vater bezogen: »Wer mir begegnet, begegnet ihm.« So ist die Verbindung zwischen »Da seht den Menschen«, »Gärtner« und »Gottessohn« einerseits und »Ich bin, der ich bin« andererseits hergestellt. Der Mensch als Gärtner und als »Ich bin, der ich bin«. Der Mensch, der nach dem Bilde Gottes geschaffen ist, und der sich heute keinen Rat mehr weiss mit Gott oder dem Gottessohn Christus, der aber auch auf der Suche nach sich selbst ist, der immer selbst-bewusster wird. Vielleicht kann man sagen, dass das Bild des Menschen früher beim unsichtbaren Gott des »Ich bin, der ich bin« zu finden war. Dann konnte man dieses Bild in der Begegnung mit seinem Sohn erfahren, dem Mensch unter Menschen. Und jetzt kann der Mensch das Bild in sich finden, so dass er selbst sagen kann: »Ich bin, der ich bin«. Der Mensch eine Person mit einem eigenen Kern, einem Selbst, einem Ich, das sich der Welt aussetzt, indem es in dieser Welt ist, indem es dort etwas tut. Indem sie diese Taten sehen, während seines Lebens, können die anderen eine »Ahnung« davon bekommen, wer er im Kern seines Wesens ist.

Im nächsten Kapitel »Wer bin ich?« nähern wir uns dieser Fragestellung noch einmal anders. Es ist eine zu wesentliche Fragestellung, um sich mit einer einfachen Antwort zufrieden zu geben.

Rembrandt, *Christus als Gärtner,* 154 x 146 mm, ca. 1643, Rijksmuseum, Amsterdam

Wer bin ich?

Wenn man analysierend auf seinen Lebenslauf zurückblickt, kann in einem als eine Art Grundstimmung die Frage »Wer bin ich eigentlich?« aufkommen. Auch in Augenblicken heftiger Erregung können plötzlich Teile von einem selbst sichtbar werden, die diese Frage provozieren. Oft bleibt es eine rhetorische Frage, weil man schon im Voraus weiss, dass sich so leicht keine Antwort findet. Es ist mehr ein Ausdruck der Verwunderung oder des Erstaunens als eine echte Frage, die man forschend weiterverfolgt.

Tut man dies aber, dann empfindet man vor allem, wie man vor einer unermesslichen Tiefe steht, vergleichbar mit der Unendlichkeit des Weltalls. Das kann einen erschrecken, aber wer davor nicht zurückschreckt, kann sich selbst wie einen Mikrokosmos erleben. »Erkenne dich selbst« stand über dem Eingang zum Apollotempel in Delphi. Das umfasst mehr als lediglich zu wissen, welche Stärken und Schwächen man besitzt. Der Mensch wird dazu animiert, nach seinem tiefsten Wesen zu suchen.

Ist das eine hoffnungslose Aufgabe? Gespräche mit Dritten über das, was Menschsein eigentlich bedeutet, laufen oft schnell fest oder arten in eine Debatte aus, in der verschiedene konventionelle Meinungen einander gegenübergestellt werden. Das macht manch einen skeptisch, und er findet jedes Gespräch über derartige Fragen von vornherein sinnlos.

In der Vergangenheit suchten und fanden viele Menschen im Glauben und der Religion eine Antwort. Aber in unserer Zeit möchten viele Menschen am liebsten aus eigener Kraft, aus eigenen Erfahrungen und Erlebnissen an diesen Fragen arbeiten. Dabei kommt man allerdings sofort an eine Grenze. Man merkt, dass das normale Instrumentarium der sinnlichen Wahrnehmung, des rationalen Denkens und der gängigen Theorien über den Menschen einem bei der Frage »Wer bin ich?« nur beschränkt hilft. Wir müssen es wagen, diese uns so vertraute Denkweise zu verlassen, wir müssen uns auf unbekanntes Terrain trauen.

Dazu muss man lernen, beim Kleinen, beim scheinbar Unsichtbaren innezuhalten: einer Wahrnehmung, einer Erfahrung, einem Gefühl, das in einem aufsteigt, einem Gedanken oder einer Frage. Es geht darum, diese Dinge ernst zu nehmen, offen zu sein für sie, sie in seine Innenwelt aufzunehmen und dort »zuzulassen«, ohne sie sofort mit Erklärungen oder Urteilen zu belegen. Und es geht darum, geduldig zu sein, weil ein solches Selbsterforschen nicht unmittelbar Resultate bringt, wie es die Naturwissenschaft tut. Diese musste sich auch jahrhundertelang entwickeln, und auch diese Ergebnisse waren anfangs wenig anschaulich und für die Umwelt nur schwer akzeptabel. Rudolf Steiner sagt allerdings, dass eine Blüte uns zwar mehr anspricht als das Samenkorn, aber dieses Samenkorn birgt die Zukunft in sich. Die Blüte jedoch wird bald verwelken.

Obwohl man als moderner Mensch auf diesem Gebiet gern seinen eigenen Weg sucht, ist es sinnvoll, sich ab und zu von Menschen führen zu lassen, die sich hier schon ziemlich gut auskennen. Sie können einem eventuell etwas von ihren Erfahrungen berichten und Hinweise geben, wie man weiterkommt. Diese kann man für sich selbst als Hypothesen annehmen. Man liefert sich diesen Führern nicht aus, sondern geht eine Weile mit ihnen. Man bleibt man selbst und wird kein blindgläubiger Jünger. Es gehört auch Mut dazu, einen anderen ohne Scheuklappen zu begleiten, alle möglichen (Vor-)Urteile, Ideen und Gedanken, die man sich früher gemacht hat, zeitweise ruhen zu lassen und sie nicht als eine Art Mauer einzusetzen, hinter der man sich verschanzt. Heftiger Widerstand, anders vorzugehen, gründet in der Angst, seine Unverwechselbarkeit zu verlieren, wenn man sich darauf einlässt. Das ist aber absolut nicht nötig. Man muss nur darauf achten, wie man selbst innerlich, vor allem mit seinem Gefühl, auf diese neuen Gedanken reagiert. Spürt man nach einer gewissen Zeit Begeisterung, bekommt man Lust weiterzumachen oder verliert man das Interesse, wird es trocken, langweilig. Möchte man eigentlich nicht weitergehen? Mit anderen Worten: Lässt das Neue in einem etwas keimen, oder treibt es keine Wurzeln und stirbt ab. Mit dieser Einstellung kann man von Führern profitieren und mit ihrer Hilfe auf unbekanntem Terrain weiterkommen, ohne sich selbst zu verlieren. Noch mehr: Es macht einen stärker.

Im Weiteren wollen wir aus unserem Blickwinkel auf die Frage eingehen: »Wer bin ich?« Es ist eine Einladung, gemeinsam mit uns zu schauen und dadurch einen eigenen Standpunkt zu entwickeln. Wir wurden dabei vor allem von der »Wissenschaft des Geistes« inspiriert, für die Rudolf Steiner im ersten Viertel dieses Jahrhunderts die Grundlagen gelegt hat und der er den Namen Anthroposophie gab.

Körper, Seele und Geist

In der Sichtweise, die wir im Folgenden darlegen, wird der Mensch als dreigliedriges Wesen gesehen, nämlich als ein körperliches Wesen, ein psychisches oder Seelenwesen und ein geistiges oder spirituelles Wesen. Man kann den Menschen in spiritueller Hinsicht noch anders, verfeinerter betrachten, aber dieses dreiteilige Menschenbild ist das elementarste.

Ich bin ein körperliches Wesen

»Wer bin ich?« Ich stelle mich vor den Spiegel und betrachte mich. »Das bin ich also. Diese Nase, Ohren, das Haar, die Arme, Beine und Schultern.« Manche Kinder können endlos vor dem Spiegel stehen, immer neue Gesichter und Grimassen schneiden, zufrieden oder unzufrieden mit dem sein, was sie dort sehen. Und auch später noch. Der Kabarettist Toon Hermans fragt, ob man nicht auch die Situation kennt, dass man eine Zeitlang sein eigenes Gesicht betrachtet, um sich endlich mit einem »Bäh« aus tiefster Seele abzuwenden. Manchmal kann man sein eigenes Gesicht nicht ausstehen.

Unser Kopf, und vor allem das Gesicht, ist das Allerindividuellste an uns. Er ist am stärksten ausgeformt. Dort sind wir als Individuum am meisten erkennbar, von allen anderen Menschen zu unterscheiden. Aber auch der restliche Körper ist einzigartig, wenn es auch weniger auffällt. Man denke nur an die Fingerabdrücke auf Personalausweisen. Die Forschung hat nachgewiesen, dass auch unsere Organe sehr individuell sind: Herz, Leber, Nieren, usw., selbst die einzelne Zelle. Am Gebiss kann man Menschen noch nach langer Zeit identifizieren.

Auch die Art unserer Bewegung ist äußerst individuell: wie wir gehen, die Gebärden der Hände usw. Vor allem in spontanen Situationen, nicht eingeübt wie das Marschieren beim Militär. In seinen Bewegungen wird man anders sichtbar als in seinem Gesicht. Manchmal spürt man, wie sichtbar und dadurch verletzlich man ist, beispielsweise, wenn man sich bewegt und andere einen dabei beobachten. Sich selbst auf einem Video zu sehen, kann daher sehr konfrontierend sein.

Unser Körper hat auch eine Vorder- und eine Rückseite. Die Vorderseite hat einen »offenen« Charakter, ist der Welt zugewandt. Die Rückseite ist »geschlossen« und von der Welt abgewandt.

Wir beschäftigen uns nur selten mit dem Wunderwerk unseres Körpers. Der Bau des Skeletts, die Funktion der Verdauung, der Atmung und des Kreislaufs, das Arbeiten der Sinne, der Nerven und des Hirns, das alles zeugt von einer beeindruckenden Weisheit, von der wir erst einen Bruchteil begreifen. Wir sind uns unserer Körperfunktionen fast nicht bewusst. Die Nahrung wird verdaut, ins Blut aufgenommen und wieder abgegeben, ohne dass wir etwas davon spüren. Und so geht es mit zahllosen Prozessen in unserem Körper. Durch die Medizin und die Biologie verfügen wir über ein Wissen von der »Außenseite«, aber von innen heraus wissen wir über unseren Körper eigentlich noch nichts.

Durch sportliches Training kann man seinen Körper besser kennen lernen, aber auch, indem man mehr darauf achtet, was der Körper »einem sagen will«. Indem man die Signale, die er sendet, beachtet und gegebenenfalls sein Verhalten darauf abstimmt, kann man der Eigenheit des Körpers gerecht werden.

Durch unseren Körper sind wir an die Erde gebunden. Er ist aus irdischen Stoffen aufgebaut, die »in Form« gehalten werden, solange wir leben, und nach dem Tod, wenn uns die formende Kraft verlassen hat, auseinanderfallen und wieder von der Erde aufgenommen werden. Dann ist der Körper, verlassen von den anderen Teilen unseres Wesens, den Naturgesetzen unterworfen wie alle anderen irdischen Stoffe.

Ich bin ein sozial–psychologisches Wesen

Wir Menschen haben eine Seele, das heisst: eine Innenwelt. Wir haben Gedanken und Meinungen, Gefühle und Leidenschaften, Wünsche und Begierden. Dennoch ist es für viele Menschen heutzutage ziemlich aufwendig, seine Innenwelt kennen zu lernen.

Roberto Assagioli, der Begründer der Psychosynthese, einer modernen Strömung der Psychotherapie, schreibt im Vorwort eines seiner Bücher, dass ein Mensch aus dem alten Ägypten, würde er plötzlich in unsere Zeit versetzt, zuerst völlig verwundert über das wäre, was der moderne Mensch alles vermag: über Radio und Fernsehen, unsere Flugzeuge und Raketen, unser medizinisches Wissen und Können. Aber wenn er sich von der Verblüffung erholt hätte, würde er verwundert Mund und Nase aufsperren über die fast totale Unwissenheit dieses modernen Zauberers über das, was in seiner Seele vor sich geht. Es ist dann auch nicht verwunderlich, dass die Frage »Wer bin ich eigentlich?« sich für viele Menschen unserer Zeit auf dieses Gebiet zuspitzt. In Therapien und Trainings wird versucht, die eigene Innenwelt kennen zu lernen. Man braucht dazu den anderen, der einen spiegeln oder mit sich selbst konfrontieren kann.

Obwohl die Seele unsere persönliche Innenwelt ist, kann man sie nicht unabhängig von der Außenwelt sehen, mit der sie in ständiger Wechselbeziehung steht.

Durch Wahrnehmen und Denken holen wir die Außenwelt sozusagen in uns hinein. Wir sammeln Eindrücke, machen uns Gedanken und bauen Denkmodelle, die in unserer Innenwelt die Außenwelt widerspiegeln. Es ist eine Bewegung von außen nach innen.

Dem steht der Wille in seiner ganzen Vielfalt von Variationen gegenüber, mit Instinkten, Launen und Begierden, aber auch Sehnsüchten, Vorhaben und Motiven. Aus inneren Impulsen heraus, die zu Handlungen führen, wird die Außenwelt ergriffen und in Bewegung gebracht. Beim Willen geht es um eine Bewegung von *innen nach außen.*

Das Gefühlsleben ist eine Zwischenzone zwischen Denken und Wollen. Durch das Gefühl stehen wir in ständiger Verbindung zur Außenwelt. Gefühle können sehr heftig und intensiv sein oder kaum für einen selbst spürbar. Man kann sie in zwei Grundrichtungen einteilen: Gefühle der Sympathie, mit der Neigung, sich mit der Außenwelt zu verbinden, und Gefühle der Antipathie mit der Tendenz, Abstand zur Außenwelt zu wahren oder sich ihr sogar zu verschließen. Beide Ausrichtungen sind wesentlich für den Menschen. Er muss sich mit der umgebenden Welt verbinden, gewissermaßen ein wenig darin aufgehen können. Aber er muss auch Distanz dazu gewinnen und auf eigenen Beinen stehen können. Letzteres ist sogar notwendig, um denken und urteilen zu können. Das Gefühlsleben ist der Bereich, den man als den intimsten ansieht, dem eigenen Selbst am nächsten. Man wird von anderen als authentisch oder echt erlebt, wenn die Gefühle mit den Äußerungen mitschwingen, wenn man zeigt, wie man sich fühlt.

Der griechische Philosoph Platon nannte Denken, Fühlen und Wollen die drei Seelenpferde, die den Wagen des Menschseins ziehen. Man sollte versuchen zu verhindern, dass eines dieser Pferde die Führung übernimmt, wodurch die beiden anderen nicht mehr zu ihrem Recht kommen würden. Nach Plato ist das die Aufgabe des Wagenlenkers, der die drei Pferde im Zaum halten und lenken muss.

In Platons Philosophie ist dieser Wagenlenker das menschliche Ich, das man also nicht mit Denken, Fühlen und Wollen identifizieren darf. Das Ich ist ein geistiges Wesen, das über der Seele steht.

Der Doppelgänger – ein Intermezzo

Ehe wir den Menschen als geistiges Wesen betrachten, wollen wir auf ein Hindernis hinweisen, dem man bei der Untersuchung seiner Innenwelt begegnet: der Konfrontation mit dem eigenen »Doppelgänger«. Man trifft sozusagen ein Wesen, das das Gegenbild zu dem ist, der wir eigentlich sein möchten. Es ist ein negatives Selbstbild, vor dem man sich sogar ekeln kann. Man sieht z.B., wie klein und unbedeutend man ist, seine geheimen Gedanken oder unbeherrschten Leidenschaften und Begierden, seine innere Leere oder Lieblosigkeit, und man erlebt schmerzhaft die Diskrepanz zwischen »wer man wirklich ist« und dem, wie man sich nach außen darstellt: »Wenn die wüssten, wer ich wirklich bin!« Außerdem hat man die Gewissheit, dass dieses Selbstbild real ist und nicht eine vorübergehende düstere Stimmung.

Die Konfrontation mit dem eigenen Doppelgänger lässt einem eine Reihe negativer Eigenschaften und Qualitäten bewusst werden, die zusammen gewissermaßen eine Gestalt bilden. Man erkennt: Sie gehört zu mir. Vorher hat man diese Gestalt verdrängt und sich selbst so gesehen, wie man sich nach außen hin gab. Oft ist es so, dass andere Menschen Anteile dieses Doppelgängers früher und besser erkennen als man selbst.

In Konfrontationen und Konflikten, aber auch in Beurteilungsgesprächen werden diese Eindrücke ausgesprochen. Die erste Reaktion ist meist Verteidigung und Widerspruch. Man erkennt sich selbst nicht in dem, was einem der andere vorhält. Natürlich ist das Bild nicht völlig klar, weil der Doppelgänger des anderen mit im Spiel ist. Vor allem bei Konflikten hat man oft mit den gegenseitigen Doppelgängern zu tun.

Es ist wichtig, seinen Doppelgänger ernst zu nehmen; man darf sich aber nicht mit ihm identifizieren. Er gehört zwar zu einem, aber man hat ja auch andere Seiten. Bernard Lievegoed sagte des Öfteren: »Wo Schatten ist, da ist auch Licht.« Wenn man also seinen eigenen Schatten erlebt, kann man gewiss sein, dass es auch eine Lichtseite gibt.

Die Konfrontation mit dem Doppelgänger lädt noch einmal zur Untersuchung der Frage »Wer bin ich?« ein. Aber wie kann ich das untersuchen? Wenn ich sage: »Ich frage mich ...«, wer fragt dann eigentlich?

Ich bin ein geistiges Wesen

Damit sind wir beim dritten Teil unseres dreiteiligen Menschenbildes angekommen: beim Ich oder dem geistigen Wesenskern des Menschen. Das Wort »ich« bezieht sich nur auf einen einzigen Menschen, und das bin ich selbst. Das Ich oder das Selbst wird sowohl in der wissenschaftlichen wie der populärwissenschaftlichen Literatur in unterschiedlichster Form beschrieben. Es wird von fast jedem als das in uns gesehen, in dem wir einzigartig sind, in dem das »Anderssein als alle anderen Menschen« zum Ausdruck kommt. Manche sehen das Ich als das einzigartige Resultat aller Kräfte, die aus Anlage und Umgebung stammen.

In unserer Sichtweise ist das Ich nicht etwas, das sich irgendwie aus den vorher beschriebenen Dimensionen des Menschen ergibt, sondern etwas, das als vollkommen neues Element hinzukommt und Körper und Seele stark beeinflusst. Dabei muss man zwischen dem Alltags-Ich und dem höheren Ich unterscheiden.

Das Alltags-Ich ist es, das die Einkäufe erledigt und z.B. sagt: »Ich fühle mich heute nicht gut« oder »Das Fußballspiel hat mir gar nicht gefallen«. Das höhere Ich gibt dem Leben Sinn und Richtung, richtet das Leben auf Werte und Ideale aus und trägt schließlich die eigene moralische Haltung.

Der Einfluss des höheren Ichs kann im Lauf des Lebens erstarken. Manchmal ist sein Einfluss noch sehr gering, und man wird so mit der Art seines Lebens tatsächlich ein Produkt seiner Veranlagung und Umwelt. Durch das Ich unterscheidet sich der Mensch allerdings auch vom Tier, das mit seinen Anlagen und seiner Umwelt eins ist. Je aktiver das Ich im Leben wird, desto stärker wird es auch, desto mehr kann es sich gegen Veranlagung und Umwelt stellen, und sein lenkender Einfluss auf das Leben wird größer.

Das Arbeitsfeld des Ich ist die Seele, und in der Seele verbindet sich das Ich mit dem Willen. Das menschliche Ich ist ein Willenswesen, anders gesagt: In seinem Wollen kann man sein Ich kennen lernen.

Wir haben bereits darauf hingewiesen, dass in Transitions- und Krisensituationen stark an das Ich appelliert wird. In solchen Situationen kann man sich seines Ichs bewusst werden. Dann kann man spüren, dass man in einer tieferen Wirklichkeit als dem Denken, Fühlen und Wollen seine Wurzeln hat. Man erlebt dann, dass Geisteskraft in einem wirkt und dass das Ich die Führung übernimmt und Platons Seelenpferde lenkt. Aber nicht nur in Krisenmomenten, auch in sogenannten Gipfel- oder Toperfahrungen kann man die Qualität einer geistigen Welt erleben, die in einem wirkt. Und schließlich ist es durch

Übung und Schulung möglich, die Verbindung mit dem höheren Ich auch im Alltagsleben zu verstärken.

Noch einmal Körper, Seele und Geist

Körper, Seele und Geist sind keine voneinander getrennten Bereiche im Menschen. Sie durchdringen sich intensiv. Das Ich wirkt auf die Seele ein. Es kann das Denken schulen und leiten, das Gefühlsleben objektivieren und zu einem Wahrnehmungsorgan umgestalten und das Willensleben läutern und auf überpersönliche Ideale richten. In der Seele können auch Störungen auftreten und so dem Ich den Zugang verwehren. Dann wird der Mensch »geisteskrank«. Eigentlich ist das eine falsche Bezeichnung, weil der Geist oder das Ich nicht krank sein können. Es kann lediglich seinen steuernden Einfluss nicht mehr oder nur noch unvollkommen geltend machen.

Der Körper ist eng mit der Seele verwoben. Alle möglichen psychischen Einflüsse wirken auf den Körper ein und können ihn sogar krank machen, wie man an den psychosomatischen Krankheiten sieht. Die Behandlung des körperlichen Leidens allein zeigt nur ungenügende Wirkung, wenn nicht auch die psychischen Faktoren behandelt werden.

Durch unseren Körper äußern sich die beiden höheren Teile unseres Wesens. »Die Augen sind die Pforten der Seele«, sagt man. In unserer Haltung und Bewegung zeigt sich unser individuelles Wesen.

Diese drei Teile des Menschen kann man nicht trennen, höchstens unterscheiden. Die Unterscheidung kann freilich helfen, sich selbst und andere besser wahrzunehmen.

Karma und Reinkarnation

Die Frage »Wer bin ich?« gehört zu den Fragen, auf die sich nie eine definitive Anwort einstellt, durch die aber immer wieder neue Fragen aufgeworfen werden. So kann etwa die Erkenntnis der lenkenden Funktion des Ich direkt die Frage auslösen, weshalb dieses mein Leben so und nicht anders lenkt. Denn es geschieht doch vieles im Leben, was man nicht möchte, was einen zu überfallen scheint. Und andere Dinge, die man dann gern möchte, passieren nie. Man sagt manchmal: »Ich habe nicht darum gebeten, entlassen zu werden« oder »Ich muss nicht unbedingt ständig mit meinen Chefs Ärger bekommen.« Manchmal sagt man auch, wie das Leben verläuft, sei eben Schicksal. Aber was ist denn genau das Schicksal?

Viele moderne Auffassungen über den Menschen und sein Schicksal auf Erden beziehen sich auf traditionelle und zeitgenössische östliche Weltanschauungen, in deren Zentrum die Lehre von Karma und Reinkarnation steht. Der Mensch wird dort als ein Wesen gesehen, das bereits eine Reihe von Leben hinter sich und noch viele vor sich hat. Heute wundert sich niemand mehr darüber, anders als noch vor dreißig Jahren. Man spricht und schreibt in aller Offenheit darüber. Es gibt die verschiedensten Trainings und Therapien, in denen Menschen unter Anleitung nach ihren Wurzeln in früheren Leben suchen. Rudolf Steiner griff in der Anthroposophie die Lehre von Karma und Inkarnation wieder auf und verknüpfte sie mit dem Christentum. Er entwickelte darüber hinaus geisteswissenschaftliche Methoden zur Forschung auf diesem Gebiet.

In dieser Betrachtungsweise ist der Wesenskern des Menschen, das Ich, geistiger Natur, d.h. mit einer göttlich-geistigen Welt verbunden und stammt auch von dort. Das Wort »Inkarnation« (Fleischwerdung) weist darauf hin, dass das Ich sich mit einem Körper verbindet, mit dem es auf Erden leben kann. In der geistigen Welt ist seine Entwicklung nämlich an einem vorläufigen Endpunkt angelangt. Zur Weiterentwicklung braucht es ein neues irdisches Leben. In diesem Leben will das Ich bestimmte Erfahrungen machen. Um das zu ermöglichen, bereitet das Ich sein kommendes Erdenleben sorgfältig vor. Dies tut es aber nicht allein. Auch in der geistigen Welt ist das Ich mit anderen Menschen verbunden, mit denen es sozusagen Vereinbarungen für seine nächste Erdenperiode trifft. Auch andere geistige Wesen sind an der Vorbereitung beteiligt, zu der als ein wichtiger Teil die Gestaltung des künftigen Körpers gehört. Das Ich des Menschen ist ein Willenswesen, es entscheidet sich für dieses kommende Leben, es hat etwas damit vor. Es hat allerdings bei seiner Ankunft auf der Erde, wenn der Mensch geboren wird, diesen vorgeburtlichen Plan »vergessen«. Aber das Ich lenkt dennoch das Leben, einerseits aus den unbewussten Tiefen des physischen Körpers und andererseits aus dem »sozialen Körper«, der menschlichen Gemeinschaft und den Begegnungen mit anderen.

Man ist sich dieses Geführtwerdens durch das Ich nicht bewusst. Für das normale Alltagsbewusstsein ist das, was einen im Leben »überkommt«, meist unbegreiflich. Es sieht oft ganz und gar nicht nach eigener Entscheidung aus, im Gegenteil, man leidet darunter oder wehrt sich heftig dagegen. Es ist jedoch nicht unmöglich, dass gerade dieser Widerstand gewollt war, dass sich dadurch etwas in einem entwickelt, was man sich selbst im vorgeburtlichen Dasein vorgenommen hat.

Man kann etwas von dieser Lenkung bemerken, wenn man auf seinen Lebenslauf zurückblickt. Vor allem das »Lebensthema« kann ein Hinweis auf die wegweisenden Beschlüsse sein, die diesem irdischen Dasein zugrunde liegen.

Bisher haben wir in dieser Betrachtung über Reinkarnation und Karma nur Geist (Ich) und Körper behandelt. Welchen Platz hat dann die Seele?

Die körperliche und die geistige Dimension bilden im Menschen eine Polarität. Bei einer Polarität sind die beiden Pole so miteinander verbunden, dass der eine Pol nicht ohne den anderen existieren kann und dass sie einander durchdringen, wie Licht und Dunkelheit.

Die Kräfte, die aus dem Körper und dem Ich wirken, treffen im Mittelbereich aufeinander und bilden dort die Innenwelt, die Seele. Die Seele selbst enthält auch wieder viele Polaritäten, wie Denken und Wollen, Liebe und Hass, Sympathie und Antipathie, Freude und Kummer usw. In der Seele kann man manchmal sogar schmerzlich die Polarität zwischen Körper und Geist spüren, z.B. zwischen seinen Idealen und Werten einerseits und den Begierden und Forderungen des Körpers andererseits.

So sagt Goethes Faust:

> Zwei Seelen wohnen, ach! in meiner Brust,
> Die eine will sich von der andern trennen;
> Die eine hält in derber Liebeslust
> Sich an die Welt mit klammernden Organen;
> Die andre hebt gewaltsam sich vom Dust
> Zu den Gefilden hoher Ahnen.

Es sind nicht nur die Kräfte aus dem Körper und dem Ich, die gestaltend auf die Seele einwirken. Auch die Kräfte aus der Außenwelt und vor allem die Beziehungen zu anderen Menschen beeinflussen die Seele in hohem Maße. Genau genommen verdanken wir die Entwicklung, die wir hier auf Erden durchleben, zu einem Großteil anderen Menschen. Es ist eigentlich eine Illusion zu glauben, man habe sich selbst zu der Person entwickelt, die man jetzt ist. Man war höchstens offen für das, was die Umwelt an einen herantrug. Auch wir selbst wirken wieder auf die Entwicklung anderer ein, wenn wir uns im Allgemeinen auch nicht darüber im Klaren sind, wann und wie das geschieht. Was wir gegenseitig zu unserer Entwicklung beitragen, findet seinen Ursprung in den »Vereinbarungen«, die wir vor der Geburt in der geistigen Welt getroffen haben. Bei dieser Betrachtungsweise erscheinen die Beziehungen, die man Zeit seines Lebens mit anderen Menschen eingeht, in einem anderen Licht, auch die Beziehungen am Arbeitsplatz, zu Kollegen, zur Geschäftsleitung, zu Mitarbeitern oder Kunden. Nicht nur die Menschen, die einem sympathisch sind, können wichtig für einen sein, sondern auch die Menschen, die es einem schwer machen oder einem sogar Schmerz bereiten.

Man kann diesen Menschen aus dem Weg gehen und damit einen Teil seines Entwicklungspotentials (vorläufig) ungenutzt lassen, aber man kann die Herausforderung auch annehmen und herausfinden, welchen persönlichen Entwicklungsschritt diese Beziehung von einem verlangt. In dieser Hinsicht kann man in diesem Leben eine eigene Entscheidung treffen.

Während der Kinder- und Jugendjahre kommt parallel zur körperlichen Entwicklung die Seele langsam zum Vorschein. Wenn der Körper ausgewachsen ist, setzt sich die Entwicklung der Seele fort, jetzt direkt vom Ich gesteuert, das vorher über den »sozialen Körper« Einfluss genommen hat.

Während des Erdenlebens ist die Seele also das eigentliche Arbeitsfeld des Ich und der Bereich, in dem sich unsere Entwicklung vollzieht. Nach dem Tod nimmt das Ich die Früchte dieser Entwicklung der Seele in sich auf.

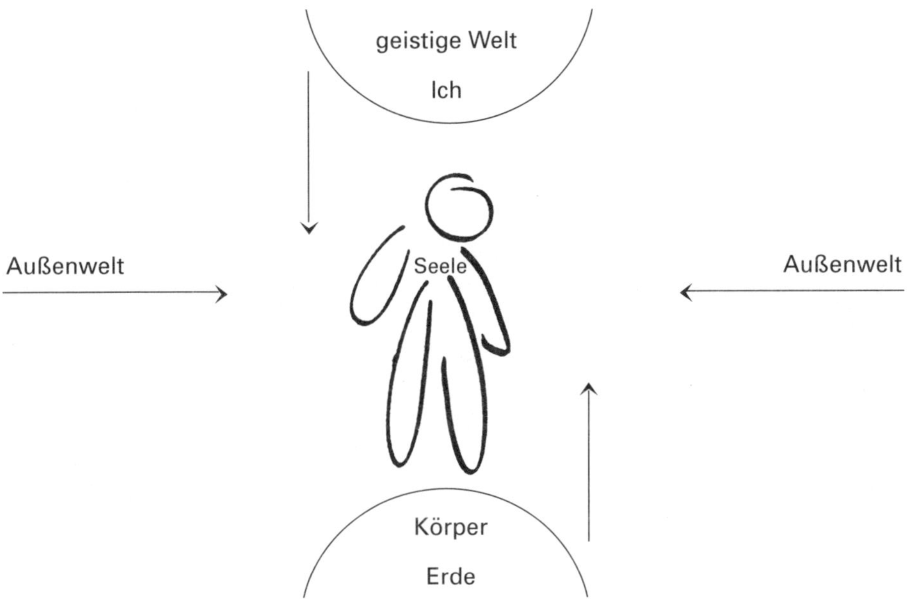

Irgendwann ist das irdische Leben zu Ende. Der Mensch stirbt. Das muss sein, weil die Entwicklung, die man auf Erden durchlebt, unvermeidlich einseitig und beschränkt ist. Man kann nicht in einem Leben Mann und Frau zugleich sein, Europäer und Chinese, Bettler und Ministerpräsident. Für jeden Menschen gibt es unzählige Bereiche, die er in diesem Leben vernachlässigen muss. Das Sterben ermöglicht wieder eine neue Entwicklung. Der physische Körper bleibt zurück und wird wieder eins mit der Erde. Das Seele-Geistwesen, das aus dem physischen Körper befreit ist, setzt sein Sein in der geistigen Welt fort, in der die Erfahrungen der Seele vom Ich verarbeitet und zur Vorbereitung des nächsten Erdenlebens verwendet werden.

Der vorgeburtliche Plan und die Entscheidungen, die man dafür trifft, hängen eng mit den Ergebnissen der früheren Leben zusammen. Hat man sich im vergangenen Leben z.B. wenig für die Außenwelt und andere Menschen interessiert, dann wird man das im nächsten Leben nachholen, notfalls durch schmerzhafte Erfahrungen. Dieser Zusammenhang zwischen den aufeinanderfolgenden Leben wird Karma genannt.

Unsere Taten, Gefühle und Gedanken aus früheren Leben, und vor allem deren Auswirkungen auf uns und unsere Umwelt, wirken bis in dieses Leben weiter. Ebenso hat das, was wir in diesem Leben tun, Folgen für weitere Leben. Diesen Zusammenhang kann man mit einem ähnlichen in unserem Alltagsleben vergleichen. Wenn man morgens aufsteht, ist der Tag kein unbeschriebenes Blatt. Man nimmt den Faden wieder auf, der am vorhergehenden Tag liegen geblieben war, und man wird konfrontiert mit den Folgen seines Tuns aus den vorangegangenen Tagen oder weiter zurückliegenden Zeiten. Gleichzeitig tut man an einem solchen Tag wieder etwas, das sich auf die Zukunft auswirkt.

Ist man in dieser Sichtweise während des irdischen Lebens überhaupt noch ein unabhängiger Mensch in seinem Erdenleben? Die Umstände, in die wir geraten, und die Begegnungen mit Menschen werden sehr stark vom Karma vorherbestimmt, d.h. von den Entscheidungen, die wir selbst in der geistigen Welt gefällt haben. Das Karma trägt die Fakten in unser Leben. Unsere Freiheit liegt darin, wie wir mit diesen Fakten umgehen, und was wir daraus machen.

Die Suche nach der Antwort auf die Frage »Wer bin ich?« kann nicht ohne einen Blick auf die umfassenden Entwicklungsprozesse der Menschheit und der Welt abgeschlossen werden. Auch die Menschheit als Ganzes macht einen Entwicklungsprozess durch, in dem verschiedene Stadien und Epochen zu unterscheiden sind. Göttlich-geistige Wesen haben lange Zeit diese Entwicklung gelenkt. Sie haben sich jedoch allmählich zurückgezogen und der Menschheit selbst die Steuerung überlassen. Als individueller Mensch hat man Anteil an dieser Menschheitsentwicklung. Jeder Mensch, der in der heutigen Zeit geboren wird, ist z.B. den Einflüssen des quantitativen naturwissenschaftlichen Denkens unterworfen, aber auch der Diskussion, die in den letzten Jahren von dieser Denkweise ausgelöst wurde. Außer unserem eigenen individuellen Karma haben wir also auch teil am Menschheitskarma. Wir sind Kinder dieser Zeit. Der Zeitgeist bewirkt, dass wir in dieser Inkarnation Erfahrungen machen, die wir nie zuvor gemacht haben und auch in den folgenden Inkarnationen nicht wieder machen werden. Denn im Allgemeinen findet eine nächste Inkarnation erst wieder statt, wenn sich die Umstände auf der Erde grundlegend verändert haben.

Wir sind also Zeitgenossen und Schicksalsgefährten aller Menschen, die heute auf dieser Erde leben. Wir sind dem Zeitgeist ausgesetzt, können aber gleichzeitig an den Entwicklungsaufgaben des Zeitalters mitarbeiten, in dem wir leben. Es ist wichtig, diese Entwicklungsaufgabe zu erkennen und dazu ein eigenes Verhältnis zu finden, weil der Sinn des Daseins auf Erden nicht nur in einem selbst und der eigenen Entwicklung liegt, sondern auch in dem Wert, den die eigene Existenz für andere und für die Entwicklung der Welt hat. Jeder von uns ist für das Ganze mitverantwortlich.

Im Entwicklungsprozess der Menschheit geht es buchstäblich darum, die Liebe zur vollen Entfaltung zu bringen. Die Erde muss zu einem Planeten der Liebe werden! Von diesem Ideal sind wir noch ungeheuer weit entfernt. Wir können uns kaum ein Bild davon machen, was das bedeutet. Vieles von dem, was wir Liebe nennen, ist verkappter Egoismus. Wirkliche Liebe hat nichts mit Sentimentalität, Schwärmerei oder Liebsein zueinander zu tun. Liebe ist eine Schöpfungskraft, vergleichbar der Sonne, die durch ihr Licht und ihre Wärme Keime wachsen lässt und die Natur zum Leben erweckt. Die Liebe ist eine moralische Sonne, die im Menschen neues Leben wecken und die Erde erneuern kann. Wir meinen, dass Christus mit seinem Leben und Sterben die Liebe als höchstes Ideal sichtbar und erlebbar gemacht hat. So hat ein hohes göttliches Wesen der Menschheit die Möglichkeit gegeben, dass die Liebe auf Erden letztendlich siegen kann. Aber die Menschheit wird das aus freiem Willen in die Tat umsetzen müssen. Es gibt noch viel zu tun!

Anhang
Schemata

Schema 1: Bisheriger Ertrag

	Arbeit	Privat
Was kann ich bereits? Erfahrung		
Fähigkeiten		
Was brauche ich? Geistig		
Menschlich		
Körperlich		
Materiell		
Welche Herausforderung suche ich?		

Datum: Schema zu Aufgabe 24

Mein *Lebensthema* ist:

Die drei wichtigsten *Arbeitsthemen* sind:

Meine *Inspirationsquellen* sind:

Meine *Grundwerte* sind:

Die *zentrale Frage* für meine Zukunft lautet:

Schema 2: Ergebnisse der Zukunftsuntersuchung

Meine *zentrale Frage* für die Zukunft lautet:

Meine *Vision* ist:

Die Art, *wie ich entscheiden möchte,* ist:

Datum: Schema zu Aufgabe 35

Mein *Szenario* ist:

Die *Bereiche, um die ich mich kümmern muss,* sind:

Der *Weg, den ich gehen will*, ist:

Schema 3: Beim Handeln lernen

(Geplante) Schritte	Wenn nicht ausgeführt, was hat mich davon abgehalten
1	
2	
3	
4	
5	
6	
7	

Datum: Schema zu Aufgabe 36

Wenn ausgeführt: Auswirkungen auf andere	Wenn ausgeführt: Auswirkungen auf mich selbst oder meine Erfahrungen dabei

Literaturhinweise

Ich und meine Arbeit

Bridges, William, *Ich & Co. Wie man sich auf dem neuen Arbeitsmarkt behauptet,* Frankfurt/M. 1996

Fintelmann, K., *Die Mission der Arbeit im Prozess der Menschwerdung,* Stuttgart 1992

Zwart, C., *Op zoek naar een nieuwe cultur van de arbeid,* Rotterdam 1992

Lebensphasen und Arbeit

Levinson, D.J. e.a., *Tijdperken in het leven van de man,* Baarn 1980.

Lievegoed, B.C.J., *Lebenskrisen – Lebenschancen. Die Entwicklung des Menschen zwischen Kindheit und Alter,* München [9]1992

Washbourn, P., *Fasen in het leven van de vrouw,* Rotterdam 1985.

Krise und Transition im Lebenlauf

Bridges, William, *Transitions. Making sense of life's changes,* Reading 1980

Kübler-Ross, Elisabeth, *Sterben lernen, Leben lernen. Fragen und Antworten,* Güllesheim [2]1995

Spencer, Sabina A. /Adams, John D., *Life changes, growing through personal transitions,* San Luis Obispo, Kalifornien 1992

Menschen betrachten

Steiner, Rudolf, *Praktische Ausbildung des Denkens,* Dornach 1993

Steiner, Rudolf, *Grundlinien einer Erkenntnistheorie der Goetheschen Weltanschauung,* Dornach [7]1979

Wer bin ich?

Lievegoed, B.C.J., *Lebenskrisen – Lebenschancen. Die Entwicklung des Menschen zwischen Kindheit und Alter,* München [9]1992

Steiner, Rudolf, *Theosophie,* Dornach [31]1987

Geburt und Tod

Kübler-Ross, Elisabeth, *Über den Tod und das Leben danach,* Güllesheim [23]1996

Steiner, Rudolf, *Unsere Toten,* Dornach [2]1984

Das Gespräch

Brink, Margreet van den, *Verkwikkender dan licht. De werking van Christus in ontmoeting en gesprek,* Zeist 1994

Carp, E.A.D.E., *Het werkelijke gesprek,* Lochem 1974

Lefébure, Marcus, *Conversations on Counselling between a doctor and a priest. Dialogue and Trinity,* Edinburgh 1982

Literaturhinweise

Unternehmen im Lebenslauf

Meer, Annemarie van der e.a., *Levenswerk. Stuurmanskunst in de levensloop*, Zeist 1993

Steiner, Rudolf, *Wie erlangt man Erkenntnisse der höheren Welten?* Dornach [24]1993

Lernen durch Handeln

Peetoom, Tom, *Leren in organisaties*, Assen 1995

Senge, Peter M., *Die fünfte Disziplin. Kunst und Praxis der lernenden Organisation*, Stuttgart [3]1996

Weitere Literatur

Adama van Scheltema, H. e.a., *Kijk op arbeid*, Leiden 1984

Andriessen, H.C.I., *Volwassenheid in perspektief. Inleiding tot de psychologie van de volwassen levensloop*, Assen 1991

Agyris, Chris, *Mens en organisatie in het bedrijf*, Utrecht 1964

Assagioli, Roberto, *Psychosynthese. Handbuch der Methoden und Techniken*, Reinbek o.J.

Beckhoven, Geert van, *Beter naar een nieuwe baan*, Houten/Zaventem 1992

Biographiearbeit (Flensburger Hefte 31), Flensburg 1990

Biographiearbeit II. Grundlagen, Praxis, Ausbildungen (Flensburger Hefte, Sonderheft 10), Flensburg 1992

Boerlijst, J.G. e.a., *Veertig-plussers in de onderneming*, Assen/Maastricht 1993.

Bolles, Richard Nelson, *Tausend geniale Bewerbungstips. Stellensuche richtig vorbereiten*, München [6]1993

Bos, A.H. e.a., *Leven met afhankelijkheden*, Zeist 1978

Bos, A.H., *Oordeelsvorming in groepen*, Wageningen 1974

Buytendijk, F.J.J., *Aandenken. Bezinning over de levensloop*, Baarn 1980

Burkhard, Gudrun, *Das Leben in die Hand nehmen. Arbeit an der eigenen Biographie*, Stuttgart [5]1995

Condé, Maryse, *Ségou*, Amsterdam 1991

Dam, Joop van, *Omgaan met je levenslot*, Zeist 1988

Doorn, Manfred van, *Karma als Lebenskunst*, Dornach 1993

Erikson, E.H., *Identität und Lebenszyklus*, Frankfurt [15]1995.

Evans, P. e.a., *Wordt succes (te) duur betaald?*, Alphen a/d Rijn 1981.

Fintelmann, K., *Die Mission der Arbeit im Prozess der Menschwerdung*, Stuttgart 1992

Frankl, Viktor E., *Ärztliche Seelsorge. Grundlagen der Logotherapie und Existenzanalyse*, Wien [10]1982

Frankl, Viktor E., *Trotzdem Ja zum Leben sagen*, München [6]1994

Gerhard, Ida, *Verzamelde gedichten*, Amsterdam 1985

Goethe, J.W., *Das Märchen*, Stuttgart [3]1995
Gombrich, E.H., *Die Geschichte der Kunst. Frankfurt [16]1996*
Gowing, Lawrence, *Cézanne, The Early Years (1859–1872)*, London 1988
Groot, Arjen F. de, *Kunstenaars over kunst*, Soest 1986
Guardini, R., *Die Lebensalter. Ihre ethische und pädagogische Bedeutung*, Mainz o.J.
Haak, Bob, *Rembrandt, zijn leven, zijn werk, zijn tijd*, Den Haag 1982
Hesse, Hermann, *Mit der Reife wird man immer jünger*, Frankfurt a.M. 1990
Hesse, Hermann, *Jedem Anfang wohnt ein Zauber inne*, Frankfurt a.M. 1991
Hopson, Barrie e.a., *Build your own rainbow. A workbook for career and life management*, Leeds 1984
Jiménez, Juan Ramon, *Stein und Himmel. Gedichte*, Stuttgart [2]1988
Johanson, I., *Christuswirken in der Biographie*, Stuttgart 1992
Jung, C.G., *Die Beziehungen zwischen dem Ich und dem Unbewussten*, München 1997
Kast, Verena, *Der schöpferische Sprung. Vom therapeutischen Umgang mit Krisen*, Düsseldorf [6]1987
Korteweg, H., *Nog vele jaren. De symboliek van elk levensjaar*, Cothen 1992
Kuiper, P.C., *Ver heen*, Den Haag 1988
Kwant, R.C., *Filosofie van de arbeid*, Antwerpen 1964
Lauenstein, Dieter, *Der Lebenslauf und seine Gesetze*, Stuttgart [5]1985
Leber, S. u.a., *Arbeitslosigkeit. Ursachen und Auswege*, Stuttgart 1984
Lefébure, Marcus u. Schauder, Hans, *Counselling*, Zeist 1995
Locher, Kees, *Ontdekkend en ervarend leren*, NPI-Bulletin, Zeist 1986
Mastenbroek, Mark, *Licht op Rembrandt*, Zeist 1993
Meer, H. van der, *Biografische schetsen*, Amsterdam 1990
Min, Neeltje Maria, *Voor wie ik liefheb wil ik heten*, Den Haag 1966
Moers, Martha, *Die Entwicklungsphasen des menschlichen Lebens. Eine psychologische Studie als Grundlage der Erwachsenenbildung*, Ratingen o.J.
Moody, Raymond A., *Leben nach dem Tod. Die Erforschung einer ungeklärten Erfahrung*, Reinbek 1996
Mulisch, Harry, *Mijn getijdenboek*, Amsterdam 1985
Pedler, M., *Managing yourself*, London 1985
Peeters, H.F.M., *De menselijke levensloop in historisch perspektief*, Assen/Maastricht 1986
Prick, L.G.M., *Demonen van de middag*, Baarn 1984
Prinsenberg, Gabriel, *Der Gang durch das Labyrinth. Biographisches Arbeiten. Begleitung auf dem Lebensweg*, Schaffhausen 1997
Rewald, John, *Cézanne. The Late Work (1895–1906)*, London 1978
Rewald, John, *Cézanne. A Biography*, London 1986
Rewald, John, *Cézanne*, Köln 1986

Rümke, H.C., *Levenstijdperken van de man*, Amsterdam 1973

Schöttelndreier, Jerry, *Levenslijnen. Levensvragen, crisismomenten, toekomstkansen*, Zeist 1989

Selles, G. e.a., *De Mid Career Crisis. Vooraf gewaarschuwd vooraf gewapend*, Den Haag 1985

Shelly, G., *Passages*, New York 1977

Sleigh, Julian, *Lebenskrisen. Zwölf Schritte zu ihrer Bewältigung*, Stuttgart ^{2}1990

Sleigh, Julian, *Freiheit erproben. Das dreizehnte bis neunzehnte Lebensjahr*, Stuttgart ^{3}1997

Stanislavsky, Konstantin, *Die Arbeit des Schauspielers an sich selbst*, Berlin ^{4}1996

Stein, Murray, *In Midlife. A Jungian Perspective*, Dallas 1988

Steiner, Rudolf, *Menschheitsentwicklung und Christus-Erkenntnis*, Dornach 1967

Steiner, Rudolf, *Die Geheimwissenschaft im Umriss*, Dornach ^{30}1989

Steiner, Rudolf, *Das Karma des Berufes des Menschen in Anknüpfung an Goethes Leben*, Dornach ^{5}1991

Treichler, R., *Die Entwicklung der Seele im Lebenslauf*, Frankfurt a.M. 1984

Voorhoeve, Bert, *Op doorreis naar jezelf. Beelden op de levensweg*, Zeist 1991

Wais, Mathias, *Biographiearbeit und Lebensberatung*, Stuttgart 1992

Welman, A.J., *Verwandlungen im Lebenslauf. Die therapeutische Dimension der Märchen*, Schaffhausen 1992

Eschenbach, Wolfram von, *Parzival*, Ditzingen o.J.

Inhalt